会教·懂学

小学数学教师的

八项修炼

金香 著

上海教育出版社
SHANGHAI EDUCATIONAL
PUBLISHING HOUSE

上海教师教育丛书编委会

总　序

　　教育改革的步伐已经进入了关注教师发展的新阶段。不是因为课程改革已陷于制度性疲倦，不是因为评价改革终将受制于社会发展的瓶颈，也不是因为我们拥有超过千万的中小幼教师队伍，每年有数十万的青年人正在进入这个领域。课程也好，评价也罢，根本上它们都内在于教师。拥抱"教师的年代"，不在于讨论有多少以教职为生计的人，而在于如何拥有师者的内在品质，值得学生效法，使自己从一名教者成长为一名真正的师者。

关注教师是国际教育改革的普遍趋势

　　制度化教育确立以来，课程长期占据着学校教育的中心地位。直到20世纪60年代，国际教育界才开始把视线转向教师。这是由于课程、教学、评价、管理这些学校层面的所有改革，最终都离不开教师。尽管半个世纪以来，教师职业到底算不算专业还存有不同的看法，但关于教师的专业化问题持续受到广泛关注。

　　中国向来具有别于西方的教育传统。中国古代教育有重教师、轻课程的传统，唯这种传统并未演化成现代意义上的教与学的机制，更未形成制度化的学校，因此循着传道授业解惑的路径发展教师素养的希冀，愿望虽好，但缺少登梯之阶，难以形成规范。近年来，随着教育国际交流的增进，尤其是上海学生在PISA项目中的表现，引来国际社会对中国教师组织化程度经验的关注，其中教研组和集体备课被认为是两大亮点。因为在西方，教师的教学行为被认为是从属于个人的专业行为，即便是同行也不得任意干预，可以想见，其结果便影响到授业与指导经验的传播。问题是，中国学校教研组的形式究竟以怎样的方式引导教师提升专业能力，尚缺乏充分的论证和公认的成果。理论上来说，一个组织如果确实发生了影响，既有可能是正面积极的，也有可能是负面消极的。教研组对于教师的影响，既未被证实也未被证伪，能否成为经验尚待科学论证。至于集体备课，不久前在上海对近八千名中小学幼儿园教师所进行的问卷调研显示:面对庞杂的课程事实和众说纷纭的教师要求,一大批成长期的教师从茫然不知所措,到随波逐流;而所谓"成熟期"的教师则顾影自怜地停留在自我经验的世界中,真正知识讲授型教师则难觅踪影。教师发展的局限已成为深化课程改革的短板,这样的局面不改变,教育质量有大滑坡的风险。

教师的成熟需要积累丰富的社会实践

在汉语中,我们把师者称为"老师",一般解释其中的"老"无义,表尊敬。其实《荀子·致士》中强调了做老师有四个条件,其中一条曰"耆艾而信,可以为师"。古人把五十岁的人称为"艾",把六十岁的人称为"耆",把七十岁的人称为"老"。这或是"老师"称谓的早期由来。可见,年龄本是成为教师的一项先决的基本条件。只是在制度化教育出现以后,尤其是以分科为特征的知识传授成为学习的基本形式形成以来,这种年龄的限制才被取消。

古人为什么会对为师者设置年龄限制?是因为教师的职业属性是一名"杂家",这样的"杂家"不经过长期的、丰富的社会实践积累,是难以炼成的。在今人眼里,"杂家"似乎意味着专业程度低人一等。其实,无论是在古代中国还是在近代西方,强调的都是社会中的个体应具备多方面的才能。孔子所谓的"君子不器"不是在谈"杂家"吗?而马克思关于人的全面发展又何尝不是在谈"杂家"呢?及至当代,"把一个人在体力、智力、情绪、伦理各方面的因素综合起来,使他成为一个完善的人,这就是对教育基本目的的一个广义的界说"(《学会生存》)。这句话表明"杂家"较之于"专家"更近于"完善的人"。教师面对的是多姿多彩的学生,每个学生都有各自的阅历,他们的家庭、他们的生活、他们的所见所闻都不尽相同,每个学生都是一个完整的世界,每个学生又都是一个独特的世界。教师要想成为学生精神生活的指引者,自己必须是一个精神生活丰富的人。而精神生活丰富的基础就是有渊博的知识,不仅是专业知识,而且是与之相关的各方面的知识。

岗位成长已成为教师专业发展的共识

我们拥有成熟的师范教育体系,拥有完备的教师任职制度,是否就意味着我们拥有了优秀教师的培养机制？想要回答这一问题，须明了教师是师范院校培养的吗？教师资格认证制度是从教的当然资质吗？

教师知识与技能的习得途径主要有三种：一是书本阅读，二是课堂知识传授，三是实践体悟。前两种可以通过岗前培养与训练获得，后一种则需要在岗锻炼习得。这就意味着，一名真正合格的教师无法在职前培养中完成，亦无法依靠教师资格认证制度自然解决。这也可以解释为什么近年来相当数量的示范性高中多从综合性大学招收新任教师，是示范性高中教学要求低，还是这些学校无视教育的专业属性？答案显然不是。教师的专业性主要不在于"知"，而在于"行"，即一名教师在从教岗位上的实践、探索、体验、反省和觉悟。可以认为，教师是在岗位实践中自我型塑的，师范院校也好，综合性大学也罢，都不过是为一名教师从教所做的预判性准备。

所谓教学，不是教师从书本上把知识搬家一样送到学生面前，它必须融入教师自己的透彻理解，没有教师的透彻理解很难有学生的透彻理解，"以其昏昏，使人昭昭"的事在教育上是难以发生的。在教师透彻理解的基础上，还必须考虑知识传授的方法。采取什么样的方法，除了教师的个人喜好外，还涉及知识的难易程度、学生的接受程度以及教学资源的承受能力等因素，取舍之间，包蕴着非常丰富的个性化知识。一名真正的优秀教师拥有丰富的个性化知识，犹如中医问诊中的察颜把脉。这种知识无法仅仅通过书本研读和知识传授获得，需要通过实践不断揣摩，从而得到一种内化了的知识。显然，它是一种非常个人化的特殊知识，需要教师在对每个学生"辨症"施教中不断积累，其习得主要依赖于教师的个人努力。由此，可以得到一条简单而又明确的结论：帮助一名从教者，使之成为一名真正的师者。可以说，帮助数以千万计的从教者，使其早日成长为师者，这是今日中国教师教育领域的一项重大课题。

助推教师成为教育的思想者、研究者、实践者和创新者

国家兴旺，教育为本；教育优先，教师为基。持续了半个世纪的教育改革浪潮把教师发展推到了历史的前台。在当代教育的历史进程中，教师不是单纯的任务执行者，而是教育的思想者、研究者、实践者和创新者。在专

业发展的路径上，教师的主体地位、精神和意识得到了时代的推崇，教师专业化发展和对教师的重新发现将对教育产生重大影响。可以说，教师问题的重要性已无须讨论，而应考虑如何实践。

新一轮课程改革呼唤着教师创造性地施行教与学的行为。吊诡的是，一大批被应试熏陶出来的青年走上讲坛，他们却被要求培养有创新能力的学生。面对变化了的教学材料和教学要求，是施教者的一脸迷茫和不知所措。英国教育家沛西·能曾说过，教师是学生学习的最大动力。问题是，迷茫中的施教者如何才能让自己成为学生学习的动力呢？

基于上述认识，由上海市师资培训中心主持，联合上海师范大学、华东师范大学以及上海教育出版社等单位，倾力研发并打造了这套"上海教师教育丛书"。本丛书由"知会书系""知新书系"和"知困书系"三部分构成，分别聚焦新教师的教学规范、校本的教师研修经验以及优秀教师的成长启示，旨在从岗位上助推有资历和创造性的教师成长，这是我们的理想和愿望。

鉴于本书系不仅是上海也是国内自改革开放以来第一次全面系统开发的教师在岗培训教材，限于能力和水平，在编写过程中尚有诸多局限和不足，乞教于方家，不吝批评指正！

上海教师教育丛书编委会
2017 年 4 月

目　录

上篇　做一名会教的数学教师

下篇　做一名懂学的数学教师

上　篇

做一名会教的数学教师

第一章　拥有会教数学的基础

数学教师的职责是传播人类自然科学文明,对学生的必备知识和基本能力进行传授与培养。要成为一名专业的小学数学教师,需要拥有哪些基础和条件呢? 以下这则招聘启事向我们呈现了对小学数学教师的基本要求。

"本科及以上学历,热爱教育事业,爱岗敬业,有较强的事业心和责任心;有良好的师德规范,作风正派,工作踏实;表达能力优秀,思维灵活,富有亲和力,有耐心;善于把握学生心理,擅长与学生及学生家长进行沟通交流;有教师资格证者,具有学科专业背景或全日制师范专业或有相关从业经验者优先。"

从中可以看出,小学数学教师除了要持有教师资格证,具备良好的思想政治素质和较强的责任心以外,还必须具备扎实的学科知识、先进的教学理念和基本的教学能力。

第一节　数学教师的学科知识

案例 1

一名一年级数学教师的烦恼

小王是一名全日制师范类毕业生,被招聘至一所农村小规模学校。刚开始,他发现学校里的老师大都是五十岁左右的老中师毕业生,不禁心生窃喜,觉得自己的专业远超他们,上数学课根本难不倒自己。谁知开学没多久,困惑和烦恼纷至沓来:一年级数学教材上的内容常常一节课没结束就上完了,小朋友也渐渐地不愿听自己的课了,怎么办呢?

不仅新教师会遇到类似小王这样的烦恼,很多老教师也在新形势、新要求下倍感困惑,觉得不学不行。

进入新世纪后,随着世界经济和科技的突飞猛进,多元文化急剧交融,未来的社会变得越来越不可预见。无论是在理论层面还是实践层面,这都给教育教学带来了前所未有的冲击和挑战。新课程改革以来凸显的诸多问题表明,教师在学科素养上的欠缺已经成为教师提升教育教学质量、实现专业成长的最大障碍之一。

一、了解学科知识的发展

有学者认为:教师的学科知识质量直接影响学生的学习质量。也有学者指出:教师的数学学科知识无法对学生的数学成绩起到明显的预测作用。但具备扎实的学科知识、了解学科知识的发展是一名数学教师会教数学的基础。教师的学科知识按照"学校教育—职前教育—教学实践"三个阶段得以发展,这三个阶段又是呈循环式螺旋形上升的。当教师还是学生时,他们就获得了一些数学能力。在教师教育中,他们的数学能力又与对数学教与学的基本关注联系起来。最后,在教学生涯中赋予学生数学能力时,他们进一步发展了自己的学科知识。

数学教师学科知识的发展并不是孤立地存在着,而是由我国中小学数学的坚实基础所培育与支持的。教师发展数学知识的关键阶段,通常是教师进行教学的时候——教师们都有提高教学水平的动机及实践的机会,教师学科知识的提高与数学教学的提高是相互交织、相互依赖的过程,两者必定同时发生。因此,在良好的教学工作环境中,教师就有可能在努力提高数学教学的同时,提高对数学知识的理解水平。

二、掌握学科知识的核心

数学是一门研究现实世界中的数量关系和空间形式的科学,教师必须了解数学常青的知识和永恒的结论、科学的语言和精确的符号,以及数学在日常生活与生产中的重要作用,必须了解数学在自然科学、技术科学、经济科学、管理科学,甚至人文、社会科学中必备的重要作用。数学远比我们已经看到的要丰富多彩,说数学的内涵博大精深一点也不过分。但我们要明白,数学的发展并不会使事情变得愈来愈复杂,相反,人们处理问题会变得更简单,认识世界与改造世界的能力也会更强大。教师只有拥有了渊博的数学学科知识,才能使学生愈学愈感受到数学的魅力。

数学教师的学科知识有两大核心:一是对知识本源的认知,二是对所需知识的表达。对数学教师来说,不能只满足于已有学科知识的积累,而要不断地提升自己的学科知识水平,更好地实现学科知识的发展。

(一) 对知识本源的认知

作为一名数学教师,在课堂教学之前,首先要解决"教什么"和"为什么教"的问题,这样才能在教学中突出重点,才能根据教学内容由主到次地合理安排教学活动,达到有效教学。

要想解决"教什么",必须要对数学学科知识"是什么""来自哪里""还会去哪里"有清晰的认识;形成的知识网络不应局限于学段学科的知识,更应追根溯源,高屋建瓴,挖掘其背后蕴含的学科教育价值。

(二) 对所需知识的表达

教师对所需知识的表达,一般包括课前教学设计时的文字表达和课中的语言表达。其中,教学设计在一定程度上反映了教师对所教内容的理解能力、表达能力和文字功底。

以下是一位青年教师在课前教学设计时撰写的"千米的认识"的教材分析。

案例 2

"千米的认识"表达清楚了吗

沪教版三年级第一学期"千米的认识"是在学生学习了米、厘米、毫米等长度单位,并且初步了解它们在日常生活中的应用的基础上进行教学的。由于千米是一个较大的长度单位,离学生"可视性"的感受经验较远,对学生来说比较抽象,学生在学习过程中很难建立"千米"的概念,因此我在设计本课的教学时,从教材的设计意图和学生的认知规律出发,对教材进行了改造和重组,让学生在体验中发现,在发现中建构,在建构中实践,在实践中内化和提升。在采集教学素材时,紧紧抓住学生的生活经验和实践感受,围绕教学重难点,组织学生积极主动地探索,让学生真切地感受"千米",建构"千米",应用"千米"。

从上述案例中可以看出，教师对"千米"是什么、已学知识与本课内容的关联是什么、学生学习时的重难点是什么进行了说明，对"千米的认识"来源于生活、用之于生活也进行了设计——特别是采集教学素材时，紧紧抓住学生的生活经验和实践感受，围绕教学重难点，组织学生积极主动地探索，让学生真切地感受"千米"，建构"千米"，应用"千米"。尽管教师对自己能理解的内容进行了比较清晰的表达，但对本内容在单元中的位置、核心内容对发展学生核心素养的作用及其蕴含的价值等没有作深入的阐述。由此可见，这位数学教师在表达对学科知识的核心理解方面尚有不足。

三、明确学科知识的作用

数学教育的专业化呼唤专业化的数学教师，教师的知识结构成为教师专业发展的主题，学科知识是教师的知识结构的核心。数学教师仅有对教育的热爱和专业知识还不够，在教学实践中可以发现，学科知识也是非常重要的。

案例 3

同样的教案，不同的效果

小王是一名入职三年的小学数学教师，在见习教师规范化培训期间，曾获得过市级基本功二等奖的好成绩。他平时工作努力，进取心强，在数学教学中善动脑，有想法，在校级青年教师课堂教学比赛中名列前茅，为此被推荐参加区级课堂教学评优和市级比赛课。但在市级比赛课的试教磨课过程中，我们发现小王老师已经没有了一开始的激情和耐心，对课的理解和把握也一直停留在原来的层面。

后来，我们把同样的教案让另一位有十年教龄的青年骨干教师董老师执教，发现董老师对教材的理解、对学情的把握都比较到位，在课堂教学互动中，学生们也表现得兴趣盎然。最后，董老师被推荐参加市级比赛课，得到了与会专家的高度肯定。

同一份教案，不同教师执教，为什么会出现截然不同的效果呢？

这是一个令许多数学教师感到困扰的问题。有的教师外出听了名师的课，回来照着样子上,但就是达不到名师的课堂教学效果。有的见习教师听了带教师傅的课,也拿到了师傅的教案,但回到自己的班级或在师傅的另一个班级上课,还是上不出师傅的效果。这些教师照搬一些优秀教师的教学方法、教学案例,忽略了本班实际,不研究学生的特征,仅仅满足于完成教案,忽视了学生的动态生成,呈现出一种教学形式化的趋势。另外,个别教师的课堂效率不高,导致学生的作业量增加,教师自身也较少有时间能静下心来反思、研究教学,这一切都源于数学教师学科知识不足。

经过分析研究,可以发现数学教师具备丰富的学科知识,对教学有以下几方面的促进作用。

(一) 促进对学科本质的认识

模仿教学往往停留在教师的职初阶段。教师如果对数学学科知识的本质有了深入的研究,就能把复杂的教材教简单,把难学的知识教容易,就能在数学课堂教学中抓住重点、抓住关键,让学生学得轻松。

(二) 促进对教学对象的理解

不同班级学生的学习风气、课堂活跃程度等各有不同。面对同一个问题,也许前一个班回答踊跃,反响热烈,后一个班则截然相反。所以,针对不同班级的不同学生,教师应了解学情,因班而异,因材施教,采用不同的教学方法,尊重学生已有的知识水平,突出教学重点,关注学生的思维方法,善于发现学生的创造思维,及时点燃学生思维的火花,让学生在探索发现中建构知识。

(三) 促进教学能力的积累

同样听一堂名师的课,有的教师会吸收优秀教法的思想精髓,在课堂上灵活应用;教方法,教习惯;上课跟着学生走,也不怕学生答错。而有的教师只学到了优秀教法的皮毛,课堂上照搬别人的套路,并未深刻领会优秀教法背后的先进理念;教知识,教答案;始终牵着学生走,最怕学生不配合或答错。

站稳讲台,成为会教的教师,是每位青年教师的迫切希望。教师只有通过教,才能使自己全面发展。如果一名数学教师在内心给自己定下一个比较高的标准,他就会不断地、主动地学习、研究和充实自己,在教学实践中观察、反思和完善自己,脑子里时刻想着如何在教学、生活及做人做事方面更好地发展自己。

这样他的思路就会开阔,方法就会灵活,意志就会坚韧,创造力就会丰盈,从而处于不断前进的状态。

第二节　数学教师的教学理念

案例 4

为什么教学质量上不去

李老师是一位工作三十多年的数学教师,调研发现,他所带班级的教学质量一直不高。他从一年级开始教这个班级,已经教了四年多,和学生建立了很深的感情。李老师师范毕业,长期任教小学数学,对小学数学教材内容耳熟能详,也知道学生在学习中容易出现的问题。尽管他曾向领导要求因年纪大了想改教其他非考试学科,但他还是努力地工作着。教研员在听课过程中,发现李老师课前做了一定的准备,课中还会通过投影仪来反馈学生的作业,学生也能跟上他的教学。在防疫防控"空中课堂"和"在线教学"的要求下,李老师做到了每天认真地与学生进行互动、认真地批阅学生的作业,并将学生的错例拍照上传至平台进行讲解。但由于李老师不会做 PPT,所以其在线互动教学效率并不高。像李老师这样的例子,在农村学校比比皆是。那么,既然教师的知识水平不低,教学也较为勤恳,为什么教学质量就是上不去呢?

现代教育心理学研究表明:当教师的知识水平达到某一程度后,教学水平的提高将取决于教师对教学的认识,即教学理念。对案例中的这位数学教师而言,其教学的瓶颈就在于教学理念。数学教师的教学理念是数学教师对数学教学活动过程的理性认识,是数学教师对教学对象、教学内容、教学方式的总体认识。

一、聚焦核心素养的新目标

对当今的数学教师来说,正确的学生观和教师观至关重要,特别是在新时代课改的新要求下,培育学生的数学核心素养是数学课程目标的集中体现。在学习数学的过程中,学生应逐步形成具有数学基本特征、适应个人终身发展和社会发展需要的思维品质与关键能力。

（一）形成思维品质

思维品质也称智慧品质，指思维能力特点及其表现。思维品质反映了个体智力或思维水平的差异，主要包括思维的逻辑性、广阔性、深刻性、灵活性、独创性、批评性、敏捷性、系统性等多个方面。数学教师在教学的过程中，不仅要关注学生知识的获得，更要关注学生思维品质的形式。

（二）提升关键能力

《关于深化教育体制机制改革的意见》要求培养学生的三种关键能力：一是培养认知能力，引导学生具备独立思考、逻辑推理、信息加工、学会学习、语言表达和文字写作的素养，养成终身学习的意识和能力；二是培养合作能力，引导学生学会自我管理，学会与他人合作，学会过集体生活，学会处理好个人与社会的关系，遵守、履行道德准则和行为规范；三是培养创新能力，激发学生好奇心、想象力和创新思维，养成创新人格，鼓励学生勇于探索、大胆尝试、创新创造。数学教师在教学的过程中，应注重对学生关键能力的培养和提升。

（三）培育核心素养

怎样培育学生的核心素养？就是要落实"四基"和"四能"。"四基"是基础知识、基本技能、基本思想、基本活动经验，"四能"是发现问题、提出问题、分析问题、解决问题的能力。数学学习要聚焦《义务教育数学课程标准》(2011年版)十大核心概念：数感、符号意识、空间观念、几何直观、数据分析观念、运算能力、推理能力、模型思想、应用意识和创新意识。最新的《高中数学课程标准》提出，核心素养包括数学抽象、逻辑推理、数学建模、数学运算、直观想象和数据分析。教师对这些新目标都要有新的认识。

学生在数学学习中要学会"三会"：会用数学眼光观察现实世界，会用数学思维思考现实世界，会用数学语言表达现实世界。数学眼光是指数学抽象、直观想象，其数学特征为数学的一般性特征。数学思维是指逻辑推理、数学运算，其数学特征为数学的严谨性。数学语言是指数学建模、数据分析，其数学特征为数学应用的广泛性。

案例 5

数学课堂总结的诀窍

听课调研发现,很多课的前 30 分钟往往不相上下,各有千秋,但最后的总结环节却有着天壤之别。大部分教师都如下面第一位教师那样总结。

【教师一】

师:通过本节课的学习,你有什么收获?

(生回答本节课学到了很多知识,例如……)

师:小朋友都学得很好。好,这节课就上到这里,下课。

【教师二】

师:通过本节课的学习,你有什么收获?

(生回答本节课学到了很多知识,例如……)

师:回忆一下,我们是怎么学习……知识的呢?

(生回答本节课学到了哪个知识,以及是如何学的)

师:对于举例子,你还有什么想提醒大家的吗?

师:对于这个知识,我们提出了这样的猜想……你还能提出什么猜想?

两节课的总结环节体现了教师的不同素养。第一位教师简单地重复知识点,是为了帮助学生记住知识与结论。第二位教师只是增加了方法的追问环节,课堂面貌立刻焕然一新。究其原因,主要在于理念与认识上的差别。追问方法,是授之以渔的"点睛之笔"。追问方法,让教学的节奏发生变化,不再是多个环节的累加;它实现了学生思维上的"加速运动",体现了教师对核心素养培育的新认识,最终将教学推向了一个更高的层次。

要想培育学生的核心素养,我们首先要从转变教学理念入手,改变急功近利的心态,从整体育人出发,不拘泥于学科教师的身份,为学生提供足够多的做和学的机会,让舒展的思维状态回归课堂,这才是教学的真谛。

二、理解课标修订的新变化

《义务教育数学课程标准》(2011 年版)的研制、实施和修订过程,浓缩了我国数学课程改革的发展进程。

(一)教学理念的回归

教学理念的回归,主要指人人都能获得良好的数学教育,不同的人在数学上得到不同的发展。数学是研究数量关系和空间形式的科学。数学教学要看到图形,借助数看图形;要看到数,借助图形看数;要把数学画出来,要把事物量出来。只有这样,学生的形象思维和抽象思维才能协调发展。

数形结合在数学教材中得到了充分的体现。

一是数的表示:整数、小数、分数都可以用直线上的点表示,且可以明确地表示出数的性质,如有始无终、有序性等。

二是计算中的形:数形结合是代数与几何的对立统一和完美结合。将数的运算进行实物化、图形化和操作化,便于学生直观地理解数和计算。

三是解决问题中的形:可以用画线段图表示数量关系,也可以用解决问题的直观策略理解题意。

(二) 强调"四基""四能"

数学课程总目标包括:获得适应社会生活和进一步发展所必需的数学的基础知识、基本技能、基本思想、基本活动经验;体会数学知识之间、数学与其他学科之间、数学与生活之间的联系,运用数学的思维方式进行思考,增强发现和提出问题的能力、分析和解决问题的能力;了解数学的价值,提高学习数学的兴趣,增强学好数学的信心,养成良好的学习习惯,具有初步的创新意识和科学态度。由此可见,加强"四基"教学,就是要让学生掌握数学基础知识,训练数学基本技能,领悟数学基本思想方法,积累数学基本活动经验。重视"四能"培养,就是要培养学生发现问题的能力、提出问题的能力、分析问题的能力、解决问题的能力。

案例 6

鸡兔同笼新解

我们看一个例子:一个笼子里有鸡和兔子共 16 只,共有 52 条腿,那么鸡和兔子分别有多少只?

这是典型的鸡兔同笼问题。在小学阶段,教师一般通过引导学生运用尝试的办法探索规律、得出结果,使学生感受到这是数学探索的一种有效途径。比如,可以有规律地呈现下面的计算过程:

兔子数	鸡数	腿的总数
16	0	$4×16=64$
15	1	$4×15+2×1=62$
14	2	$4×14+2×2=60$
13	3	$4×13+2×3=58$
12	4	$4×12+2×4=56$

继续算下去,可以得到:当兔子数为 10,鸡数为 6 时,腿的总数恰好为 52。

教师可以启发学生思考:假设笼子里全是兔子,则此时共有 64 条腿;通过列表法可以发现,每减少一只兔子就要增加一只鸡,腿的总数就要减少 $4-2=2$ 条;因为腿的总数减少 $64-52=12$ 条才符合题中要求,所以需要减少 $12÷2=6$ 只兔子,即需要增加 6 只鸡;因此有 6 只鸡,有 $16-6=10$ 只兔子。最后经过验证,$4×10+2×6=52$ 是正确的。

这两种方法都是算术的方法,解决问题的思路非常直观,具有一定的价值,但可惜每次都只能解决某个具体的问题。

当学生进入五年级学习了方程后,可以使用代数的办法,建立量与量之间的联系。解:设鸡有 x 只,兔子有$(16-x)$只,根据题意列方程得:$2x+4(16-x)=52$,$x=6$,$16-x=10$

上述过程中既有模型思想,又有抽象、推理的思想。在这样的数学教学中,学生不仅能体会到数学思想方法之间的相互联系,还能体会到数学知识之间、数学与其他学科之间、数学与生活之间的联系。

(三) 关注学科的本质

有效的教学活动是教师教和学生学的统一。教师要发挥主导作用,处理好讲授与学生自主学习的关系,引导学生独立思考、主动探索、合作交流,使学生理解和掌握基本的数学知识与技能、数学思想和方法,感悟数学特有的思维方式,获得基本的数学活动经验。

除接受学习外,动手实践也是学习数学的重要方式。教师应当让学生有足够的时间和空间经历观察、实验、猜测、计算、推理、验证等活动过程,注重启发和因材施教。

数学课程的设计与实施应根据实际情况,合理地运用现代信息技术,要注意信息技术与课程内容的整合。教学时要处理好教学过程和结果的关系、教师讲授和学生自主学习的关系、合情推理和演绎推理的关系、生活情境和数学知识的关系、形象思维和抽象思维的关系、面向全体学生和因材施教的关系、教学预设和资源生成的关系等。课堂教学中要突出数感、符号意识、空间观念、几何直观、数据分析观念、运算能力、推理能力、模型思想、应用意识、创新意识等十大核心概念。要重视小学数学常用的思想方法,如集合思想、符号化思想、对应思想、化归思想、统计思想、函数思想、分类思想、模型思想、分析法、综合法、归纳法、类比法、数形结合法、假设法、转化法等。

三、探索"四基""四能"的新方法

如前文所述,加强"四基"教学,即让学生掌握数学基础知识,训练数学基本技能,领悟数学基本思想方法,积累数学基本活动经验,重视"四能"培养,即培养学生发现问题的能力、提出问题的能力、分析问题的能力、解决问题的能力。要想加强"四基",培养"四能",教师必须在日常教学中不断探索"四基""四能"的新方法。

(一)探究目标导学新方法

课堂教学新方法"导—辨—悟—练"是一种边学边教、自主领悟的课堂教学模式,以新课程背景下的建构主义理论为基础,以导、辨、悟、练为四环节,以三导、三辨、三悟、三练为步骤,以四环三步为操作要点;其核心是在教师的引导启发下,学生围绕学习目标,边交流边探究,边探究边领悟,从而完成新知的建构,并在基本应用、综合应用、拓展应用的过程中掌握基础知识,训练基本技能,领悟基本思想,积累基本活动经验。

1. 导:创设情境,导入新课

导入新课环节通过导趣、导疑、导学的教学步骤,激发学生的学习兴趣,培养学生观察问题、发现问题、提出问题的能力。导趣:创设有趣的问题情境,引发学生自主学习的主动性。导疑:找准问题的切入点,引导学生观察、发现,提出质疑。导学:根据新知特点,引导、启发学生探究新知的思路和方法。

案例 7

在线教学如何导入

师:同学们好,我们又见面了,喜欢这样的学习方式吗? 昨天的作业完成得怎样? 还有什么问题吗? 嗯,我感受到了大家的信心满满。好,请先检查一下,学习用品都准备好了吗? 好,我们开始今天的学习。请同学们回忆一下我们已经学过哪些运算定律和运算性质。

简短的语言,既拉近了师生的距离,融洽了师生的情谊,又激发了学生的兴趣,达到了导趣、导疑、导学的目的。

2. 辨:交流辨析,探究新知

这一环节是新知的学习环节,是教学的重点部分,要突出体现边导边学、边辨边探、边探边领、边学边教等教学过程。在辨析交流互动中,学生感受到不同的见解和意见,逐渐明白了学习重点是什么、学习难点是什么,以及怎样学习才能解决疑惑,从而使思维得到启迪,分析问题、解决问题的能力得到提升,自主探究的情感得到满足。

案例 8

辨析交流中的新发现

师:这里有两组题,请同学们仔细观察,说说你发现了什么。

(生思考)

师:都发现了吗? 那就让我们的小伙伴先来说说吧。

生:每一组的数都只有小数点的位置不同。

师:小亚真是火眼金睛,同学们还有发现吗?

生:第一组是小数乘法,两个因数一共有几个小数,积里也要有几位小数。

生:第二组小数除法的计算方法是先把除数变成整数,除数的小数点向右移动几位,被除数的小数点也向右移动几位,再按除数是整数的除法来算。

师:嗯,谢谢小伙伴们把小数乘除法的计算方法讲得这么清楚。下面我们就一起来口答。

师:让我们一起来看看小丁丁的计算结果。

师：哦，小丁丁错了两题，谁能说说他错误的原因？请小胖说吧！

生：2.7×0.3这题中，两个因数都有一位小数，积应该有两位小数，是0.81。小丁丁可能受小数加减法的影响把小数点对齐，所以就写成了一位小数。2.4÷0.06这题中，应先把除数变成整数，除数的小数点向右移动两位，被除数的小数点也向右移动两位，就成了240÷6＝40。

师：嗯。小胖不仅能指出错误，还能分析出导致错误的原因，还有小伙伴要补充吗？好，那就请小巧吧。

生：我有更快的判断方法，大家还记得我们学过估测积的方法吗？两个因数大于0，一个数乘小于1的数，积一定小于这个数，所以2.7×0.3这道题的积一定小于2.7。我们还学过估测商的方法，在被除数、除数大于0的除法中，当除数小于1时，商一定大于这个数，所以2.4÷0.06这道题的商一定大于2.4。

师：小巧把估算积和商的方法讲得这么清楚，小亚，你还有什么想说的？

在这样边导边学、边辨边探、边探边领、边学边教的教学过程中，学生加深了对知识的理解，学会了用数学语言表达，提高了推理、概括等数学思维能力。

3.悟：总结规律，领悟方法

在这一环节中，学生通过对新知过程的回顾、分析、对比、归纳、整理，感悟了过程，体悟了方法，领悟了思想。这既是教学重点，也是"导—辨—悟—练"模式中"自主领悟"特色的体现。

4.练：训练运用，积累经验

这一教学环节，不仅使学生通过基本应用、综合应用、拓展应用等步骤掌握基础知识，训练基本技能，也是学生领悟基本思想、积累基本活动经验的提升环节，更是"人人都能获得良好的数学教育，不同的人在数学上得到不同的发展"的落实环节。

（二）探索"四基""四能"新突破

新中国成立以来，我国基础教育课程目标从"双基"发展到第八次基础教育课程改革的"三维"，再发展到本次高中课程标准修订的"学科核心素养"，每一次都带来了课程体系结构、课程内容、教学过程乃至考试评价的变化。这是课程目标变化所引发的"牵一发而动全身"的结果。课程目标、课程体系结构、课程内容的变化最终要落在课堂上。当然,这些变化还必须通过教师的教学设计转化为教学过程,最终转化为学生的学科素养。这就要求教师的教学理念、教学设计、教学行为必须发生变化,既不能被"双基"目标所束缚,又不能停留于"三维"目标,而是要更多地从发展学生学科核心素养这一课程目标出发,站在学生学习和成长的角度,重新定位教学目标、教学内容、教学过程和教学评价,系统思考教学改革问题,切勿仅仅停留在对教学方式变革的追求上。教师必须能够清晰地把握数学学科对学生发展的独特价值和贡献,以明确数学教学的终极目标;必须能够准确地认知数学学科的体系结构、思想方法、整体观念和核心概念,以选择和确定数学教学的内容与载体;必须能够熟练地掌握有利于学生核心素养培育的独特途径和方法,以确立适宜的教学过程与方法。同时,教师还要掌握基本的评价方法和手段,以便开展恰当的教学评价,反馈教学效果,进而帮助自己检视和反思教学目标的确定、教学内容的选择、教学过程的设计等各个环节。

总之,基于学科核心素养培育的教学改革对教师的挑战是全方位的,它检验着教师对学生的理解以及对学科知识、教学知识的掌握程度和运用能力。教师要以问题为引导,抓"四基"练基本,抓"四能"练思维,用创新求突破。

第三节　数学教师的教学能力

案例 9

职初期的教学困惑

很多年轻教师经过备课、上课,完成了教案中的内容,虽然自我感觉讲得不错,但课堂效果却不尽如人意。有位骨干教师在回忆年轻时的教学能力时说:"那时,我很想成为一名学生喜欢的幽默诙谐的数学老师,然而真实的情况是我一个人在唱独角戏,每天走进教室都很头疼,学生也不喜欢听课,对数学也不感兴趣,上课思想'抛锚'、随意讲话。那时的我一边忙着管纪律,一边忙着讲课,付出了很多却效果不佳,学生的成绩也不理想,我很是苦恼。后来,我找校领导和有经验的老师取经,经过一段时间的学习、请教、总结,我驾驭课堂的能力有了明显的提升。我花大力气备课、研究学生,课堂上关注学生的学习、兴趣的激发、师生的有效互动,效果显著。"

教师的教学能力决定着学生的成长。当前,核心素养正引领数学学科教学的发展,如何厘清数学学科知识教学与核心素养培育之间的关系,找到数学知识意趣中隐藏着的丰富的核心素养培育机会,基于知识教学发展学生的学科核心素养,是每一位数学教师都要思考的问题。那么,在此背景下的数学教师需要拥有哪些教学能力呢?

一、教学设计能力

教学设计能力是体现教师专业水平的重要能力,是教师在积累经验、探索规律、进行教学研究的过程中不断提高的。数学教学设计是数学教师把可能教学上升为实际教学的过程。

（一）注重教学设计过程

第一,通过钻研数学课程标准和教材,掌握学段、年级、单元、单课的教学目标和教学重点,并把它们转化为师生教学活动的指导思想。

第二,通过熟悉教材,把教材中的知识完全转化为自己的知识,解决教师"教什么"和学生"学什么"的问题。

第三,通过研究教学目标、教学内容和学生实际情况的内在联系,找到适合学生接受能力、促进学生智力发展、实现教学目标的最佳教学途径,并将其转化为自己掌握的有效教学方法,从而解决教师"怎样教"和学生"怎样学"的问题。

（二）明确设计指导思想

1. 教学目标的确立必须注重全面性与具体性

在确立教学目标时,要立足核心素养的发展,整合"三维"目标,重视其全面性与具体性,一定要根据教材内容和学生实际,分别将行为目标、过程目标具体化。

2. 教学内容的解读必须注重完整性与可接受性

数学教学要以课程标准为依据,既不能降低要求,也不能超出范围。在研究教材内容时,可以在完整、准确地贯彻数学课程标准和教材编写意图的基础上作适当的变动。但这种变动一定要在考虑教学对象的实际情况的条件下进行,一定要注意到教学对象的可接受性。

3. 教学方法的选择必须注重应用性与灵活性

明确了教学目标,确定了教学内容,还要研究采用什么样的教学方法最有效。教学设计必须以教育学、心理学等科学理论作指导,并在实践中反复验证,弄清所采用的教学方法是否适应本节教学内容的需要,是否适应学生的学习需求。教学方法要注重灵活性,同一个方法对甲班有效,对乙班可能未必有效。由于不同班级的学生情况不同,因此在教同一内容时,应灵活采用不同的教学方法。

(三) 明确设计具体要求

1. 研读课程标准、教材与参考资料

课程标准是编写教材和开展教学的基本依据。教师必须认真学习和钻研课程标准,明白数学学科的目的、任务,了解数学教材的编排体系,明确数学学科的教学特点和教学要求,这样才能做到胸中有全局,自觉地按照课程标准的要求安排教学。

教材是教学的载体,是教师上课的依据,也是学生学习的基本材料。教师通过钻研教材,把握知识内容,理顺知识之间的联系,是顺利完成教学任务的基本条件。钻研教材的一般步骤是:第一步,通读教材,掌握体系,了解编写意图和全书结构,掌握教材的内在联系,研究它的科学性、思想性、系统性;第二步,细读教材,把握单元知识要点、重点、难点;第三步,精读教材,融会贯通,既准确把握知识的主干,又弄清每个细节(包括插图、例题、习题、注释、附录等),把思想感情和教材的思想性、科学性融合在一起,真正内化为教师自己的东西。与教材配套的教学参考书,是根据课程标准和教材编写的,是帮助教师理解、掌握教材和写好教案的得力工具。因此,教师在钻研课程标准和教材的同时,还要带着问题研读教学参考书,有效利用各类相关的参考资料。

2. 研究教学对象、重难点与教学目标

研究教学对象即进行学情分析。教师可主要从四个方面对学生进行了解:了解学生的思想实际,如学习积极性、兴趣爱好、学习风气和学习习惯、家庭影响等；了解学生的知识实际，如基础知识、基本技能、基本思想、基本活动经验的状况和薄弱环节，以及可能遇到的困难、可能出现的问题等；了解学生实际的学习能力，如接受能力、理解能力、自学能力、动手能力和应用能力等；了解学生实际的学习方法，如是否有预习习惯、学习方法是否科学、课堂表现是否活跃等。

　　教学重点是一节课主要教授的内容，也是学生应该掌握的主要内容。教学难点是学生感到难以理解且掌握起来有困难的内容。准确把握教学重难点，采用各种教学方法突破教学难点，关系到学生能否顺利掌握知识，因此必须加以研究后确定。

　　所谓教学目标，就是要达到的预期的教学效果。完整的教学目标由"三维"目标整合为学生的必备知识、关键能力、学科素养和核心价值。学生长期学习的知识储备中的基础性、通用性知识，是学生进入后续学习以及进行社会实践活动所必须掌握的关键内容，是学生的必备知识。学生学习与运用知识解决问题所需要的能力，包括信息获取与加工、问题分析与论证、现象描述与阐释、技术综合与实践、交流表达与合作等能力，是学生在学习中要培养的关键能力。在正确的思想观念的指导下，综合运用学科知识能力处理、解决复杂任务的综合品质，是知识能力、思想方法与情感态度的综合，也是教学过程中要注重培养的学科素养。另外，社会主义核心价值观也必须体现在命题评价与整体考核之中。

　　3. 研究教学方法、检测点与教学过程

　　根据确定的教学目标和教学实际，对教材进行适当的处理，既紧扣教材，又不照本宣科；根据学生的实际情况选取教学内容，必要时还应进行一些增删取舍；重视教学方法的研究与实践，教学过程中应根据教学目标设计教学检测内容，并与教学内容、目标和过程相一致；调整讲授层次，合理安排授课内容的先后顺序；根据教材的难易程度，有分有合，分散难点。教师做到以上几点，就可以使一堂课重点突出、主次分明、难易适度，便于学生接受。

　　教师的责任就是要引导、激励学生打开知识宝库的大门，并指导他们有效学习。对于教材内容的关键部分、重点部分，一定要讲究教学方法。注重启发式教学，使其符合学生的认知规律和思维方法。在教学方法的选择上要注意这样几点：要符合教学目标，要适应教学对象，要遵循教学规律与原则，要考虑教学环境和条件,等等。

(四) 清楚设计种类形式

1. 教学设计的种类

教学设计的种类一般包括学期教学计划设计、单元教学设计和课时教学设计。

(1) 学期教学计划设计

学期教学计划设计是开学前制订、完成全学期的教学计划以及开学后第一、二单元的教学设计。由于教学计划设计能够帮助教师对本学期的教学内容进行统筹安排,明确教学工作的范围和方向,因此不容忽视。教师要在学习课程标准、了解学生学习情况的基础上,通览本册教材和教学参考书,掌握学科完整知识体系的基本内容,根据学校工作计划,设计、制订数学学科的学期教学计划。

学期教学计划的内容包括:①对教材的简要分析;②对学生情况的简要分析;③学期总的教学目标的确定;④学期教学进度的安排,包括各单元的课时数;⑤学期的期中、期末的形成性测验题和终结性测验题的编制;⑥提高教学质量的主要措施。

(2) 单元教学设计

单元教学设计是在学期教学计划设计的基础上每单元教学之前的教学设计,也就是制订单元教学计划。主要任务是:确定本单元的教学目标和要求,明确本单元教学对学生知识、技能、能力、情感等方面发展的具体要求;分析本单元教材在整个教材中的地位及其与前后知识的联系,领会本单元知识的应用,弄清重点、难点;考虑如何落实核心素养培育,突出重点,突破难点;抓住关键,分析本单元的例题、习题及其联系等。内容包括:①单元教学规划设计;②单元教材教法分析;③单元教学目标设计;④单元学习活动设计;⑤单元作业设计;⑥单元评价设计;⑦单元资源设计。单元教学计划一般采用表格形式,既节省教师的精力,又简明扼要。

(3) 课时教学设计

课时教学设计又指单课教学设计,是指在上每节课之前制订该节课教学计划,也就是写教案。课时教学设计要求教师对每一节课进行缜密的设计,作为在课堂上进行教学活动的依据,这个设计直接关系到课的质量。教案的内容一般包括班级、课题、上课时间、课的类型、教材分析、学情分析、教学目标、教学重点与难点、教学策略,教学过程包括教学环节、目标导向、师生活动、评价关注点、设计意图、时间分配,教学资源包括课件、教具、学具准备、板书设计、课后作业等项目。上课时,教师可根据具体情况对预设的课时计划进行适当的调整。

2. 教学设计的形式

教学设计的形式一般包括个人教学设计(个人备课)和集体教学设计(集体备课)。

(1) 个人备课

个人备课是教师对教材独立钻研的过程,也是一种创造性的劳动。做好个人备课是完成整个备课任务的先决条件。教师既要考虑课程标准和教材的要求,又要考虑学生的实际情况,还要考虑自身的特点,努力提高备课的质量。

(2) 集体备课

为了上好每堂课,切实保证教学质量,教师在个人备课的基础上,还必须重视集体备课。集体备课共同研究的内容有:教学的目标,诊断性、形成性和终结性检测及答案,教材的重点、难点,教材的处理,教学方法的选择,作业的选择与处理。其中着重研究单元教学设计、课时教学目标和重难点及单元形成性检测与分析。

为了保证集体备课的质量,应该发挥学科教研组的作用,建立切实可行的备课制度。除了做到"三定",即定时间、定内容、定中心发言人之外,还要做到"一提前",即提前完成个人备课。在集体备课时应创造一个活跃的学术氛围,畅所欲言,各抒己见,大胆创新。经过充分讨论,主要方面须统一认识,但在具体教法上应允许教师根据实际情况灵活处理。

集体备课一般一周一次,主要开展讨论研究、互相交流,并不要求统一教案,每位教师要根据班级实际情况各自编写教案。

总之,数学教师的教学设计能力主要表现在:正确地把握课标和教材,具有驾驭教材的能力;明确重难点,落实重点,突破难点;设计以学生为主体的教学实施环节和方法;板书设计巧妙,重点突出;等等。

二、教学实施能力

数学教师的教学实施能力主要表现在:能根据教学设计有效地组织并实施教学,使教学目标明确、教学过程具体、教学活动有效;能根据具体学情调整教学活动,启发学生思考,引导学生自主探究、主动获取知识;语言生动,提问简洁清楚,解答深入浅出;善于调节课堂气氛,能吸引学生的注意力;能合理有效地使用多媒体技术、教具、视频等教学手段;等等。这里主要介绍数学教师的课堂导入技能、课堂调控技能、课堂交流技能三大教学实施能力。

(一)课堂导入技能

《义务教育数学课程标准》(2011年版)指出:"数学教学要紧密联系学生的生活实际,从学生的生活经验和已有知识出发,创设各种情境,为学生提供从事数学活动的机会,激发学生对数学的兴趣以及学好数学的愿望。"

课堂导入是整个课堂教学的序幕。好的课堂导入能在几分钟内吸引学生的注意力,激发学生的学习兴趣,调动学生的学习主动性,使其产生强烈的求知欲。良好的数学课堂导入是展示数学教师教学智慧和教学风格的"窗口"。导入技能就是教师有效引起学生注意、激发学生学习兴趣,使其产生学习动机、主动参与学习的教学活动方式。主要通过创设情境法、设疑激趣法、游戏导入法、歌谣(谜语)导入法、以旧引新法、直观演示法等形式,达到导入的有效性、趣味性、针对性、启发性和衔接性。

1. 创设情境法

由于数学内容比较抽象,学生不易理解,学起来也往往觉得无聊,这就要求教师在教学中把数学问题转化为学生关心的实际问题。所谓创设情境法,就是按照教学内容与教学要求,设计适合学生学习某一内容的情境,使其产生身临其境的感觉,激发学生有目的地去探索,从而既掌握知识又发展智力的一种导入方法。创设情境的方法有很多,包括讲述故事、提出问题、动态模拟等多种形式。

2. 设疑激趣法

古人云:"学起于思,思源于疑。""小疑则小进,大疑则大进。"学生如果有疑问,心中就会感到困惑,从而产生认知冲突。教师要善于在静态的教材知识信息中设置矛盾,巧妙设疑,创设良好的思维情境,使学生"心求通而不得,口欲言而不能"。

3. 游戏导入法

游戏导入法,尤其注重运用寓教于乐的教学原则。卢梭说:"教育的艺术是使学生喜欢你所教的东西。"一个好的游戏导入设计,常常集新、趣、乐、智于一体,且为学生所喜闻乐见,它能最大限度地活跃课堂气氛,消除学生在准备学习新知识之前产生的紧张情绪。在愉快轻松、诙谐幽默的游戏氛围中,学生会在不知不觉中接受新知识,感悟到深奥抽象的道理。

4. 歌谣(谜语)导入法

歌谣、顺口溜是儿童感兴趣的,教师可根据教材内容编写符合学生情趣的儿歌或顺口溜等来导入新课。儿童对猜谜语的兴趣最浓,有些新知识可以编成谜语,让学生猜一猜。这种方法可以使学生很快将注意力集中到课堂上,并且一开始就处于积极思考的状态。

5. 以旧引新法

数学知识之间有着密切的联系,表现出极强的系统性。旧知识是新知识的基础,新知识又是旧知识的发展和延伸。学生学习数学知识的过程,本质上也是将新知识与已有认知结构中的旧知识建立联系的过程。学生对旧知识理解、掌握、运用的程度,必然影响其对新知识的理解和掌握。这就要求教师找准新旧知识的连接点,使学生感到新知识既不新也不太难,从而产生学习兴趣。

6. 直观演示法

小学生在学习过程中的思维是建立在直觉形象的基础上,以表象为支柱的。直观演示法就是使用实物、模型、样品、图画、PPT、视频等直观教具或手段,由教师演示或学生动手操作,在教师的启发引导下,学生进行观察思考,以形成表象,创设研究问题情境的导入方法。

(二) 课堂调控技能

数学课堂的调控技能可以帮助教师有效实现课堂教学目标,对学生的行为

(也包括自身的行为)进行有意识的引导、约束和调整,是教师与学生双边活动的统一。数学课堂的调控技能包括对课堂纪律的管理能力、对教学方法的变换能力和对突发状况的反应能力等。

1. 对课堂纪律的管理能力

对于课堂纪律的衡量尺度,每个人的认识都不相同。有人认为,课堂只有拥有宽松的环境、活跃的气氛,才能充分发挥学生学习的积极性和主动性。也有人认为,课堂是学习的场所,良好的课堂纪律是完成教学任务的根本保证。因此,教师在管理课堂纪律时既要不断地启发诱导,又要不断地纠正某些学生的不良行为,以保证课堂教学的顺利进行。课堂纪律管理包括集中学生的注意力、对一般课堂问题行为的处理、对个别问题行为学生的处理等。

(1)集中学生的注意力

这是课堂纪律管理的一种最好的方法。因此,数学教师要认真研究小学生注意力的特点,善于把学生的注意力引导至课堂教学。对于学生的学习,教师上课时要尽可能地提出明确的要求,启发他们注意的自觉性。特别要引起重视的是,教师刚开始讲课时,就应该唤起学生的注意。

案例 10

如何在云端唤起学生的注意

师:同学们好! 好,又到了上数学课的时间。昨天的学习任务都完成了吗? 和自己的数学老师进行过交流吗? 嗯,我感受到了大家主动学习的劲头。还是先检查一下,学习用品准备好了吗? 好啦,我们这就开始今天的学习。好,请同学们回忆一下,上学期我们已经掌握了哪些关于方程的本领。让我们先来听听几位小伙伴是怎么说的。

生:我知道含有未知数的等式叫作方程。

生:我知道解方程的依据是加减关系式和乘除关系式。

师:谁还记得四则运算的关系式? 请小亚来说说吧。

生:我记得这六个关系式,是一个加数等于和减另一个加数,被减数等于差加减数,减数等于被减数减差,一个因数等于积除以另一个因数,被除数等于商乘以除数,除数等于被除数除以商。

师:小亚真行,一下子都说清了。小巧还想说什么?

生:老师说要养成把方程的解代入原方程进行检验的习惯。

师:同学们,代入原方程进行检验,在解方程中是非常重要的一步。这里有几道方程,请同学们说说解方程的过程和依据。都想好了吗? 好,先来听听小伙伴是怎么说的。

从上述案例中可知,教师在讲课前先点明了这节课的学习目的及重要性,使学生对本节课要学习什么内容、为什么要学这部分内容有了比较明确的认识,同时启发学生把注意力集中在学习的主要内容上。在教学中,教师注重学生间的启发和交流,帮助他们树立正确的学习态度;在学习每一部分内容时,教师还向学生交代了学好这部分知识对今后学习及实际生活的作用。

(2) 对一般课堂问题行为的处理

这要根据课堂教学中学生多种多样的问题行为进行灵活多样的处理。一般来说,处理课堂问题行为的方式主要是暗示控制,包括提问同桌、创设情境、正面教育等。

(3) 对个别问题行为学生的处理

我们把经常在课堂上违反纪律的学生称为问题行为学生。对于这样的学生,教师首先应该认识到,他们一般是出于好奇或管不住自己,并非故意扰乱课堂秩序。教师应当创造一种互相信任、自然、亲切的气氛,在学生没有抵触情绪的情况下对他们进行教育,而不是一味地批评。可采用教育与表扬相结合、教育与批评相结合等方法。

2. 对教学方法的变换能力

教师在课堂教学中可通过变换教学方法来调动学生的学习积极性,从而完成教学任务。这种变换使不同的教学方法在同一课堂教学中有机组合协调,有利于教育与教学的统一。教法与学法的统一有利于调动"教"与"学"双方的积极性,从而实现课堂教学的整体优化。

为了使小学生的注意力相对保持稳定,教师在教学过程中应根据学生的年龄、教材的特点,用灵活的讲课方法吸引学生的注意力。低年级阶段,应运用直观的教具、形象的 PPT、生动的动画等,让学生通过看、做、想获得知识;在中、高年级阶段,除了持续使用一些教具、PPT 外,还要注意一节课中教学方法的变换,如交替运用讲解、谈话、自学、操作、讨论、练习等方法,稳定学生的注意力。另外,要掌握学生有意注意与无意注意互相转化的规律。教师在课堂教学中既要运用实物、图表、模型等教具引起学生的无意注意,又要恰当地运用提问、讲解等手段牵引学生的有意注意,使学生这两种注意在课堂上有机地、自然地交替进行,提高学习效率。

3. 对突发状况的反应能力

在数学课堂管理中,突发状况是最令教师头痛的事。由于它是偶发性事件,又在教学过程中出现,因此教师用来估计形势和选择处理办法的时间是很短暂的。这就需要教师利用自己的经验和机智尽快作出反应,对教学进行有效的调控。一般来说,应付扰乱教学状况的办法有三种,即冷处理、温处理和热处理。

所谓冷处理,就是教师面对偶发事件见怪不怪,不批评指责,以比较冷静的方式处理。常见的冷处理方式有发散、换元和转向三种。发散,指教师引导全班学生把视线的焦点从突发状况上"发散"开,避免事件继续被关注。换元,指教师巧妙地将发生的事件转化为教育的材料,借助事实启发学生。转向,指教师用新颖别致的方式,将学生的注意中心引向自己所安排的方向。

所谓温处理,就是教师对于因自己疏忽所造成的不利影响,例如板书出现错别字、讲解出现错误等引起的课堂骚动等,应态度温和地及时承认失误,并自然地过渡到原教学活动的程序中。

所谓热处理,就是教师对一些偶发事件趁热打铁,予以严肃的批评教育,并果断制止,然后尽快转入正题。这种处理方式主要针对严重扰乱课堂秩序的现象和屡教不改的违纪行为。

对突发状况的反应也指教师对学生的反馈信息的调控行为,是教师的一种教育机智,是一种可操作、可培养的课堂教学技能。教师要善于调控课堂,具有一双慧眼,灵活地调控预设,让动态生成的课堂多一份精彩。

（三）课堂交流技能

在数学课堂教学中,教师如何与学生进行有效的交流,如何实现与学生的情感交流,是提高课堂教学效率的前提,是教育能否奏效的关键。一堂好的数学课,像一首优美的旋律,应使学生在教师的启迪下,始终保持浓厚的学习兴趣。课的一开始,教师就要善于在问题情境中激发学生的参与兴趣,在教学环节的变换中,注意学生的思维坡度,做好合理铺垫,引发他们的情感。教师要把抽象的数学概念形象化,把静态的概念动态化,尤其要通过提出富有挑战性的操作要求,帮助学生在动手操作中丰富表象,架起由感性认识到理性认识的桥梁。教师要有效运用教学语言,引导学生在分析、比较、辨析、交流等活动中,通过动口表达、动脑思考,多种感官协同参与活动,缩短学生与知识之间的距离,增强学习的真实感,使学生在知识发生、发展、形成的过程中体验主动探索的快乐。

三、教学评价能力

《义务教育数学课程标准》(2011年版)指出:评价的主要目的是全面了解学生数学学习的过程和结果,激励学生学习和改进教师教学。评价应以课程目标和课程内容为依据,体现数学课程的基本理念,全面评价学生在知识技能、数学思考、问题解决和情感态度等方面的表现。评价不仅要关注学生的学习结果,更要关注学生在学习过程中的发展和变化。应采用多样化的评价方式,恰当呈现并合理利用评价结果,发挥评价的激励作用,保护学生的自尊心和自信心。通过评价得到的信息,教师可以了解学生数学学习达到的水平和存在的问题,从而进行总结与反思,调整和改进教学内容与教学过程。

数学教师的教学评价能力包括课堂教学中对学生即时的语言评价能力、对课堂教学效果的评价能力、对学生学业质量的评价能力等。

（一）对学生即时的语言评价能力

对学生即时的语言评价能力,即教师能通过提问、教学活动、学生参与学习的态度、学生的学习兴趣以及作业等情况对学生进行语言评价。

以下是沪教版五年级第二学期"列方程解应用题(三)"的教学片段。

案例 11
评价让学习氛围更浓厚

师:同学们很善于思考和总结,并养成了把 x 代入原方程检验的好习惯。第一种解法是直接根据关系式求解,第二种解法是先化简,再根据关系式求解。下面再来看一道方程,想一想这道方程可以怎么解。可以动笔试试。

师:嗯,同学们都完成了吗? 让我们先来看看小伙伴做的,他们都做对了吗? 请小丁丁先说吧。

生:我检验过了, $x=32$ 是原方程的解。小亚和我做对了,小亚直接用关系式求解,我先化简,再用关系式求解。小巧化简时把 $2x \div 4 = 16$ 错写成 $(2 \div 4)x = 16$,也就是 $0.5x = 16$,而不是 $2x = 64$。

生:我知道小胖怎么会错的,他看见方程左边除以 4,认为 16 是 4 的倍数就去除以 4 了。他们都没有检验,所以没有及时发现错误。

师:嗯,小丁丁的讲解太精彩了,把对和错都分析得清清楚楚,现在大家都明白了吗? 解方程不仅要有方法,还要正确计算每一步,最关键的是要自觉检验。刚才我们把 $8x = 28$ 变成了 $8x \div 2 = 28$。嗯,现在又变成了 $8x(x+3) \div 2 = 28$。你们会解这样的方程吗? 想挑战一下吗? 试一下吧。

教师在整个教学过程中根据学生的回答,及时进行提炼和评价,评价学生不仅讲解得精彩,还把对错分析得清清楚楚。教师的即时表扬,不但能够激发学生参与学习的积极性,而且是一种示范引领,旨在鼓励学生朝着这个方向继续努力。

(二) 对课堂教学效果的评价能力

对课堂教学效果的评价能力,即教师通过观察课堂教学,善于进行教学反思,及时改进教学方法,提高教学艺术。主要包括以下几个观察要点。

1. 学生的学习状态

观察学生能否充分动口、动手、动脑,主动收集、交流、加工和处理学习信息;能否独立思考,掌握学法,大胆实践,善于质疑,能否自评、自检和自改;能否勇于发表自己的见解,认真听取和尊重别人的意见,有效开展小组内的互帮互学。

2. 学生的学习效果

一是对数学学习的喜欢程度。通过观察课堂,及时反思:学生是否乐于讨论,是否对数学活动充满热情,是否积极主动地从事探究活动,是否表现出强烈的好奇心和求知欲。

二是合作交流和解决问题的能力。评价学生能否运用所学的知识发现、提出、解决实际问题,并和同伴交流思路;师生之间、生生之间能否建立多边的、丰富的信息联系与信息反馈;学生是否懂得尊重别人,取长补短,在动手实践、自主探索中充分发挥智力潜能。

三是运用学科知识解决实际问题的能力。观察学生能否切实掌握数学基础知识,训练数学基本技能,领悟数学基本思想方法,积累数学基本活动经验;能否在学习活动中发现问题,提出问题,分析问题,解决问题。

3. 学生的学习能力

除了观察评价学生的学习状态、学习效果外,还应评价学生的学习能力。要观察评价学生能否从生活中感知,从收集整理的信息中发现、抽象出学科知识规律,用所学的知识观察、解答生活中的实际问题,以及在学习活动中的能力结构和合理迁移的创造性思维的水平。具体包括:课前收集生活信息,课内交流、整理和分析信息,将所获得的知识再应用到生活中解决实际问题,等等。

（三）对学生学业质量的评价能力

学业质量评价是指以国家的教育教学目标为依据,运用恰当的、有效的工具和途径,收集学生在学科教学和自学的影响下认知行为上的变化信息和证据,并对学生的知识和能力水平进行价值判断的过程。在教学实践中,学业评价应尽可能符合实际需要,从而推动学生的学业进步。这里所说的对学生学业质量的评价能力,即教师能通过作业设计、作业批改、命题检测对教学效果进行评价。

1. 作业设计能力

作业设计能力,包括课内作业设计能力和课后作业设计能力。广义的作业设计,就是把数学教学全过程理解为引发学生参与知识形成全过程的动手、动脑训练,是为学生的"学"而"练",需要教师把教育理念、教学意图融入精心设计的练习中,从而达到教学目标,提高学生的数学素养。

因此,数学教师的作业设计能力主要表现在:能否将设计的练习变成学生学习的内容,将教学过程变成引发学生"练"的过程;能否找准练习的起点,把握练习的目标定位;能否按照由易到难、由简到繁、由基本到变式、由低级到高级的发展顺序去安排和设计;能否注意到题型的多样和方式的多变;能否通过练习激发学生的思维和兴趣。

以下是沪教版五年级第二学期"复习与提高(作业二)"方程的作业设计和属性分析。

案例 12

方程的作业设计与属性分析

一、作业设计

(一) 解方程,带 * 的检验

$6x \div 2 = 27$ $\qquad$ $4(x+2) \div 2 = 20$ $\qquad$ $2.2(8-x) \div 2 = 5.5$

$*7(18+x) \div 2 = 73.5$ $\qquad$ $32x + 24 \times 3 = 52x$ $\qquad$ $7.4x = 2.8x + 13.8$

$x - 12 - 0.2x = 4$ $\qquad$ $*32 \times 4 = 4(x+5)$

(二) 列方程解答

1. 从 6.7 里减去某数的 3 倍,差是 2.5,求某数。

2. 124 比一个数的 7 倍少 37,这个数是多少?

3. 一个数与 3 的和的 4 倍,正好等于这个数的 6 倍,求这个数。

二、属性分析

作业二			方程						课时			第一课时
属性分析	题目序号	对应目标编号	题型(打"√")						难度(打"√")			预估完成时间(分)
			选择	判断	填空	计算	解答	其他	低	中	高	
	1	8				√				√		14
	2	3					√			√		5

三、检测目标

检测目标	一致性	☑好	□一般	□差
	逻辑性	☑好	□一般	□差
	层次性	☑好	□一般	□差
	多样性	□好	☑一般	□差
	差异性	□好	☑一般	□差
	开放性	□好	☑一般	□差

2.作业批改能力

所谓批改数学作业,包括批和改两项内容。每位教师必须形成一定的作业批改规范。但在具体操作中,教师一般重批轻改,这种做法并不符合作业批改的启发性原则。因此当学生作业出现问题时,教师不能只作简单的判断,而应运用多种手段启发学生,引导学生自己发现和纠正错误。教师在批改作业时,尽量不要打"×",可打"?"或画波浪线,并适当地加上一些启发性的批语,如"想想有没有更合理的方法?""先看书上例题""找出错误的原因""请验算,再找出错误所在""想想为什么"。有时,教师还可以顺着学生错误的思路继续提问,将错就错,直至学生自己发现问题。

因此,数学教师的作业批改能力主要表现在:能否形成自己的作业要求和批改规范;能否通过批改发现学生错误的原因,及时分析,改进教学;能否在批改作业的过程中运用等第评价、分项评价、鼓励上进、一题多改、暂不评判、协商批改等多种策略;能否创新作业批改的方式,运用评语式批改、自省式批改、汇报式批改、竞赛式批改、辩论式批改、纠错式批改、评价式批改、辅导式批改等,调动学生的学习积极性,促进学生自主发展。

3.试卷命题能力

小学数学考试受应试教育的影响,常以一张试卷定成绩,这显然有悖于《义务教育数学课程标准》(2011年版)提出的对学生评价的基本要求。随着我国课程改革的不断深入,学校逐步引入面试、操作性测试、实践性测试等。即使是书面测试,所编写的测试题也一改以往只重视"双基"的现象,突出体现试卷命题的发展性,为学生提供充分施展才能的空间。

试卷命题应关注学生思维的开放性,让学生多角度地去思考问题,寻求解决问题的策略,体现不同的解答方式。试卷命题应展现知识的形成过程,让学生通过这个过程,初步理解一个数学问题是怎样提出来的、一个数学概念是怎样形成的、一个数学结论是怎样获得和应用的,从中感受数学发现的乐趣,增进学好数学的信心,形成应用意识和创新意识,从而达到素质教育的目的。试卷命题应突出解决问题的探究过程,在提供的问题情境中挖掘潜在的知识,引导学生在问题情境中探究,培养选择信息、处理信息、整合信息的能力。试卷命题还应强调综合性,综合运用不同学科的知识来解决实际问题,所选用的综合试题可涉及历史、地理、人文等社会生活的各个方面,在检测教学质量的同时丰富学生的知识,激发他们探究新知的欲望。

因此,数学教师的试卷命题能力主要表现在:能否依据课程标准的要求,体现数学与生活的联系;能否关注学生的思维发展,体现开放性;能否促进学生发展,体现发展性和时代性;能否注重动手能力,体现实践性;能否关注差异,体现分层性。在试卷编制过程中,教师要明确检测目的,确立命题原则,制订考题设计与试卷编制计划,注重试卷题型的多样性、题目的结构性以及评分标准的公平性。

数学学科的学业评价以学科教学内容为载体,通过诊断性评价、形成性评价和终结性评价,关注学生的学习兴趣、学习习惯和学习成果,注重评价的整体性、层次性、适切性和可行性,使教师的学科评价能力真正促进学生全面发展。

第二章　学会分析教学的内容

　　学会分析教学的内容,应成为数学教师研究教学技能的前提。教师对课程标准、教材的理解和掌握程度,直接影响课堂教学的效果。新课标、新教材在素材选择及呈现方式上都发生了较大的变化,这一方面为广大一线教师贯彻新课程改革的理念、落实新课程标准的要求、变革教学方式等提供了有力的支持,一方面也增加了教师吃透教材的难度。在具体实践中,一些教师由于不理解教材,因此既不能很好地把握和驾驭教材,也不能准确地找到学生的最近发展区。

案例 1

我　就　是　数　学

　　"教才是最重要的"已在我们这些教师的潜意识里扎了根。我们经常把教学喻为艺术,并对教学方法的研究情有独钟。作为小学数学教师,我们研究教学导入的艺术,研究指导探究的艺术,研究练习设计的艺术,却唯独忘了研究数学本身,忘了研究那些看似简单却内涵深刻的小学数学知识。我甚至认为什么是数学并不重要,只要教会学生就行。

　　直到后来读到张齐华老师文章中的一段话,我才幡然醒悟。原文是这样的:事实上,数学教学并不是教师"外在于"教学,以数学为纯粹"客体""对象"而从事的搬运工作。教师与教学,二者理应相互交融,合二为一。一个优秀的数学教师站在讲台上,他就是数学!教学活动中,他的身上应该自然散发着一种独特的数学光华与气息,一种源于理性、智慧、思辨的内在气质。此时的教师,恰是以一个完整的职业生命,携自身的全部数学涵养融入教室、融入课堂、融入学生,学生由此而汲取数学的丰富营养。

由此可见,小学数学教师不仅需要有高等数学的视野,并随时补充基础数学理论的养分,还应在教学实践中不断提高自己的专业知识和能力。

教什么有时比怎样教更重要!从研读新教材的知识体系入手,解读教材的知识点、能力点和考核点,把握教学的重难点,有助于各年级教师更好地用活教材。因此,教师必须知道课程标准的新要求、新变化,必须梳理不同教材的编排体系和特点,必须理解每个教学内容和每节课的教学重点。

第一节　解读课程标准要求

根据《全日制义务教育数学课程标准》(实验修订稿)的要求,再对照《义务教育数学课程标准》(2011年版)的内容,可发现其中有很多新的要求和变化。我们在这里把前者简称为《标准》(实验稿),把后者简称为《标准》(2011年版)。

一、解读课程标准中的新变化

尽管新课程改革取得了一定的成绩,但这并不能掩盖实践或理论层面出现的各种问题。对于数学课程改革中出现的问题和变动,教师应该有所认识和体会。

(一)　课程标准修改的背景缘由

1. 认识课程标准的基本问题

史宁中教授认为,由于《标准》(实验稿)制订过程中的局限性,其内容有些地方系统性不够,对教育价值的表述也不够清晰,主要体现在:第一,目标不够清晰,可操作性不强;第二,对数学实质的表达不清楚。这会在教学中造成两大问题:一是教师吃不透所教的内容,不清楚数学意义;二是教师不清楚教育价值,比如砍掉一些定理、公式,表面上看是减少了学习和记忆的内容,实际上也减少了帮助我们解决问题的武器,使本来可以轻松解决的问题变得复杂化,甚至导致我们在解决问题的过程中要把定理、公式的证明过程重复一遍,实在是得不偿失。表2-1为《标准》(2011年版)与《标准》(实验稿)对"数学定义"改动处的比较。

表 2-1　《标准》(2011 年版) 与《标准》(实验稿)"数学定义"改动处的比较

	内容	《标准》(实验稿)	《标准》(2011 年版)
1	数学	数学是人们对客观世界定性把握和定量刻画、逐渐抽象概括、形成方法和理论,并进行广泛应用的过程。	数学是研究数量关系和空间形式的科学。
2	数学教育	人人学有价值的数学,人人都能获得必需的数学,不同的人在数学上得到不同的发展。	人人都能获得良好的数学教育,不同的人在数学上得到不同的发展。(良好的数学教育,就是不仅懂得了知识,还懂得了基本思想,在学习过程中得到磨炼。)

2. 认识课程实施的主要问题

由于《标准》(实验稿)强调数学要联系生活和实际,因此在编写的教材和实际教学中就增加了很多非数学的任务,无形中冲淡了数学主题。另外,《标准》(实验稿)在实践教学方面,过分注重教学的外在形式和过程,导致评论一堂课的优劣只看教师是否创设了现实情境,学生是否自主探究了,气氛是否活跃了,小组是否活动了,教师是否用了多媒体,至于教学内容则可有可无。这种"去数学化"的课堂,淡化了教学的实质,造成了严重的后果。表 2-2 为《标准》(2011 年版)与《标准》(实验稿)对"学习方式"改动处的比较。

表 2-2　《标准》(2011 年版) 与《标准》(实验稿)"学习方式"改动处的比较

	内容	《标准》(实验稿)	《标准》(2011 年版)
1	学习方式	有效的数学学习活动不能单纯地依赖模仿与记忆,动手实践、自主探索与合作交流是学生学习数学的重要方式。	学生学习应当是一个生动活泼的、主动的和富有个性的过程。认真听讲、积极思考、动手实践、自主探索、合作交流等,都是学习数学的重要方式。学生应当有足够的时间和空间经历观察、实验、猜测、计算、推理、验证等活动过程。
2	四方面课程	数与代数、空间与图形、统计与概率、实践与综合运用。	数与代数、图形与几何、统计与概率、综合与实践。

3. 认识课程实施的异变现象

在课程实施过程中,偏离课程预期目标,回归旧课程的本质,导致课程出现"变质"和"失真"。这主要是由传统观念的阻碍、教师的实践惰性、矫枉过正或追求花样翻新、课程改革执行力的不足等多方面原因造成的。表2-3为《标准》(2011年版)与《标准》(实验稿)对"目标"改动处的比较。

表2-3 《标准》(2011年版)与《标准》(实验稿)"目标"改动处的比较

	内容	《标准》(实验稿)	《标准》(2011年版)
1	目标	双基:基础知识、基本技能。	四基:基础知识、基本技能、基本思想、基本活动经验。 (增加"基本思想""基本活动经验",是为了在学生掌握基础知识和基本技能的基础上,弥补学生创造性的不足。)
2	问题解决	分析问题和解决问题。	发现问题、提出问题、分析问题和解决问题。(能够发现问题,并把问题提出来,然后分析问题。)

(二)课程标准修改的变化对比

1."数学"定义的变化

数学是研究数量关系和空间形式的科学。数学教育从"人人学有价值的数学,人人都能获得必需的数学,不同的人在数学上得到不同的发展"转变为"人人都能获得良好的数学教育,不同的人在数学上得到不同的发展"。

数学课程从"数学—学习—数学教学—评价—信息技术"到"课程内容—教学活动—评价—信息技术"的转变,突出了从"学数学"到"注重学习活动过程"的转变。

2.从"双基"到"四基"的变化

在"基础知识、基本技能"的"双基"的基础上增加"基本思想、基本活动经验"转变为"四基","四基"对应的要求是掌握(基础知识)、训练(基本技能)、领悟(基本思想)、积累(基本活动经验)。

3. 领域名称的变化

从"数与代数、空间与图形、统计与概率、实践与综合运用"转变为"数与代数、图形与几何、统计与概率、综合与实践"。

4. 课程目标的变化

总目标中突出了"培养学生创新精神和实践能力"的改革方向和目标取向。课程目标中除了"四基"外,还包括"四个能力",即培养学生发现问题、提出问题、分析问题和解决问题的能力。

5. 主要关键词的变化

从原先的六个关键词(数感、符号感、空间观念、统计观念、应用意识、推理能力)调整并新增至现有的十个关键词,分别为"数感、符号意识(调整)、空间观念、几何直观(新增)、数据分析观念(调整)、运算能力(新增)、应用意识、推理能力、模型思想(新增)、创新意识(新增)"。

二、梳理课程标准中的教学内容

课程标准中的教学内容要反映社会的需要、数学的特点,符合学生的认知规律。它不仅包括数学的结果,也包括数学结果的形成过程和蕴含的数学思想方法。课程内容的选择要贴近学生的实际,有利于学生体验与理解、思考与探索。课程内容的组织要重视过程,处理好过程与结果的关系;要重视直观,处理好直观与抽象的关系;要重视直接经验,处理好直接经验与间接经验的关系。课程内容的呈现应注意层次性和多样性。

(一) 课程目标

义务教育阶段数学课程目标分为总目标和学段目标,从知识技能、数学思考、问题解决、情感态度四个方面加以阐述。

数学课程目标包括结果目标和过程目标。结果目标使用"了解、理解、掌握、运用"等动词表述,过程目标使用"经历、体验、探索"等动词表述。

(二) 课程内容

在各学段中,安排了四个部分的课程内容:数与代数、图形与几何、统计与概率、综合与实践。其中,设置"综合与实践"内容的目的在于培养学生综合运用有关的知识与方法解决实际问题,培养学生的问题意识、应用意识和创新意识,积累学生的活动经验,提高学生解决现实问题的能力。

小学"数与代数"的内容有:数的认识,数的表示,数的大小,数的运算,数量的估计;字母表示数,代数式及其运算;方程、方程组等。

小学"图形与几何"的内容有:空间和平面基本图形的认识,图形的性质、分类和度量;图形的平移、旋转、轴对称等。

小学"统计与概率"的内容有:收集、整理和描述数据,包括简单抽样、整理调查数据、绘制统计图表等;处理数据,包括计算平均数、中位数等;从数据中提取信息并进行简单的推断;简单随机事件及其发生的概率。

"综合与实践"是一类以问题为载体、以学生自主参与为主的学习活动。在学习活动中,学生将综合运用"数与代数""图形与几何""统计与概率"等知识和方法解决问题。"综合与实践"的教学活动应当保证每学期至少一次,可以在课堂上完成,也可以课内外相结合。

在数学课程中,应当注重发展学生的数感、符号意识、空间观念、几何直观、数据分析观念、运算能力、推理能力和模型思想。为了适应时代发展对人才培养的需要,数学课程还要特别注重发展学生的应用和创新意识。

(三) 知识结构

按照数学课程标准,结合现有沪教版等教材,小学一至五年级各知识内容的结构可按照模块分类梳理,详见本书附录。

三、理解课程标准中的教学建议

数学教师必须认真学习课程标准中的教学建议,深入理解建议中蕴含的深刻思想,从而实施有效课堂教学。

(一) 理解数学活动的目标本质

教学活动是师生积极参与、交往互动、共同发展的过程。

数学教学应根据具体的教学内容,注意使学生在获得间接经验的同时也有机会获得直接经验,即从学生实际出发,创设有助于学生自主学习的问题情境,引导学生通过实践、思考、探索、交流等,获得数学的基础知识、基本技能、基本思想、基本活动经验,促使学生主动地、富有个性地学习,不断提高发现和提出问题的能力、分析和解决问题的能力。

在数学教学活动中,教师要把基本理念转化为教学行为,处理好讲授与学生自主学习的关系,注重启发学生积极思考;发扬教学民主,当好学生数学学习的组织者、引导者、合作者;激发学生的学习潜能,鼓励学生大胆创新与实践;创造性地使用教材,积极开发、利用各种教学资源,为学生提供丰富多彩的学习素材;关注学生的个体差异,有效地实施有差异的教学,使每个学生都得到充分的发展;合理地运用现代信息技术,尽可能有效地使用计算机和有关软件,提高教学效益。

数学教学活动要注重课程目标的整体实现。为使每个学生都受到良好的数学教育,数学教学不仅要使学生获得数学的基础知识与基本技能,还要把知识技能、数学思考、问题解决、情感态度这四个方面的目标有机结合,从而整体实现课程目标。

课程目标的整体实现需要日积月累。在日常的教学活动中,教师应努力挖掘教学内容中可能蕴含的、与目标有关的教育价值,通过长期的教学过程,逐渐实现课程的整体目标。因此,无论是设计、实施课堂教学方案,还是组织各类教学活动,教师不仅要重视学生知识技能的获得,还要激发学生的学习兴趣,使他们通过独立思考或合作交流感悟数学的基本思想,在参与数学活动的过程中积累基本经验,形成认真勤奋、独立思考、合作交流、反思质疑等良好的学习习惯。

（二）重视学生学习的主体地位

有效的数学教学活动是教师教与学生学的统一,应体现"以人为本"的理念,促进学生的全面发展。

1. 学生是数学学习的主体,在积极参与学习活动的过程中不断发展

学生获得知识,必须建立在自己思考的基础上,可以通过接受学习的方式,也可以通过自主探索等方式;学生应用知识并逐步形成技能,离不开自己的实践;在获得知识技能的过程中,学生只有亲身参与到教师精心设计的教学活动中,才能在数学思考、问题解决和情感态度方面得到发展。

2. 教师是学习活动的组织者、引导者、合作者,为学生的发展提供良好的环

境和条件

教师的组织作用主要体现在两个方面:第一,教师应当准确把握教学内容的数学实质和学生的实际情况,确定合理的教学目标,设计一个好的教学方案;第二,在教学活动中,教师要选择适当的教学方式,因势利导,适时调控,或师生互动,或生生互动,努力营造生动活泼的课堂氛围,形成有效的学习活动。

教师的引导作用主要体现在:通过恰当的问题或准确、清晰、富有启发性的讲授,引导学生积极思考、求知求真,激发学生的好奇心;通过恰当的归纳和示范,引导学生理解知识、掌握技能、积累经验、感悟思想;关注学生的差异,通过不同层次的问题或教学手段,引导每一个学生积极参与学习活动,提高教学活动的针对性和有效性。

教师与学生的合作主要体现在:教师以平等、尊重的态度鼓励学生积极参与教学活动,启发学生共同探索,与学生一起感受成功和挫折,分享发现和成果。

3. 处理好学生主体地位和教师主导作用之间的关系

好的教学活动,应是学生主体地位和教师主导作用的和谐统一。一方面,学生主体地位的真正落实,依赖于教师主导作用的有效发挥;另一方面,有效发挥教师主导作用的标志,是学生能够真正成为学习的主体,得到全面的发展。

实行启发式教学有助于落实学生的主体地位和发挥教师的主导作用。比如:创设情境,设计问题,引导学生自主探索、合作交流;组织学生操作实验、观察现象、提出猜想、推理论证。这些都能有效地启发学生的思考,使其成为学习的主体,逐步学会学习。

(三) 重视学生"四基""四能"的形成

首先,数学知识的教学应注重学生对所学知识的理解,使他们体会数学知识之间的关联。

学生掌握数学知识,不能靠死记硬背,而应以理解为基础,并在知识的应用中不断巩固和深化。为了帮助学生真正地理解数学知识,教师应注重数学知识与学生生活经验的联系、与学生学科知识的联系,组织学生开展实验、操作、尝试等活动,引导学生进行观察、分析,抽象概括,运用知识进行判断。教师还应揭示知识的数学实质及其体现的数学思想，帮助学生厘清相关知识之间的区别和联系等。

数学知识的教学，要注重知识的"生长点"与"延伸点"，把每堂课教学的知识置于整体知识的体系中，注重知识的结构，处理好局部知识与整体知识的关系，引导学生感受数学的整体性，明白对某些数学知识可以从不同的角度加以分析、从不同的层次进行理解。

其次，在基本技能的教学中，教师不仅要使学生掌握技能操作的程序和步骤，还要使学生理解这样操作的道理。例如：对于整数乘法计算，学生不仅要掌握如何进行计算，还要知道相应的算理；对于作图，学生不仅要知道作图的步骤，还要知道实施这些步骤的理由。

基本技能的形成，需要一定量的训练，但要适度，不能依赖于机械的重复操作，要注重训练的实效性。教师应把握技能形成的阶段性，根据内容的要求和学生的实际，分层次地落实。

再次，数学思想蕴含于数学知识形成、发展和应用的过程中，是数学知识和方法在更高层次上的抽象与概括，如抽象、分类、归纳、演绎、模型等。学生在积极参与教学活动的过程中，通过独立思考、合作交流，逐步感悟数学思想。

最后，数学活动经验的积累是学生提高数学素养的重要标志。帮助学生积累数学活动经验是数学教学的重要目标，是学生不断经历、体验各种数学活动过程的结果。数学活动经验需要在"做"的过程和"思考"的过程中积淀，是在数学学习活动过程中逐步积累形成的。教师在教学中注重结合具体的学习内容，设计有效的数学探究活动，使学生经历数学的发生、发展过程，是学生积累数学活动经验的重要途径。

"综合与实践"是积累数学活动经验的重要载体。在经历具体的"综合与实践"问题的过程中，教师要引导学生体验如何发现问题，如何选择适合自己完成的问题，如何把实际问题变成数学问题，如何设计解决问题的方案，如何选择合作的伙伴，如何有效地呈现实践的成果，让别人体会自己成果的价值。通过这样的教学活动，学生将逐步积累运用数学解决问题的经验。

第二节　分析梳理教材内容

教材作为教学活动最基本的要素之一,在教学活动过程中起着举足轻重的作用。数学教师要想有效达成课程标准要求,必须先对学段整体教材进行系统的解读、正确的梳理和分析,再从小学生的认知能力与已有经验出发,全面理解小学数学教材的编排意图,明确年段教材内容的整体结构、前后联系,把握核心内容和主要思想方法,最后依据学情进行有效教学。

一、明确学段学习水平

由于不同学段学生的整体发展水平存在差异,因此对同一认知水平层次的要求应有所不同。《标准》(2011 年版)将 1—3 年级规定为第一学段,将 4—6 年级规定为第二学段。各学段学习水平和要求见表 2 - 4。

表 2 - 4　小学数学学段学习水平和要求的对比

学段 水平、要求	第一学段	第二学段
水平 A	对所学数学知识有初步的感性认识,能说出它指的是什么,并能在有关情境中加以识别。初步学会所涉及的计算、画图等方法。	对所学数学知识有初步的感性认识,能说出相关的基本特征,并能在有关情境中识别它们。对所学技能会进行模仿性操作。
水平 B	对所学数学知识有初步的理性认识,能够运用语言表述它的含义,会进行简单的应用。对所涉及的计算、画图等方法比较熟练。	对所学数学知识有理性的认识,能用自己的语言进行叙述和解释;知道它们的由来及其与其他知识之间的联系;知道它们的用途。对所学技能会在有指导的条件下进行尝试性操作。
水平 C	能运用所学的数学知识进行分析、判断,并能用来解决简单的实际问题。基本形成有关的技能。	对所学数学知识有实质性的认识,并能与已有数学知识建立起联系。已形成有关技能,能用它们来解决简单的有关问题。

（续表）

学段 水平、要求	第一学段	第二学段
水平 D	能在新的情境中综合应用所学的数学知识，或熟练地解决问题。	能在新的情境中综合地、灵活性地运用所学的数学知识和技能来解决有关问题。

二、划分学习水平层次

数学学习水平，是对学生数学认知的发展、学习方法的积累、情感态度的培育等所达到程度的总体刻画。

学习水平主要针对认知水平而言。学科认知水平可划分为 A、B、C、D 四个层次，这四个层次是累积递进的。具体内容见表 2 - 5。

表 2 - 5　学科学习水平界定表

学习水平	基本内涵	行为动词举例
识记（A）	能识别或记住有关的数学事实材料（包括有关的定义、定理、性质、法则和公式等），使之再认或再现；能按照示例进行模仿。	知道、了解、识别、说出等
理解（B）	能明了数学知识的由来，能描述研究对象的数学特征并较规范地加以表达；会在标准的数学问题情境或基本的变式条件下准确运用相关知识与技能解决简单的问题。	懂得、说明、比较、判断等
运用（C）	能把握数学知识的内容及其形式的变化，在变式或新情境中区分数学知识的本质属性与非本质属性，并能解决数学内部问题及简单的实际问题；能把具体现象上升为本质联系，从而形成解决问题的一般方法。	掌握、推导、转换、分析、应用等
综合（D）	能从较综合的问题情境中抽象出数学模型或通过归纳假设进行探索，并数学化地对问题加以分析、表达和解决；会对数学内容进行一定的扩展或对数学问题进行延伸；能对解决问题过程的合理性、完整性、简捷性开展评价。	证明、决策、设计、反思、评价等

三、梳理年段内容、水平与要求①

(一) 一年级

表 2-6 一年级上学期教学内容

模块	单元主题	学习内容			学习水平	学习要求及建议
数与运算	基本内容	数的认识	学习准备	说一说	A	1. 了解学生学习基础。 2. 初步学习观察、比较、分类等方法。经历从现实背景中抽象出 20 以内的数的过程,积累数学事实与数学活动经验。 3. 会数出 20 以内实物或图形的个数。 4. 学会用"第几个"表示生活中某些事物的顺序和位置,区分几个和第几个。 5. 通过自己掷双色片,探究 10 以内各数分拆的可能性,积累数学事实与数学探究活动经验。 6. 从合并、添加等情节引入加法,从拿走、去掉等情节引入减法,知道加减法含义和加减算式中各部分名称。 7. 探索 20 以内数的加减法口算的方法,并正确计算。 8. 熟练口算 20 以内加减法。 9. 知道混合运算顺序。 10. 初步感知"两个加数位置交换,结果不变"。 11. 在实际情节中探究与体会加与减的关系:减法是加法的逆运算。 12. 在学习加减法的过程中,提高计算的正确性,养成自觉选择合理算法的意识,逐步发展计算的灵活性。 13. 对日常生活和周围环境中的数学现象具有好奇心,并有探究的欲望。 14. 在数学学习和数学应用的过程中,激发数学学习兴趣,形成良好的学习态度。
				分一分	A	
				数一数	C	
				几个与第几个	B	
				比一比	C	
				数射线	B	
		自然数的运算	10以内数的加减法	分与合	C	
				加法	C	
				减法	C	
				加与减	C	
				看数射线做加减法	C	
				10 的游戏	C	
				连加、连减	C	
				加减混合	C	
		数的认识	20以内数的加减法	11～20 的数	C	
				十几就是十和几	C	
				20 以内数的排列	C	
		自然数的运算		加减法	C	
				加进来减出去	C	
				数砖墙	C	
				推算	C	
				加倍与一半	B	
				组算式	C	
			应用	以情景图或文字叙述表达题意的加、减一步计算的学生生活问题	C	1. 从一年级起注意培养利用学具探究算法的能力和口头表达能力。 2. 鼓励交流自己的算法,并加以比较。 3. 培养簿本整洁、书写工整、认真计算的良好习惯。
	拓展内容	式的相等与不等				将数的大小比较推广到算式。
		数列与图形的排列规律				通过观察,寻找规律。

---

① 以沪教版小学一至五年级数学教材为例。

（续表）

模块	单元主题		学习内容	学习水平	学习要求及建议
方程与代数	等式与方程的初步认识	基本内容	初步学会在（）、□中填写要求的数	B	在（）、□中填写要求的数。[例]在（ ）中填上适当的数，如：3+（ ）＝7
图形与几何	平面图形的认识及计算	基本内容	图形的初步认识	A	1.通过观察、操作初步认识长方体、正方体、圆柱体和球。2.初步认识长方形、正方形、三角形和圆。3.学习对图形进行初步的分类。
数据整理与概率统计	统计初步	基本内容	在分类、计数、记录过程中初步经历用"1"来统计对象个数的经验	B	学习收集数据，初步经历分类计数的过程。

表 2－7 一年级下学期教学内容

模块	单元主题				学习内容	学习水平	学习要求及建议
数与运算	数的认识	基本内容	100以内数的认识和加减法	100以内数的认识	十个十个数	C	1.能够正确地数出100以内的物体的个数，知道这些数是由几个十和几个一组成的，掌握100以内数的顺序，并能正确读、写100以内的数。2.初步认识计数单位一、十、百，知道个位、十位、百位的含义，初步认识数位顺序表并利用数位顺序表进行计数，掌握100以内数的组成。3.会比较100以内数的大小，会用符号（＜、＝、＞）表示比较（100以内数）的结果。4.进一步学习数射线，会在数射线上数数和标数，并能通过数射线找到与某数相邻的整十数以及最邻近的整十数。5.能一组一组地计数，会用各种方法来描述20的集合（个数是20的集合），为建构乘法做准备。
					认识100	C	
					100以内数的表示	C	
					100以内数的大小比较	C	
					百数表	B	
					各人眼中的20	B	
	自然数的运算			100以内数的加减法	两位数加减整十数	C	1.探索100以内数的加减法口算、笔算的方法，并正确计算。2.比较熟练地口算两位数加、减整十数或一位数。3.知道混合运算顺序，计算100以内两步式题。4.通过题组计算，渗透交换的思想，探究使计算简便的方法，培养推算的能力。
					两位数加减一位数	C	
					两位数加两位数	C	
					两位数减两位数	C	
					连加、连减、混合加减	C	
					交换	B	

（续表）

模块	单元主题	学习内容		学习水平	学习要求及建议
数与运算	数的认识	基本内容	人民币的认识	B	1. 认识人民币,知道人民币的单位元、角、分以及它们之间的进率,会进行人民币的简单换算。 2. 渗透爱惜人民币的思想教育。
			时、分、秒的认识	B	1. 认识钟面,联系实例建立时间观念,看、读、记钟面上的时刻(整时、整时半),用24时计时法表示时刻(整时、整时半)。 2. 通过对时间的认识和学习,养成从小珍惜时间、遵守时间的良好习惯,并认识到能用数字来表示时间。
	自然数的运算	应用	以情景图或文字叙述表达题意的加、减一步计算的学生生活问题	C	1. 看图口述题意,选择算法,注意培养口头表达能力。 2. 口述实际问题的题意,根据四则运算的含义列式解答用文字叙述的一步计算实际问题,结合生活实际口头提出一些简单的应用问题。 3. 通过用所学知识解决实际问题,初步培养数学化的能力。 4. 逐步养成簿本整洁、书写工整、认真计算的良好习惯。
方程与代数	等式与方程的初步认识		填空	B	初步学会在( )、□中填写要求的数。
图形与几何	平面图形的认识及计算	基本内容	左与右、上中下左中右	A	1. 通过直观演示和动手操作,认识"左、右""上、下"的基本含义。 2. 能说出自身躯干上的左右位置。 3. 能说出以自我为参照中心的左右位置。 4. 认识物体的上、中、下及左、中、右位置,能用语言描述某一物体的上下、左右位置关系,初步感受位置关系的相对性。
数与运算	数的认识		长度单位的认识(一)	A	1. 能通过直接比较或间接比较(用尺度量)判断物体的长短。 2. 联系实际,认识米尺,通过测量常见物体等活动,建立1米(m)、1厘米(cm)、1毫米(mm)的实际长度观念,知道它们之间的进率,并能进行简单的长度计算。 3. 初步感知量源于"量"。(说明:可以选用适当物体或人体的一拃、一庹等作为标准,去度量其他物体的长度,在交流讨论中体会统一长度单位的必要性) 4. 根据实际需要,选用适当的长度单位。初步学会用米和厘米作单位测量物体的长度。

（续表）

模块	单元主题	学习内容			学习水平	学习要求及建议
图形与几何	平面图形的认识及计算	基本内容	线段	线段的认识、线段的度量	A	初步会用刻度尺量线段的长和画线段（限整厘米）。认识线段，并能用尺量出线段的长度和画指定长度的线段。

（二）二年级

表 2 - 8　二年级上学期教学内容

模块	单元主题	学习内容			学习水平	学习要求及建议
数与运算	自然数的运算	基本内容	表内乘除法	乘除法含义	B	1. 初步理解乘法的含义，会使用乘法算式描述几个几的和；知道用不同的重复行为来表示同一事物（对象），知道 a 个 b 和 b 个 a 得到的结果是相等的。 2. 初步理解除法的含义，知道除法算式各部分名称；知道平均分的含义、方法，会用除法算式表示等量划分、平均分；初步认识除法是乘法的逆运算。 3. 通过参与编制乘法口诀，初步学会类推乘法口诀；熟记乘法口诀，并会用这些乘法口诀口算相关的表内乘法和除法。 4. 初步理解"几倍"的含义，能用除法求一个数是另一个数的几倍，初步感知"几倍"在生活中的应用。 5. 知道 0 除以任何非零数，商都是 0；培养学生的探究能力和从特殊到一般的推理能力。 6. 了解余数的含义，知道余数和余数的大小关系，初步学会口算除数、商都是一位数的有余数除法。 7. 根据四则运算的含义列式解答用文字叙述的一步计算实际问题，会编简单的乘除法应用题。
				表内乘除法	C	
				几倍	C	
				被除数为 0 的除法	C	
				看图编乘除法问题	C	
				分拆为乘与加	B	
				有余数除法	C	
				解决问题	C	
				九九表的来历	A	1. 引导学生收集资料，了解九九表的来历，感受人类的聪明才智。 2. 通过做乘法表，熟练掌握和运用乘法口诀进行计算。 3. 在探究几个几加减几个几的活动中，初步感知乘法分配律的思想。 4. 认识奇数、偶数与平方数，培养猜想能力。
				乘法表	B	
				几个几加减几个几	A	
				点图和数	A	

（续表）

模块	单元主题	学习内容		学习水平	学习要求及建议
图形与几何	平面图形的认识及计算	基本内容	角与直角	B	1. 初步认识角、直角,知道角的各部分名称;能动手制作直角,能用直角量具测定和判断直角。 2. 初步认识正方体和长方体,能比较两者的异同;会动手制作长方体、正方体的模型;重视培养探究、归纳、空间想象能力。 3. 初步认识正方形和长方形,能比较两者的异同;重视培养探究、归纳能力。
			正方体、长方体的初步认识	B	
		拓展内容	实物图形的观察	A	学习从不同角度观察实物图形,初步感知到从不同的方向观察同一物体,所看到的形状往往是不同的。
方程与代数	等式与方程的初步认识	基本内容	求□中的数	B	通过把适当的数填到算式的□中,进一步渗透使用符号表示数的思想,初步感受利用减法是加法的逆运算。
数据整理与概率统计	统计初步	基本内容	小统计	统计表初步	B	1. 学习收集数据,初步会用画"正"字等方法进行记录,经历分类计数的过程。 2. 对事物进行分类计数,认识形象化的统计图。 3. 认识单式条形统计图,说出统计的内容和数量。
			条形统计图	B	
		拓展内容	初步的调查统计	B	调查儿童生活、家庭生活中的某些问题,收集数据,制成统计表和条形统计图。

表 2 - 9　二年级下学期教学内容

模块	单元主题	学习内容			学习水平	学习要求及建议
数与运算	数的认识	万以内数的认识和加减法	万以内数的认识与表达		B	1. 借助实例感知千、万的实际数量,知道千位、万位。 2. 知道万以内数的顺序,读写万以内的数。 3. 掌握比较万以内数的大小的方法。 4. 初步了解算盘的来源,知道在算盘上如何表示数。 5. 比较熟练地口算百以内两位数加减两位数(不进位、不退位),正确进行以三位数为主的加减法笔算。 6. 看图口述题意,选择算法,注意培养口头表达能力。 7. 口述实际问题的题意,根据四则运算的含义列式解答用文字叙述的一步计算实际问题,结合生活实际口头提出一些简单的应用问题。
			万以内数的读写及大小比较		C	
			数射线(千)		B	
	自然数的运算		口算		B	
			笔算		B	
			解决问题		C	
	数的认识	基本内容	时间的初步认识	时、分、秒	B	1. 认识钟面,联系实例建立时、分、秒的实际时间观念,知道相邻单位间的进率,看、读、记钟面上的时刻。 2. 用 24 时计时法表示时刻。 3. 进行珍惜时间的教育。
			重量单位的认识	轻与重,克、千克的认识与计算	B	1. 通过称物、掂量等体验活动,建立 1 克(g)、1 千克(kg)的实际重量观念,知道它们之间的进率,选择适当的重量单位估计物体的重量。 2. 能够正确地读秤的刻度,正确地测量物体的轻重。 3. 能够进行有关质量的简单的计算。
图形与几何	平面图形的认识及计算	拓展内容	位置图上的游戏		B	1. 初步了解位置概念,知道数字在不同数位上分别表示多少。 2. 通过在位置图上添加、移动小圆片体会数的变化,培养发散思维及有序思维的能力。
数与运算	自然数的运算		巧算		C	1. 在连加的算式中,交换加数位置或加小括号,使运算变得简便。 2. 在连减的算式中,更改减的顺序,使运算变得简便。

（续表）

模块	单元主题		学习内容	学习水平	学习要求及建议
图形与几何	平面图形的认识及计算	基本内容	东南西北	B	1. 能对东南西北方位进行识别,会进行简单的街区定位,能用东南西北方位词对行走路线进行描绘。 2. 通过使用三角尺上的直角去量角的具体操作活动,辨别认识直角、锐角和钝角。 3. 通过观察、动手拼搭三角形与四边形,初步认识三角形与四边形,并能分辨出三角形、四边形与多边形,知道长方形(包括正方形)是特殊的四边形。 4. 能识别直角三角形、锐角三角形和钝角三角形。知道三角形可以按角分为直角三角形、锐角三角形和钝角三角形。
			常见的角	A	
			三角形与四边形	B	
			三角形的分类	B	
		拓展内容	七巧板	A	用七巧板或其他学具进行拼图,通过拼图欣赏图形,激发认识图形的兴趣。
方程与代数	等式与方程的初步认识	基本内容	用( )、□等形式表示未知数	B	1. 尝试在关于乘法的不等式7×□<30、□×5<40中找出□中可以填入哪些合适的数,最大的是几。 2. 在数射线中,要求写出在数射线上字母表示的数,初步接触字母表示数。

（三）三年级

表 2 - 10 三年级上学期教学内容

模块	单元主题	学习内容			学习水平	学习要求及建议
数与运算	自然数的运算	基本内容	用一位数乘	乘整十数、整百数	B	1. 比较熟练地计算积在百以内的两位数乘一位数与相应的除法。 2. 结合实例渗透乘法分配律,理解一位数乘三、四位数的计算方法,并能笔算。 3. 结合实例学习笔算乘除法,初步掌握笔算一位数乘两、三位数的乘法和一位数除两、三位数为主的除法;初步掌握口算一位数乘整十数、一位数除两位数商是一位数的乘法。 4. 联系生活实际学习相关乘、除的估算;初步会用估算解决一些实际问题,养成估算习惯。 5. 利用乘除法的关系进行乘除法的验算,形成认真负责的态度。 6. 认识小括号,能进行简单的整数四则运算(两步)。 7. 在具体情境中了解常见的数量关系:总价＝单价×数量,并能解决简单的实际问题。 8. 联系生活经验,知道世纪、年、月、日及其进率,能判断大月、小月与闰年、平年。
				一位数与两位数相乘	B	
				一位数与三位数相乘	B	
			用一位数除	整十数、整百数除法	B	
				两位数被一位数除	B	
				三位数被一位数除	B	
				除法的应用	C	
				单价、数量、总价	B	
	数的认识		时间的初步认识	年、月、日	A	
				平年与闰年	B	
		拓展内容	尾数常用处理方法		B	通过实例了解进一法和去尾法,知道根据实际情况选用适当方法。
			几月几日是星期几的计算		C	能根据已知信息,推算某月某日是星期几。
		实践内容	制作年历		C	引导学生收集相关资料,通过交流,了解年、月、日规定的由来。
图形与几何	平面图形的认识及计算	基本内容	长度单位的认识	千米的认识	A	1. 联系实际,认识长度单位千米(km)、分米(dm),知道所有长度单位之间的进率;初步学会根据实际需要,选用适当的长度单位。 2. 识别轴对称图形,找出常见轴对称图形的对称轴,感受图形的对称美。 3. 通过观察、比较等活动知道面积的含义,建立 1 平方米(m^2)、1 平方厘米(cm^2)的实际面积概念。 4. 初步学会根据实际需要,选用适当的面积单位。 5. 从数长方形所含面积单位个数到计算长方形面积,归纳长方形面积计算公式。
				米与厘米	A	
				分米的认识	A	
			图形的面积	面积单位的认识——平方厘米、平方米	A	
				长方形、正方形面积	C	
			图形的变换	轴对称图形	B	
				等腰三角形等边三角形	B	

（续表）

模块	单元主题	学习内容		学习水平	学习要求及建议
图形与几何	平面图形的认识及计算	拓展内容	简单平面组合图形面积 它们有多大	C	选用分割、拼补等适当的方法,搞清图形的组合关系,并寻找必要的条件进行计算。
		实践内容	平面图形的拼嵌	C	综合运用平面图形的知识,通过拼、摆,发现规律,并感受数学的美。

表 2–11　三年级下学期教学内容

模块	单元主题	学习内容		学习水平	学习要求及建议
数与运算	自然数的运算	基本内容	速度、时间、路程	B	1. 结合实例学习笔算乘除法,掌握笔算两位数乘两、三位数为主的乘法和两位数除三、四位数为主的除法。 2. 联系生活实际学习相关乘、除的估算;初步会用估算解决一些实际问题,养成估算习惯。 3. 利用乘除法的关系进行乘除法的验算,形成认真负责的态度。 4. 借助实物、图形,直观认识几分之一、几分之几;知道分数各部分名称;初步认识分数单位。 5. 初步学会使用计算器进行计算、验算,尝试使用计算器探究计算规律。 6. 在具体情境中了解常见的数量关系(路程＝速度×时间),并能解决简单的实际问题。
			用两位数乘除	整十数与两位数相乘	B	
				两位数与两位数相乘	B	
				两位数与三位数相乘	B	
				整十数除两、三位数	B	
				两位数除两、三位数	B	
				两位数除多位数	B	
			计算器的使用	A	
	数的认识	分数初步认识	几分之一	A	
			几分之几	A	
	自然数的运算	拓展内容	乘与除	C	初步掌握求最大值与最小值的方法。

（续表）

模块	单元主题	学习内容			学习水平	学习要求及建议
图形与几何	平面图形的认识及计算	基本内容	面积的估测		C	1. 初步学会用估测的方法估计面积的大小。 2. 理解周长的含义,会计算三角形、正方形、长方形的周长。 3. 会解决有关长方形、正方形周长与面积计算的实际问题。
			图形的周长	周长的含义	B	
				长方形、正方形周长	C	
		拓展内容	平面组合图形面积		C	选用分割、拼补等适当的方法,搞清图形的组合关系,并寻找必要的条件进行计算。
			长方形周长与面积		C	探索周长(面积)相等的长方形,何时面积(周长)最大(小)。
		实践内容	周长、面积的估计、测量与计算		C	综合运用长度、面积单位的知识和周长、面积的计算方法,解决日常生活中的实际问题。如给方桌做台布并缝上花边、给方桌配玻璃的有关计算。
数据整理与概率统计	统计初步	基本内容	统计表	数据的收集与整理	B	1. 尝试通过多种方法(调查、试验、测量),收集、整理有用数据。 2. 会填写统计表。 3. 能说出条形统计图的统计内容,会看图比较数量的多少,会联系生活实际进行简单的统计分析,并作出判断。
				统计表	B	
			统计图	条形统计图	B	
		拓展内容	初步的调查统计		C	调查儿童生活、家庭生活中的某些问题,收集数据,制成统计表和条形统计图。
			用计算机绘制统计图表		C	学习用计算机绘制所学的统计图表。

（四）四年级

表 2-12　四年级上学期教学内容

模块	单元主题	学习内容			学习水平	学习要求及建议
数与运算	自然数的运算	基本内容	万以内数的认识和加减法	加减法意义和关系	C	1. 从实例中归纳加减法的意义和关系,进行加减法的验算。 2. 从实例中让学生自己尝试,归纳加法的运算定律,初步学会加法运算定律的一些应用。 3. 认识十万、百万、千万、亿和十亿等计数单位及相应的数位,初步掌握根据数级读写多位数(以万级为主)。 4. 知道近似数的含义,初步学会根据实际需要把一个数用四舍五入法省略尾数,写出它的近似数。 5. 初步体会数的发展源于生活、生产实际的需要。 6. 初步认识分数单位,初步学会比较同分母分数或同分子分数的大小。 7. 初步学会计算分母在 20 以内的同分母分数加减法。 8. 从实例中归纳乘除法的意义和关系,进行乘除法的验算,形成认真负责的态度。 9. 从实例中归纳乘法的运算定律,知道它的一些应用,注意培养灵活选择合理算法的能力。 10. 了解 1 吨的实际重量,知道 1 克、1 千克和 1 吨之间的进率。 11. 结合生活实际提出问题,初步掌握分析方法,用自己的语言口述数量关系,会解答两、三步计算的实际问题。 12. 初步会用字母表示乘法运算定律。
				加法运算定律	C	
			自然数	十进制计数法	A	
				多位数读写	B	
				四舍五入求近似数	B	
			自然数乘除法	乘法运算定律	C	
				乘除法意义和关系	C	
			质量(重量)单位的认识		B	
			应用		C	
	数的认识		分数初步认识	分数大小比较	B	
				同分母分数加减法	B	
方程与代数	等式与方程的初步认识		用字母表示常见数量关系		B	
数与运算	自然数的运算	拓展内容	尾数常用处理方法		C	通过实例了解进一法和去尾法,知道根据实际情况选用适当的方法。
			用倒推法解实际问题		C	通过实际问题,利用生活经验或直观手段了解用倒推法解决问题的思想方法。
图形与几何	平面图形的认识及计算	基本内容	圆的初步认识与画圆		B	1. 通过操作活动,认识圆心、半径、直径,初步会用圆规画圆。 2. 认识射线与直线,初步感知"无限延长"的含义。 3. 知道角的大小与度量单位,知道直角、锐角、平角、周角。 4. 初步会用量角器量画指定度数的角。
			角	射线与直线	B	
				角的度量与画角	B	
				常见的角	B	
			面积单位的认识		A	认识面积单位 1 平方千米(km^2),知道所学面积单位之间的进率。
			容积单位的认识		A	认识升(L)、毫升(mL)和它们之间的进率。

表 2 - 13　四年级下学期教学内容

模块	单元主题	学习内容				学习水平	学习要求及建议
数与运算	数的认识	基本内容	小数的认识	小数的认识与读写		A	1. 结合商品标价,直观认识一位小数(十分之几)、两位小数(百分之几)、三位小数(千分之几);知道分数与小数的联系。 2. 通过观察比较,知道小数部分的末尾添上 0 或去掉 0,小数的大小不变,并初步会用。 3. 利用已有知识进行探索,比较小数加减法与自然数加减法的相同点,较熟练地口算有效数字是两位的小数加减法,正确笔算小数加减法。 4. 通过实例验证,知道自然数加减法的运算定律同样适用于小数,并初步会用。 5. 从实例中归纳商不变性质,知道它的一些应用,注意培养灵活选择合理算法的能力。 6. 利用实例观察总结小数点移动位置引起的小数大小变化的规律。 7. 结合生活实际提出问题,初步掌握分析方法,用自己的语言口述数量关系,会解答两、三步计算的实际问题,并对答案进行估计和检验。 8. 初步会用字母表示运算性质。
				小数基本性质		B	
				小数大小比较		B	
	自然数的运算		小数加减法	笔算		B	
				口算		B	
				加减法运算定律运用于小数加减法		C	
			自然数乘除法	商不变性质		B	
			小数乘除法	小数点移位引起小数大小变化的规律		B	
			应用	以三步计算为主的简单实际问题		B	
方程与代数	等式与方程的初步认识		用字母表示常见数量关系			A	
数与运算	自然数的运算	拓展内容	尾数常用处理方法			C	通过实例了解进一法和去尾法,知道根据实际情况选用适当的方法。
			减法运算性质 $a-b-c=a-(b+c)$ 的应用			C	利用有关实际问题的两种算法,让学生自己尝试,概括规律。
			除法运算性质 $a÷b÷c=a÷(b×c)$ 的应用			C	利用有关实际问题的两种算法,概括规律。
			比赛中的数学			C	探索计算比赛总场数的方法。
图形与几何	平面图形的认识及计算	基本内容	垂线与平行线	垂直与平行		B	初步会用直尺和三角板画垂线与平行线。
				画垂线与平行线		B	
数据整理与概率统计	统计初步		统计图	折线统计图		B	能说出折线统计图的统计内容,会看图比较数量的多少或数量的增减变化情况,会联系生活实际进行简单的统计分析,并作出判断。

（五）五年级

表 2－14　五年级上学期教学内容

模块	单元主题	学习内容			学习水平	学习要求及建议
数与运算	自然数的运算	基本内容	小数乘法	小数乘法的意义	A	1. 结合具体的生活情境,体会小数乘法的意义,并通过几何模板、单位间的进率或利用因数与积的变化规律探索小数乘法的计算方法,掌握小数乘整数、小数乘小数的乘法。 2. 验证整数乘法运算定律同样适用小数乘法,并能运用。 3. 通过乘积与因数之间的大小关系比较,进一步体会小数乘法的意义。 4. 初步体会小数的混合运算是生活中解决实际问题的重要工具。
				小数乘一位整数	B	
				小数乘多位整数	B	
				小数乘整十、整百数	B	
				小数乘小数	B	
				乘积与因数之间的大小关系	C	
				连乘、乘加、乘减	C	
				整数乘法运算定律推广到小数	C	
			小数除法	小数除法的意义	A	1. 结合具体的生活情境,体会小数除法的意义,并利用商不变性质探索小数除法的计算方法,掌握整数除小数、小数除小数的除法。 2. 根据除数与1的大小关系,推测被除数与商之间的大小关系,并逐步养成使用乘法进行除法计算的验算的好习惯。 3. 使用除法解决简单的实际问题。
				小数除以整数	B	
				整数部分不够除的小数除法	B	
				除到被除数末尾有剩余的小数除法	B	
				整数除以整数	B	
				小数除以小数	B	
				商与被除数之间的大小关系	C	
				除法的应用	C	
			循环小数		A	在除法计算中认识循环小数,掌握循环小数的特征。
			积、商的近似数		B	会根据要求把一个小数用四舍五入法,求出它的近似数。
			小数的四则运算		C	1. 比较熟练地口算有效数字是两位的小数加减法。 2. 掌握小数的四则混合运算顺序,并能灵活、正确地计算。
			小数应用		C	结合生活实际提出问题,初步掌握分析方法,用自己的语言口述数量关系,会列式解答两、三步计算的实际问题。
		拓展内容	用计算器计算		B	使用计算器寻找结果的规律,让学生通过亲身体验,感受计算器的作用和优势,培养学生灵活选择计算方法和工具的意识,激发学生的学习兴趣。

（续表）

模块	单元主题	学习内容			学习水平	学习要求及建议
方程与代数	等式与方程的初步认识	基本内容	符号表示数	算式中符号表示的未知数	B	1. 求解带有符号的算式中的符号所表示的未知数。 2. 求解带有符号的简单不等式的自然数的解。
				一列数中符号表示的未知数	B	
			用字母表示数	用字母表示特定的数	B	1. 初步会用字母表示某个确定的数。 2. 初步会用字母表示乘法运算定律和运算性质。 3. 初步会用字母表示所学的面积、周长计算公式。 4. 用含有字母的式子表示数量或数量关系。
				用字母式表示运算定律和运算性质	B	
				用字母式表示常见的计算公式	B	
				用字母式表示常见的数量关系	C	
			化简与求值	利用乘法分配律化简	B	会利用乘法分配律、结合律化简含有字母的式子，并求解。
				利用乘法结合律化简	B	
				求值	B	
	简单方程及其应用		方程	方程的含义、作用	B	初步认识等式、方程，了解它们之间的关系。
				等式与方程的关系	B	
			解方程	解方程与方程的解的含义	A	1. 会解简单的方程。 2. 初步学会根据方程的解的含义检验方程的解。
				解一步的方程	C	
				解两步的方程	C	
				解三步的方程	C	
				方程的解的检验	B	
			列方程解决问题	列方程解决简单的算术解法中逆向思考的实际问题	C	1. 在理解题意的基础上寻找等量关系，列方程解决两、三步计算的简单实际问题。 2. 初步体会利用等量关系解决问题的优越性，从不同角度探究解题的思路。
				列方程解决简单的两、三步计算的实际问题	C	
		拓展内容	等量代换		B	利用天平等直观手段渗透等量代换的思想方法。

（续表）

模块	单元主题	学习内容			学习水平	学习要求及建议
图形与几何	平面图形的认识及计算	基本内容	平行四边形	平行四边形的概念、特征	B	1. 通过平移、割补等方法得出平行四边形面积计算公式，渗透运动的观点。 2. 通过实际操作活动知道平行四边形的不稳定性，了解其在实际生活中的应用。
				平行四边形、长方形、正方形之间的关系	B	
				平行四边形的底和高	B	
				平行四边形的面积	C	
			三角形	三角形的底和高	B	1. 探索运用割补、旋转等方法，推导三角形面积计算公式。 2. 通过公式变形求有关数据。 3. 通过实际操作活动知道三角形的稳定性，了解其在实际生活中的应用。
				三角形的面积	C	
			梯形	梯形的概念	B	1. 探索运用割补、旋转等方法，推导梯形面积计算公式。 2. 通过公式变形求有关数据。
				梯形各部分的名称	B	
				直角梯形与等腰梯形	B	
				梯形的面积	C	
		拓展内容	图形的面积	简单的几何图形的面积	C	运用分割、拼补等适当的方法，搞清图形的组合关系，并寻找必要的条件进行计算。
				组合图形的面积	C	
数据整理与概率统计	统计初步	基本内容	平均数	平均数的意义	B	通过丰富的实例了解平均数的意义。
				平均数的计算	B	1. 会解答简单的平均数实际问题。 2. 会估计平均数，学习使用计算器求平均数。
				平均数的应用	C	1. 会运用平均数来比较不同数据个数的两组同类数据。 2. 能运用部分平均数来推测整体的情况。（如步测）
		拓展内容	收集整理周围生活中有统计意义的数据（小队队员的身高、体重）		D	通过调查和简单的数据分析，来推测班级、年级或范围更广的情况。

表 2 - 15　五年级下学期教学内容

模块	单元主题	学习内容			学习水平	学习要求及建议
数与运算	数的认识	基本内容	自然数		B	进一步从多角度认识自然数。
			正数和负数	相反意义的量	B	1. 从生活实例中认识负数。 2. 知道正、负数的实际含义。 3. 知道正、负数的读写,并初步会用正、负数表示简单实际问题中具有相反意义的量。
				正、负数的认识	A	
				正、负数的读写	A	
			数轴	数与数轴	B	经历将数射线反向延长得到数轴的过程,学习数轴的画法,并通过将正、负数表示在数轴上,进一步体会数与数轴上点的对应关系,逐步渗透数形结合的思想。
				利用数轴比大小	B	能够借助数轴来比较正、负数的大小。
		拓展内容	用正、负数表示具有相反意义的量		C	从生活实例出发,如上海冬天某日的最高温度是 8℃,最低温度是零下 2℃,用正、负数表示这天的最高温度和最低温度,并求出温差。
方程与代数	简单方程及其应用	基本内容	方程		C	能解 $ax \div 2 = b$、$a(x+b) \div 2 = c$ 类型的方程。
			列方程解决问题	计算公式中的未知数	C	1. 结合生活实例,进一步学习找等量关系列方程解决简单实际问题的方法。 2. 通过解决简单的和倍、差倍、和差问题以及有关相遇和追及的行程问题,逐渐积累找等量关系列方程进而解决实际问题的经验。
				和倍问题	C	
				差倍问题	C	
				和差问题	C	
				相遇问题	C	
				追及问题	C	
		拓展内容	列方程解决比较复杂的实际问题		D	灵活运用所学知识,列出不同的方程。

（续表）

模块	单元主题	学习内容		学习水平	学习要求及建议
图形与几何	平面图形的认识及计算	面积	面积的估测	C	初步掌握将不规则图形近似地看作可求面积的多边形，对图形的面积进行估测。
	立体图形的初步认识及计算	基本内容			
		体积	体积的含义	A	通过观察、比较等活动知道体积的含义，建立1立方厘米、1立方分米、1立方米的实际体积观念，知道它们之间的进率，会进行体积单位的简单化简。
			体积单位（立方厘米、立方分米、立方米）	A	
			体积单位间的进率	A	
			长方体和正方体的再认识	B	通过对长方体、正方体物体与模型的观察、制作等学习活动，认识长方体的面、棱、顶点的特点。
			长方体和正方体的体积计算	C	从数长方体所含体积单位个数到计算长方体体积，得出长方体体积计算公式。
			组合体的体积	C	会用割、补的方法分析简单的组合立体图形的组成，并进行计算。
			体积与容积（容积单位、体积与容积单位的关系）	B	会进行简单的换算。
			体积与重量	C	通过动手实验，计算出常见物体单位体积的重量，探索测出体积求重量或测出重量求体积的方法，渗透数学建模思想。
		正方体、长方体的展开图		B	1. 通过动手操作活动将正方体、长方体展开，知道正方体、长方体的展开图中六个面的特征。 2. 通过尝试的方法来确定哪些图形是正方体、长方体的展开图。
		表面积	正方体、长方体的表面积	C	1. 通过动手操作，探索正方体、长方体的表面积计算方法，归纳正方体、长方体的表面积计算公式。 2. 运用表面积计算公式正确计算正方体、长方体的表面积。
			表面积的变化	C	通过动手操作，探索表面积的变化规律，并利用这一规律来解决有关包装的问题。
		拓展内容	用量具测体积	D	通过使用合适的测量工具，测出与体积相关的量，再通过计算求出体积。

（续表）

模块	单元主题	学习内容		学习水平	学习要求及建议
数据整理与概率统计	可能性	基本内容	可能性的认识	A	1. 结合生活实例，初步认识不确定现象，会用"一定发生"或"不可能发生"来描述确定现象，用"可能发生"来描述不确定现象。 2. 体会不确定发生的可能性有大小。 3. 通过画树状图或列表等方法分析简单事件的结果，并初步介绍在不确定事件中，有很多种可能出现的结果，每种结果出现的可能性有时是不一样的。
			可能性的大小	B	
			可能性情况的个数	B	
		拓展内容	枚举事情的各种情况或结果	C	通过游戏列出简单事件所有可能发生的结果，渗透排列的感性认识。（如抛硬币、扔骰子等）

第三节　研究单元教学内容

教师处理教学内容时，一项重要的工作就是确定教学重点和难点。学科知识浩如烟海，尽管课程内容已经过筛选，但仍然很庞杂，且教学中存在教学内容多与课时少的矛盾，所以教师在教学过程中必须分清主次，区别轻重，突出重点，解决难点。

一、分析单元教学内容

课堂教学效率的高低，取决于教师是否能正确分析教学内容，准确把握教学的尺度。教师分析教学内容，必须依据数学课程标准，立足单元，全面理解小学数学教材的编写意图，明确单元教学内容的整体结构、把握核心内容和主要思想方法，从而确定教学方法。

教师通过研读课程标准，可梳理出单元学习中相关的核心概念，从而明确单元学习的基本要求;通过分析与研读教材,可了解显性的单元学习内容,整理出单元学习中相关知识的编排体系与特点,同时思考并挖掘出隐形的数学思想方法和育人价值。

以下是沪教版五年级第二学期"正数和负数的初步认识"的单元教学内容设计。

案例 2

如何进行单元教学内容的整体分析

一、研读课标

根据课程标准要求,梳理学习内容、学习目标和学科核心能力。

表 1　单元学习基本要求

学习内容		学习目标	学习水平	所属模块	学科核心概念
正数和负数的初步认识	正数和负数	从生活实例中认识负数,知道正、负数的实际含义,用正、负数表示实际问题中具有相反意义的量。(本学段正、负数的学习限于整数)	识记	数与运算	数感模型思想
	数轴	认识数轴,借助数轴比较正、负数的大小;联系日常生活实际,借助数轴初步认识数的大小比较。	识记		

二、分析教材

(一)理清知识编排体系

1. 了解该单元在"数与运算"模块中的位置

表2 小学阶段"数与运算"模块的教材安排

内容 模块	一年级	二年级	三年级	四年级	五年级
数与运算	数与运算： 1. 10 以内数的认识及加减法 2. 20 以内数的认识及加减法（十进制计数法） 3. 100 以内数的认识及加减法 4. 加减混合运算 5. 理解加减法的意义，并解决实际问题 量与计量： 1. 人民币的认识 2. 时间的认识（一）	数与运算： 1. 万以内数的认识及加减法 2. 理解乘除法的意义，并解决实际问题 3. 乘法口诀以及相应的乘除法口算 4. 两步计算式题 量与计量： 1. 克、千克的认识与换算 2. 时间的认识（二）	数与运算： 1. 分数的初步认识 2. 乘、除数是两三位数的乘除法 3. 理解两步计算式题的意义，并解决实际问题 4. 计算器的认识和使用 5. 常见数量关系的理解（一） 量与计量： 时间的认识（三）	数与运算： 1. 多位数的认识 2. 以万、亿为单位的数 3. 用四舍五入法求近似数 4. 分数大小比较，同分母分数的加减法 5. 小数的认识 6. 小数加减法 7. 理解四则混合运算的意义，并解决实际问题 8. 运算定律与运算性质 9. 常见数量关系的理解（二） 量与计量： 1. 吨的认识 2. 升与毫升的认识	数与运算： 1. 小数乘除法的计算 2. 小数四则混合运算 3. 正、负数的初步认识 4. 解决实际问题

2. 梳理该单元在不同学段的联系与发展

"数与代数"是《标准》(2011 年版)小学数学的四个学习领域之一,主要研究现实世界中的物体的数量关系,是人们认识和描述生活数量的重要工具。

本单元包含"正数和负数""数轴"。第一学段主要是联系实际,认识正数和负数,认识正、负数的读写。第二学段主要是进一步认识数轴,根据数轴初步掌握正、负数的大小比较。让学生从"量"的视角去认识周围的事物,感受数的美,发展数的观念,培养推理能力,逐步养成良好习惯,拓展数学应用范围,增强数学应用意识。

3. 明晰该单元各例题之间的教学发展路径

表3　单元例题分析

模块	单元主题	学科核心概念	单元内容组成	例题匹配情况	例题学习要求	例题之间的联系
数与运算	数的认识	数感模型思想	正数和负数	例1	通过温度计的气温表示理解正、负数。	多组生活实例揭示正数和负数在生活中是一对相反意义的量
				例2	通过海拔高度的对比揭示相反意义的量。	
			数轴	例1	从数射线引出数轴	将所学的数射线延伸至数轴,在数轴上比较出数的大小。
				例2	数轴的画法	
				例2	通过数轴比较正、负数的大小	

(二)分析单元配套练习

表4　单元练习题匹配情况分析

检测知识点		呈现方式		使用时机		习题类型				学习认知水平	
学习内容	题量	习题素材	题量	课时	题量	基本题型	题量	变式题型	题量	学习水平	题量
正数和负数	12	生活场景	12	第四课时	12	填空	12			识记	12
数与数轴	3	数据处理	3	第一课时	3	填空	3			运用	3
利用数轴比较数的大小	5	数据处理	5	第二课时	5	填空	5			运用	5

（三）挖掘单元思想内涵

1. 该单元学习中渗透的数学思想方法

对小学生而言，这一单元的相关知识比较抽象，不易理解。因此，本单元教材中的例题都以生活场景的形式出现，鼓励学生通过动手操作、实验、画图等途径来解决问题，旨在渗透抽象、归纳、数感的建立等数学思想。

2. 该单元学习中彰显的数学育人价值

《教学基本要求》指出：感受数学的美，能在数感的建立和探索过程中获得成功体验，能在计算方法的探索过程中获得成功体验，初步形成数感等良好习惯。由此可见，本单元的育人价值应着重体现对学科素养的培育。

教材的例题及练习内容中也蕴含了丰富的人文性和科学性。自然界的现象和身边发生的事件，是让学生体会数学与日常生活紧密联系的最佳素材。

三、分析教法

（一）依据"教"与"学"合理选择

儿童对于现实世界的物体的数量问题，是有一定的生活经验积累的，但他们只能对简单的数量关系作出经验性的判断。因此，教师在该单元的教学中，对于数的意义首先应联系生活让学生心中有底，其次要依据学生的心理特征设计一些有趣的实践活动，让学生在活动中体验长度单位的具体量感以及它们之间的数量关系。

1. 关注生活现象的感知体验

"正数和负数的初步认识"的学习核心是建立学生的数感能力。因此，要让学生亲身经历与主动探索，有效利用学生的生活经验及错误经验，使其在活动的体验中由感性升华到理性。

2. 重视实物的操作与实验

"正数和负数的初步认识"对小学生来说不是一个全新的领域，但学生对此的认识基本停留在直观层面。为了使学生有效理解本单元的内容，教师经常会在教学中开展一定的操作活动，这个单元的很多学习也是通过操作来完成的。在教学中，教师通过多种操作，可引导学生将直观认识转换为抽象认识，帮助学生理解负数的意义。

3. 引入与感知的交融

创设问题情境,借助图示观察,引发谈话讨论,使学生初步建立对正、负数的思考。

(二)主要采用的教学方法

1. 谈话法

根据学生已有的认知结构,组织相关问题的讨论。教师要准确了解学生的知识储备,问题要有启发性,同时与讲解有机结合,面向全体学生,及时评价。

2. 演示法

依据学生的年龄特点以及教材呈现素材的特点,借助教具、实物等展示教学内容,引导学生透过现象看本质,体会正数与负数的特点,为学习正数与负数的计算打下基础。

3. 情境法

唤起学生的情感体验,使他们积极主动地探索,理解数学知识。

表5 单元教材教法属性分析

A. 研读课标	核心概念	数感模型思想
	单元主题	数的认识
B. 分析教材	知识编排体系	教材的自然单元
	主要思想方法	抽象、模型、对应、综合
	育人价值	培养理性精神,体会数学的生活应用价值
C. 分析教法	教学方法	谈话法、演示法、情境法、实验法、讲解法、练习法、模拟法
	教学手段	教具、信息技术、体感模具

分析教学内容不能只关注一节课的内容,而应了解整个小学阶段对相关内容的呈现序列,理清教材中知识的编排线索。也就是说,要将某一知识置于这一单元、这一学段甚至整个知识体系中来审视和研读,做到"既见树木又见森林"。

二、确定单元教学目标

教师应在单元教材教法分析的基础上,综合考虑单元内知识与技能的学习要求、指向核心能力发展的学习过程与方法、体现学科育人价值的情感态度与价值观等三个目标维度,结合学生的学习基础、认知规律和心理发展特点等来确定该单元教学目标。

以下是沪教版五年级第二学期"正数和负数的初步认识"的单元教学目标设计。

案例3

如何确定单元教学目标

一、单元教学设计基础

本单元主要介绍了正、负数及数轴的有关内容。对于负数概念的引入,一般有两种方法:一是结合学生经验,通过表达具有相反意义的量的需要来引入负数概念;二是通过减法运算中不够减的情况来引入负号,从而引出负数的概念。单元内容结构图如下所示。

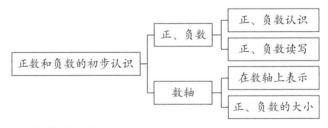

二、单元教学学情分析

表1　学情分析

A. 分析学情	学习基础:☑学习起点　☑后继学习分析　☐其他 认知特点:☑感知、注意、记忆特点　☑想象、思维特点　☑情感特点 　　　　　☐意志特点　☑性格特点　☐其他

（一）学习基础分析

学生虽然在日常生活(天气预报或温度计等)中看到过负数,但对负数的意义还知之甚少。

本套教材的第一册就介绍了数形结合工具——数射线,并在教学数射线时初步渗透了原点、正方向、单位长度三个要素。学生学会了在数射线上比大小、做加减法,并在"复习与提高"里进一步认识了自然数。这里出现的数轴,可以看作是数射线的推广。

由此可见,学生学习正、负数是有生活经验和知识基础的。学好本单元,将对学生构建新的数体系、后续学习正数和负数的加减乘除,以及通过移项解方程起到重要的作用。教师既要注重引导学生学习知识,又要注重渗透数学思想方法。

(二)认知特点分析

小学生对数与代数的认知过程需要与生活的感性经验相联系。创设情境和活动,让学生建立数感,是小学数学教师的任务之一。在教学中应该尽量再现经验,激活学生的数感;动手操作,升华学生的数感;综合运用,发展学生的数感。

综上所述,单元教学内容学情分析情况如下:

正数和负数的初步认识:负数的学习对学生而言是一个难点。负数不像正数,其意义无法通过对具体事物进行计数来理解,负数的概念涉及具有相反意义的量。

数轴:本套教材的第一册就介绍了数形结合工具——数射线。这里出现的数轴,可以看作是数射线的推广。

三、制定单元教学目标

(一)制定单元三维目标

根据以上分析,对照单元规划,梳理本单元教学目标的要点,界定情境与条件。

表 2　各维度目标要点

B. 梳理各维度目标要点	知识与技能维度:☑识记　☑理解　☑运用　☐综合 过程与方法维度:☑经历　☑体验　☑探索 情感态度与价值观维度:☑兴趣　☑习惯　☐意识
C. 匹配情境和条件撰写	情境:☑生活情境　☐实验情境　☑活动情境　☐其他 条件:☐辅助手段　☐时间限定　☑行为情境　☐其他

从三个维度进一步确定所匹配的目标行为动词,可制定以下教学目标。

1. 知识与技能目标

(1) 从生活实例中认识负数,知道正、负数的实际含义,知道正、负数的读写,并初步会用正、负数表示实际问题中具有相反意义的量。

(2) 知道正数前面的"＋"号可以省略不写。

(3) 认识数轴,能将正数和负数表示在数轴上。

(4) 能够借助数轴比较正、负数的大小。

2. 过程与方法目标

(1) 经历从生活中具有相反意义的量引入正数和负数,并用正数和负数表示生活中具有相反意义的量的过程,逐步体会到正、负数与具有相反意义的量之间的关系。

(2) 经历将数射线反向延长得到数轴的过程,学习数轴的画法,并通过在数轴上表示正、负数,进一步体会数与数轴上点的对应关系,逐步渗透数形结合的思想。

3. 情感态度与价值观目标

(1) 通过学习正数和负数的引入,以及用正数和负数表示生活中具有相反意义的量,体会数学与日常生活的密切联系。

(2) 了解我国古代用算筹的颜色来区分正数和负数的历史,感知我国古代的数学成就。

(二) 检测单元教学目标

对照单元教学目标设计属性表,检测以上的单元教学目标。

表 3　检测目标可测性及融合度

D. 检测目标可测性及融合度	可测性:☑目标行为主体为学生　☑目标行为动词适切,可观察,可测量 ☑目标行为条件清晰,范围可界定　☑目标表现程度可测 融合度:☑知识技能与过程方法匹配　☑知识技能、过程方法目标与情感态度价值目标匹配,体现学科核心素养、育人价值

1. 可测性检测

首先,单元教学目标的行为主体均为学生。

其次,单元教学目标基于教材分析、学情分析,寻找适切的行为动词予以表述。

再次,单元教学目标设计关注到了行为条件的描述。

最后,单元教学目标的表现程度定位于"知道、了解"常见正数和负数的认识、初步"掌握"数轴的使用方法,符合课标分析、教材分析、学情分析的定位。

2. 融合度检测

依据教材分析、学情分析的内容,从知识体系的角度出发,在单元教学目标设定中采用"操作"作为过程与方法的关键点;以上过程与方法的关键点的设定均源自知识与技能目标要点的体现,呈现出融合一致的特点。

此外,通过学科育人价值分析可知,该单元旨在培养学生的数感,让他们逐步体会到数学与日常生活的密切联系,感知到数学是有趣的和有用的,从而激发数学学习的兴趣,形成良好的学习态度,这恰是本单元情感态度与价值观目标设定的由来。综上所述,本单元三维教学目标的可测性及融合度达到预期要求。

(三) 确立教学重点、难点

对照单元教学目标设计属性表,分析并确立教学重点、难点。

表 4　教学重点、难点比对

E. 突出教学重点	☑知识体系中的核心教学内容 ☑基本教学内容所承载的教学思想、方法策略 ☑育人价值
F. 突破教学难点	☑超越认知年龄特点的学习困难之处 ☑容易产生负迁移的教学内容 ☑容易产生疑惑、需辨析的内容

1. 教学重点分析

(1) 理解正数和负数的意义。

(2) 能将正数和负数表示在数轴上。

（3）知道数轴上给出的点表示的是什么数。

2.教学难点分析

（1）用正、负数表示日常生活中具有相反意义的量。

（2）数轴上的"单位长度"与长度单位的区别。

（3）在数轴上找到负小数和分数。

通过单元教学目标设计,能够在课程标准、教材和学生之间建立联系,为单元课时的确定提供支撑,这也是数学教师必须拥有的能力。

三、确定单元学习活动

单元学习活动是单元教学的重要组成部分,它是在单元教学目标、流程确定的基础上,为促进学生对知识的理解与运用,以及实践、探究、创新能力的发展,针对具体单元的教学内容而开展的学习活动。

以下是沪教版五年级第二学期"正数和负数的初步认识"的单元教学活动设计。

案例 4

如何确定单元学习活动

一、制定单元活动序列表

表 1　单元活动序列表

活动序列	相关内容	备注
活动一	相反意义的量	联系日常实际,感受一些日常生活中具有相反意义的量,认识正数与负数。
活动二	正数和负数	用正数和负数描述日常生活中遇到的具有相反意义的量。
活动三	数轴1	结合数轴,进一步认识正数和负数。
活动四	数轴2	进一步认识数轴,在数轴上找到对应的正数和负数。
活动五	数轴3	借助数轴比较正、负数的大小。

二、设计活动任务评估表

表 2　单元活动一的设计与评估表

活动名称	理解相反意义的量	
活动目标	从生活实例出发,认识具有相反意义的量,有利于学生理解正、负数的概念。	
活动任务	(一) 出示海口、哈尔滨两个城市的最低气温 1. 读读两个城市的最低气温 2. 说说自己的想法(怎么看出来的) 3. 比比两个温度 4. 得出相反意义 (二) 寻找生活中具有相反意义的两个量 1. 独立思考 2. 同伴交流 (三) 找出海拔中具有相反意义的两个量	

活动性质	完成形式	活动类型
	☑独立完成　☑同桌协助 ☑小组合作　☑集体分享	☑感知体验　☑探究发现 ☑理解运用

活动资源	☐工具学具　☑文本资料　☐媒体资源	

活动时空	空间	时间
	☑普通教室 ☐功能教室 ☐室外场所	单课时内(6)分钟 跨课时段( )课时 课外延伸( )天/周

活动水平	☐有意义识记　☑解释性理解　☐探究性理解	

活动品质	适切性　　　趣味性　　　挑战性　　　开放性　　　关联性 Ⅰ Ⅱ Ⅲ **Ⅳ**　Ⅰ Ⅱ Ⅲ **Ⅳ**　Ⅰ Ⅱ **Ⅲ** Ⅳ　Ⅰ Ⅱ Ⅲ **Ⅳ**　Ⅰ Ⅱ **Ⅲ** Ⅳ	

表 3 单元活动二的设计与评估表

活动名称	用正、负数描述生活中的量		
活动目标	通过独立思考、交流讨论,能用正、负数表示物体的相对位置,知道确定相对位置时"规定以何为正"的必要性。		
活动任务	出示例题:如果小胖放学后向东行 100 米,那么小胖的位置就记作 +100 米。 光明小学 西 ─────────────────── 东 -400 -300 -200 -100 0 +100 +200 +300 +400 如果小丁丁从学校门口向西行200米,那么小丁丁的位置记作 ____ 米。 如果小巧的位置是 +400 米,说明小巧从学校门口向 ____ 行了 ____ 米。 如果小亚的位置是 -300 米,说明小亚从学校门口向 ____ 行了 ____ 米。 1. 看图并读懂图意 2. 想一想:怎么填? 依据是什么? 3. 同桌交流想法 4. 评一评:同伴的依据对吗? 5. 填一填		
活动性质	**完成形式** ☑独立完成 ☑同桌协助 ☑小组合作 ☑集体分享		**活动类型** ☑感知体验 ☑探究发现 ☐理解运用
活动资源	☐工具学具 ☑文本资料 ☐媒体资源		
活动时空	**空间** ☑普通教室 ☐功能教室 ☐室外场所		**时间** 单课时内(5)分钟 跨课时段( )课时 课外延伸( )天/周
活动水平	☐有意义识记 ☑解释性理解 ☐探究性理解		
活动品质	适切性 趣味性 挑战性 开放性 关联性 I II III <u>IV</u> I II III <u>IV</u> I II <u>III</u> IV I II <u>III</u> IV I II III <u>IV</u>		

表 4　单元活动三的设计与评估表

活动名称	怎么画数轴	
活动目标	通过课本学习、交流学习等活动,正确掌握数轴的画法。	
活动任务	出示问题:怎么画数轴? 1. 自学课本:画数轴的一般步骤 2. 与同桌交流 3. 尝试画一画数轴 4. 展示、交流、修正 5. 总结画法	
活动性质	完成形式	活动类型
	☑独立完成　☑同桌协助 ☑小组合作　☑集体分享	☑感知体验　☑探究发现 □理解运用
活动资源	□工具学具　☑文本资料　□媒体资源	
活动时空	空间	时间
	☑普通教室 □功能教室 □室外场所	单课时内(10)分钟 跨课时段(　)课时 课外延伸(　)天/周
活动水平	□有意义识记　☑解释性理解　□探究性理解	
活动品质	适切性　　趣味性　　挑战性　　开放性　　关联性 Ⅰ Ⅱ Ⅲ <u>Ⅳ</u>　Ⅰ Ⅱ Ⅲ <u>Ⅳ</u>　Ⅰ Ⅱ <u>Ⅲ</u> Ⅳ　Ⅰ Ⅱ Ⅲ <u>Ⅳ</u>　Ⅰ Ⅱ Ⅲ <u>Ⅳ</u>	

表 5　单元活动四的设计与评估表

活动名称	你能快速找到下列各数在数轴上的位置吗
活动目标	能正确、熟练地找到数在数轴上的位置,知道数轴上的点与数之间的一一对应关系,感受数在数轴上的排列规律。
活动任务	1. 说一说:数轴上各个点所表示的数 2. 想一想:这些数各离开原点几个单位长度? $-3,-\dfrac{1}{3},+3.5,-3.5,+4,+0.5$ 3. 观察、比较:这些数的位置排列有何规律?(重点讨论:$+3.5,-3.5$) 4. 说一说自己的发现 5. 交流小结

（续表）

活动性质	完成形式		活动类型	
	☑独立完成 ☑同桌协助		☑感知体验 ☑探究发现	
	☑小组合作 ☑集体分享		□理解运用	
活动资源	□工具学具 ☑文本资料 □媒体资源			
活动时空	空间		时间	
	☑普通教室		单课时内（5）分钟	
	□功能教室		跨课时段（ ）课时	
	□室外场所		课外延伸（ ）天/周	
活动水平	□有意义识记 ☑解释性理解 □探究性理解			
活动品质	适切性 趣味性 挑战性 开放性 关联性			
	Ⅰ Ⅱ Ⅲ <u>Ⅳ</u>　Ⅰ Ⅱ Ⅲ <u>Ⅳ</u>　Ⅰ Ⅱ <u>Ⅲ</u> Ⅳ　Ⅰ Ⅱ Ⅲ <u>Ⅳ</u>　Ⅰ Ⅱ Ⅲ <u>Ⅳ</u>			

表6 单元活动五的设计与评估表

活动名称	怎么比较两个负数的大小			
活动目标	利用数轴,通过独立思考、比较,学会负数与负数的比较方法,并能正确比较负数与负数的大小。			
活动任务	出示例题:—4 和—1 1.想一想:这两个数哪个大? 2.同桌交流讨论 3.尝试比较,说一说依据 4.在数轴上验证 5.总结方法			
活动性质	完成形式		活动类型	
	☑独立完成 ☑同桌协助		☑感知体验 ☑探究发现	
	☑小组合作 ☑集体分享		□理解运用	
活动资源	□工具学具 ☑文本资料 □媒体资源			
活动时空	空间		时间	
	☑普通教室		单课时内（5）分钟	
	□功能教室		跨课时段（ ）课时	
	□室外场所		课外延伸（ ）天/周	
活动水平	□有意义识记 ☑解释性理解 □探究性理解			
活动品质	适切性 趣味性 挑战性 开放性 关联性			
	Ⅰ Ⅱ Ⅲ <u>Ⅳ</u>　Ⅰ Ⅱ Ⅲ <u>Ⅳ</u>　Ⅰ Ⅱ <u>Ⅲ</u> Ⅳ　Ⅰ Ⅱ Ⅲ <u>Ⅳ</u>　Ⅰ Ⅱ Ⅲ <u>Ⅳ</u>			

从单元活动序列表、单元活动设计与评估表中可知,单元学习活动的分析与确定可为有效的课堂教学设计服务,是数学教师必须拥有的能力。

通过分析单元教材教法,制定单元教学目标;通过确定单元教学目标,设计单元学习活动。只有这样,教师才能更好地了解单元内容在知识体系中的位置,从而明确在不同年级的学习过程中单元知识之间的联系与发展关系。当教师准确地了解了学生开展单元学习的相关认知基础后,就能站在学科体系的高度审视单元学习的价值,从而使单元教学目标呈现出联系性与发展性,单元学习活动的设计也将更有针对性和递进性。

第三章　研究教学设计的方法

一堂好课就像一个情节曲折动人的故事,让人有峰回路转的感觉,让人有豁然开朗的心境。而一堂好课是需要一个好的教学设计支撑的,教学设计之于课堂就如同建筑设计之于建筑,所以教学设计对教师的教学非常重要。

案例 1

没有设计的课堂往往是低效的

作为小学高年级毕业班的把关教师,A 老师理应拥有丰富的数学教学经验及提高学生成绩的良策。某天上课,A 老师先宣布今天要学习相遇问题,接着出示例题,自己把题目读了一遍,问:"这道题该怎么列方程呢?"台下没人举手。A 老师开始自顾自地讲解,然后写板书,共花了 5 分钟。随即,A 老师出示一道题,说:"这题跟例题相似,请大家尝试做一下。"当发现学生无从下笔时,A 老师又开始了讲解,把整个解题过程作了板书。接着他又出示第三题,很多学生开始尝试,但想了半天也没有解答出来,A 老师便又进行了讲解。课后,A 老师与教研员交流时,一脸沮丧地说:"您看,我班学生的学习基础和理解能力都很差,我讲解了三遍,他们都没有听懂和理解。"

这不仅是老教师的烦恼,也是很多青年教师的烦恼。教师们自认为认真备课、上课就能取得很好的教学效果,但结果是学生上完一节课后并没有真正地理解和掌握,这就说明教师的教学出了问题。教师必须自我反思:我的课堂有效吗? 我认真解读了课程标准的要求和教材的编排意图吗? 我的教学是否突出了重点和难点? 我组织的教学活动是否由浅入深、层层递进? 我的教学方法是否适当? 这些常见问题的症结主要在于教师重上课轻备课。

教学设计是根据教学对象和教学目标,确定合适的教学起点与终点,有序

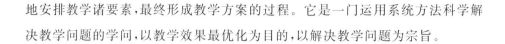

地安排教学诸要素,最终形成教学方案的过程。它是一门运用系统方法科学解决教学问题的学问,以教学效果最优化为目的,以解决教学问题为宗旨。

第一节　确定课堂教学目标

教学目标是指教学活动预期所要达到的最终结果。实际上,教学目标是教师对教学活动结果的一种主观上的愿望,是对学习者完成教学活动后应达到的行为状态的详细具体的描述,它展现了学习者的一种学习结果。教学目标是课程目标的进一步具体化,是指导、实施和评价教学的基本依据,是衡量教学质量的标准。如何确定教学目标,如何通过目标来引导教学、检测课堂教学的有效性,是值得教师群体好好研究的一个普遍性问题。

通过听课、交流及查看教案,可发现教师在确定教学目标时,主要存在以下三方面的问题:

第一,不重视教学目标的设计。主要表现在:心中没有教学目标,授课凭经验,跟着感觉走,学校查教案时再补;照抄教参,或从网上下载别人的教学目标,教学目标脱离教学实际;教学目标虽依据课标要求,但没有具体化或细化。

第二,教学设计中的目标表述不当。主要表现在:目标表述烦琐,吞噬重点;目标表述不明,标准模糊。有的教师认为现在倡导三维教学目标,要求比过去全面,于是在设计教学目标时面面俱到,唯恐遗漏,结果反而过于烦琐,重点不突出,甚至大而无当。具体落实时,教师或为了完成教学目标而疲于奔命,或无法真正达到目标,反而弱化了核心目标。目标表述不明可分为"三有"。一有行为主体错位,即忽略了学生是学习的主体,教学目标表述的应是学生在教学活动之后发生的变化,描述的应是学生的行为而非教师的行为。二有行为动词不当,即教学目标的行为动词的使用不够合理,导致教学目标不可操作、不可检测。三有行为标准模糊,即一些教师在设计教学目标时"一刀切",没有明确行为标准,没有考虑到学生学习能力的差异。

第三,环节设计与教学目标不一致。主要表现在:教师不够关注课堂教学有效性与教学目标之间的关系;教师比较重视每一个教学环节的设计,但对设计环节的意图及其与教学目标的对应性思考得较少,导致教学目标无法达成或达成率不高;教学重难点不突出,目标与检测脱节,检测手段或检测内容滞后于教学过程。

因此,教师应该在分析单元教材教法、单元教学目标的基础上,合理划分单元教学内容,安排好每一课时的教学内容。同时,在研读教材的基础上,根据课程标准的要求及学生实际情况,确定明确、具体、可检测的课时教学目标。

一、设计目标要层次递进

数学教师在上课前应该想清楚一个问题:本节课要围绕什么样的教学目标来进行教学? 怎样确定这个教学目标? 只有想清楚了,教师才能始终围绕目标开展教学,才能完成课堂教学任务,提高学生的学习质量。设计课时教学目标时,应注意教学目标的层次性和递进性。

(一) 课时目标源自多层次系统

教学目标包括国家课程总目标、学科(课程)教学目标、阶段教学目标、单元教学目标和课时教学目标。

在教学目标系统中,各层次教学目标之间的关系如下:

国家课程总目标,即期望学生达到的最终结果,与教学目的统一,对其他层次的教学目标起着指导作用。

学科(课程)教学目标,是总体教学目标在本学科教学中的具体化,是课程标准中具体规定的各门课程的目标。

阶段教学目标,是各门课程在不同阶段(小学阶段、中学阶段;小学低年级、小学中年级、小学高年级;学年、学期)的教学目标。

单元教学目标,是各门课程中相对完整的教学单元的教学目标。

课时教学目标,是教学目标系统中最具体的教学目标,是教师期望学生通过本节课的学习所要实现的行为变化,故也称为学习目标。这里所阐述的怎样确定教学目标特指课时教学目标的确定。

(二) 知识目标源自编排主线

数学知识严密、有序、系统,每个知识点都需要借助合适的载体,以一定的方式呈现在学生面前。《标准》(2011年版)对教材编写提出建议："教材在呈现相应的教学内容与思想时,应根据学生的年龄特征与知识的积累,在遵循科学性的前提下,采用逐级递进、螺旋上升的原则。"如此呈现知识,既体现知识由浅入深、由易到难的渐进发展,也符合儿童由直观到抽象、由简单到复杂的认知规律。

1. 把握内容编排主线

教材是呈现数学知识的主要载体,教师要深入解读教材,领会文本中蕴含的道理。根据螺旋上升的原则编排教学内容,数学知识之间存在一定的联系,把握教学内容的编排主线,不仅有利于教师确定知识点应达成的课时目标,也便于教师科学地落实模块知识的教学目标。下表是沪教版数学教材对某内容分年级分单元的编排。

表 3-1　沪教版数学教材对"图形的认识"单元的编排

学习时间	"图形与几何"内容
一年级上册	初步认识长方体、正方体、圆柱体和球等立体图形 初步认识长方形、正方形、三角形、圆等平面图形
一年级下册	线段的认识,线段的度量
二年级上册	正方体、长方体的初步认识,角与直角
二年级下册	三角形与四边形,三角形的分类
三年级上册	轴对称图形,等腰三角形,等边三角形
四年级上册	圆的初步认识,认识射线与直线,常见的角
四年级下册	认识垂直与平行
五年级上册	认识平行四边形,认识梯形,进一步认识三角形
五年级下册	长方体和正方体的再认识

小学"图形与几何"的课程设计思路,以发展学生的空间观念、几何直观、推理能力为核心展开。这一领域的教学内容分为四个部分:图形的认识、图形的测量、图形的运动、图形与位置。

图形的认识包括两个方面:一是对图形自身的认识;二是对图形各元素之间、图形与图形之间的关系的认识,是进一步研究图形的基础。从上表中可以看出,在不同年级的教材安排中,内容编排有主线,但认识同一个或同一类图形的要求有明显的层次性:从"辨析"到"初步认识",再从"认识"到"探索关系"。而图形中点与直线的位置关系、直线与直线的位置关系、点与圆的位置关系、直线与圆的位置关系等,是义务教育阶段几种主要的图形位置关系;轴对称、中心对称、平移也反映了图形与图形之间的位置关系。

2. 把握内容阶段要求

史宁中教授在解读课标时指出,"螺旋上升"理论主要包括:一是学生数学思维水平发展的阶段性特征;二是人在认识一个对象时,总是遵循由表及里、由浅入深的过程,且后续学习总会影响对先前学习对象的认识。教材编排对知识的呈现逐级递进,在认知能力的深度、广度等方面都体现了阶段性要求。

"图形的认识"单元在不同年级安排了不同的学习内容。比如一、二年级有"长度单位的认识""由体到面的认识""角的初步认识",四年级有"线和角的认识""平行和垂直概念""面的认识""图形的分类",五年级有"长、正方体的认识""圆的认识""圆的周长""体积与容积的认识"。同时,针对不同年级提出不同的阶段要求。《标准》(2011 年版)中较多地使用"通过观察、操作,认识……""结合实例(生活情境)了解……""通过实物和具体模型,了解……"的表述,明确了认识图形的过程、方式以及学习水平与要求。

3. 把握例题递进本质

"螺旋上升"的课程还需要相应的循序渐进式的教学安排,也就是要精心设计教学环节,重视各环节知识的衔接和发展,令知识呈现有序,思维训练由易到难、由浅及深。

以下是沪教版五年级第二学期"简易方程"单元例题的分析。

案例 2

找到例题之间的递进关系

"简易方程"单元安排了两个内容:"列方程解决问题(三)"和"列方程解决问题(四)"。

一、"列方程解决问题(三)"共有 7 个例题例1为用常用的字母公式表示等量关系。理解周长公式可以表达长、宽与周长之间的数量关系。

例2—例7为和倍、差倍、和差、相遇、追及、盈亏问题。借助线段图,直观理解和倍、差倍、和差、相遇、追及、盈亏问题的数量关系,从而会找未知数并列方程解决问题。

以上7个例题,从不同角度解决问题,旨在让学生掌握列方程解决问题的方法与步骤,同时通过学习掌握方程表达及建模。

二、"列方程解决问题(四)"共有3个例题

例1为相遇问题。借助线段图,直观理解相遇问题的数量关系,理解"先行"路程对总路程的意义,从而列方程解决问题。

例2为追及问题。借助线段图,直观理解追及问题的数量关系,理解"迟开"时间对总路程的意义,从而列方程解决问题。

例3为盈亏问题。分析出网球、羽毛球总个数相等,抓的次数一样,确定等量关系,列方程解决问题。

一方面,学生可以通过与前一内容有关问题相似的等量关系列出方程求解,发展分析问题、解决问题的能力,进一步体会用方程法解决问题的优越性;另一方面,学生初步比较了算术法与方程法,开拓了解题思路。

行程问题,特别是相遇与追及中的先行、慢行、中途休息等问题往往较为复杂,教师需要借助线段图找到对应量,从而帮助学生厘清等量关系,找到解决问题的方法。因此教学设计时,要考虑通过线段图呈现速度、路程等信息,让学生综合运用所学知识解决与交通有关的实际问题,积累解决实际问题的经验和策略,感受数学知识间的相互联系。

教材是实现课程目标、实施教学的重要资源,为教师组织教学活动提供了基本素材与组织线索。教师只有领会教材情境的编写意图,才能最大化地发挥教材的教育价值;教材创设的情境中的细节通常富有深意,学会聆听编者的话外音是科学解读教材的关键。

(三) 课时目标汇成单元目标

合理制定课时教学目标是教学设计过程中的重要步骤,它直接关系到教学

实施是否会"跑偏"。课时目标的合理转化决定了课程目标和单元目标是否能够完成。

如今,准确把握单元重点并合理制定课时教学目标,是许多小学数学教师进行课时教学设计时的难点。有的教师凭借自身的经验来制定课时教学目标,有的教师则仅仅基于教材来制定课时教学目标,更有一些教师直接将教材内容视为教学目标,造成课时教学目标过于随意。这几种情况下制定出的课时教学目标既无法体现课程目标的要求,也无法揭示单元教学内容的重点,最终将对课时教学效果产生负面的影响。

案例 3

如何利用课程标准确定课时目标

某教师在准备人教版四年级第二学期"小数的加减法"第一课时的课时目标时,曾整理出课程标准中与这一课相关的信息:

(1) 会进行简单的小数加、减、乘、除运算及混合运算;

(2) 在具体运算和解决简单的实际问题的过程中,体会加与减、乘与除的互逆关系;

(3) 会解决有关小数的简单的实际问题;

(4) 在解决具体问题的过程中,能选择合适的估算方法,养成估算的习惯;

(5) 能借助计算器进行较复杂的运算,解决简单的实际问题,探索简单的数学规律。

经过研究后,教师将这一课时的教学目标调整为:

(1) 结合具体情境,通过自主探索,理解小数加减法的算理,正确计算两位小数的加减法;

(2) 能运用小数加减法的知识解决日常生活中简单的实际问题,并在解决实际问题的过程中发展估算意识和计算能力。

课程标准要求"会进行简单的小数加、减、乘、除运算及混合运算",但这样的描述并不具体。学生到底怎样才算会? 需要会到哪种程度? 这些就是需要分解到具体教学目标中的内容,需要教师根据学生的情况及具体的教学内容进行判断。

二、表述目标要清晰准确

（一）教学目标表述应整合三维目标

美国著名心理学家布鲁姆(B. S. Bloom)等人把人类学习分为三个主要的领域,即认知领域、情感领域和动作技能领域。小学数学课堂教学目标的表述中包括知识与技能、过程与方法、情感态度与价值观三个领域,也称"三维目标",是教师设计教学目标、衡量学生学习水平的重要依据。确定教学目标的内容范围时,一定要全面考虑这三个领域,不可有所偏废,而在具体的每节课中,教学目标则应该有不同的侧重点。课时教学目标的表述应整合知识与技能、过程与方法、情感态度与价值观三维目标,让人可预测出课堂教学的设计和安排。

以下是一位教师设计的"同分母分数加减法"课时教学目标。

案例4

如何整合三维目标

第一稿是这样设计的:

（1）知识与技能:掌握分母在 20 以内的同分母分数加减法的计算法则,能利用同分母分数的加减法解决简单的实际问题。

（2）过程与方法:通过操作活动,直观进行同分母分数的加减法。

（3）情感与价值:在分数学习过程中,通过画一画、推一推的学习方法,激发学生的学习兴趣,使他们初步体会到数学的逻辑性。

在学习研究后,教师对教学目标进行了重新梳理,修改后的教学目标为:

（1）用学过的画一画、推一推的方法学习分数的加减法。

（2）掌握分母在 20 以内的同分母分数加减法的计算法则。

（3）能利用同分母分数的加减法解决简单的实际问题。

（4）在学习过程中形成初步的迁移能力,体会学习的愉悦和成功。

由此可见,教师能根据自己班级学生的实际情况对教学目标作进一步的细化和调整,不仅注重学生学习方法的迁移,还细化了知识与技能目标,并且能够整合三维目标,使目标之间层层递进。

（二）教学目标表述应规范四个要素

设计课时教学目标时,必须对学生在学习每一项知识和技能后应达到的行为要求作出具体、明确的表述,再将这些表述进行层次化处理,使之具体明确、可操作性强。规范的教学目标表述应该包含以下四个要素:

1. 行为主体必须是学生而不是教师

判断教学是否有效益的直接依据是学生是否获得进步,而不是教师是否完成任务。比如"拓宽学生的知识面""通过教学活动,培养学生的概括能力与推理能力"等写法都是不规范的,因为这些目标中的行为主体是教师,而不是学生。

2. 行为动词必须是可测量、可评价的

行为动词必须是具体而明确的,否则就无法评价。比如某教师在设计"除数是小数的除法"这节课的教学目标时,写了"培养学生专注计算的习惯,提高学生的计算技巧"。这种写法不仅主体不对,而且难以评价学生在培养计算习惯和提高计算技巧上到底取得了多大进步。

3. 行为条件必须指影响学习结果的条件或范围

行为条件指影响学生学习结果的特定条件或范围,可为评价提供参照的依据。比如"根据情境,说出情境中的数学信息""通过这节课的学习,了解数学与生活紧密联系的道理"或"在 10 分钟内,学生能完成 15 道简单计算题"。

4. 表现程度必须是学习后预期达到的最低表现水准

表现程度指学生学习后预期达到的最低表现水准,用以衡量学生的学习表现或学习结果所达到的程度。比如"就提供的一道应用题,学生至少能写出三种解题方案""通过这堂课的学习,学生至少能记住 8 的乘法口诀"等。教学目标所表述的必须是基本的、共同的、可达到的教学标准,而不是无法实现的最高要求。

以下是两位教师设计的"圆的周长"第一课时的教学目标。

案例 5

如何体现四个要素

第一位教师的教学目标如下：

（1）认识并会测量圆的周长；理解圆周率的意义，掌握圆周率的近似值，掌握圆的周长的计算公式。

（2）培养学生的观察、比较、分析、综合和动手操作能力。

（3）结合圆周率的学习，对学生进行爱国主义教育。

第二位教师的教学目标如下：

（1）在具体情境中认识圆的周长，并能运用"绕线法""滚动法"进行测量。

（2）经历实际测量的过程，感受圆的周长与直径之间的函数关系，了解圆周率与周长、直径的关系，能推导圆的周长的计算公式。

（3）借助具体操作活动，初步体会以直代曲的转化思想。

（4）在搜集和分析数据的过程中，发展科学的研究态度和反思意识；培养民族自豪感，感受人类的探索精神。

通过对比辨析，可以看到第二位教师撰写的教学目标不但体现了四要素，而且整合了三维目标，可让读者预测出课堂教学实施的过程和可能性。

（三）教学目标表述应合理可测

教学目标的制定一定要依据课程标准和学生实际。教学目标的内容既包括知识与技能目标要点，又包括过程与方法、情感态度与价值观等。

1. 检测目标设计应体现目标达成的过程性

小学数学课堂教学目标的设计，从本质上看，应体现教学的初始状态和阶段目标，具有过程性。要基于学生原有的学习基础和认知特点，使其在参与学习活动时经历知识发生、发展的形成过程，体现学生获得新知的建构过程。比如，在提问与讨论中是否体现学生的问题、合作与交流的意识与能力培养，在探究学习的过程中是否重视学生的创新性，是否采取多种方法促进学生思考与发展等。

2. 检测目标设计应涵盖三维目标的达成度

从内容上看,小学数学课堂教学目标的设计须涵盖知识与技能、过程与方法、情感态度与价值观三方面。同时,须检测单元教学目标中的用词是否恰当,行为动词、行为条件和表现程度是否符合课程标准、教学分析、学情分析的定位。

教学目标的设计应依据教材分析、学情分析,从学生整体出发,找到知识之间的关联,并以知识的学习为载体,设定比较合适的学习方式作为过程与方法的目标。过程与方法目标的关键点的设定应源自知识与技能目标的要点,应呈现出融合一致的特点。

此外,从数学学科育人价值分析,教学目标必须蕴含具体的数学思想方法和学科育人价值等因素。最后,还要检测每个三维目标的设定是否能够有效达成。

3. 检测目标设计应做到多种形式的融合性

从形式上看,小学数学课堂教学目标的设计既可以按照三维目标分开撰写,也可以将三维目标整合在一起撰写;只要整合得当,教师理解,能促进教与学,就都能采用。但笔者还是喜欢将三维目标整合在一起的写法,简明扼要且体现了融合。

检测教学目标的设计与撰写是否恰当有效,必须基于以下两点:一是是否基于学生的学习基础,是否符合学生的最近发展区;二是能否检测教学后学生所发生的变化和教学目标的达成度。

以下是沪教版三年级第一学期"长方形、正方形的面积"教学目标的制定与检测。

案例 6

这样的教学目标可检测可操作吗

执教者设计的教学目标如下:

(1) 学生自己去发现长方形与正方形面积计算的公式,理解并掌握长方形与正方形的面积公式,会运用公式进行正确的计算。

（2）在动手操作、小组合作、观察思考的过程中，发展参与意识和合作能力。

（3）通过亲身实践探索，获得成功的体验，提高数学学习的兴趣。

执教者设计的第一次练习如下：

1.选一选（全班学生用手势表示）。

（1）阳阳的日记本长20厘米，宽10厘米，面积是（　　）平方厘米。

① 30　　　　　② 200　　　　　③ 60

（2）教室墙壁上的开关是个边长为8厘米的正方形，它的面积是（　　）平方厘米。

① 64　　　　　② 32　　　　　③ 64

（3）小朋友的队标是长方形的，面积是20平方厘米，宽是4厘米，长是（　　）厘米。

① 80　　　　　② 5　　　　　③ 16

2.边长为30厘米的正方形手帕的面积是多少平方厘米？（指名回答）

3.（出示一块长方形地砖和一块正方形地砖）请你算一算哪块地砖的面积大？（指名回答）

分析发现，教学目标1体现的是知识与技能的目标，但结合探究过程和练习可知，教师对目标1中的"运用公式进行正确的计算"比较忽视。一方面，教师为了让学生自主探究发现长方形与正方形面积计算的公式，课堂上用时相对较多；另一方面，教师因时间来不及，所有练习题都让学生口答交流，导致学生还不能熟练地说出两个公式，更无法进行正确的书写和计算。因此，教师应对目标1中的"会运用公式进行正确的计算"降低要求，或在学生得出公式后加以计算的示范，从而避免检测手段或检测内容滞后于教学过程，避免检测内容及要求与教学目标不一致，造成学生无所适从等问题。

综上所述，课堂教学目标的设计直接影响课堂教学的效果，影响学生的发展，影响新课程的实施。教学目标是课堂教学的出发点和归宿，是教师对学生达到的学习成果或最终行为的明确阐述。一切教学活动都是围绕教学目标来展开的，所以教师应设计科学的课堂教学目标，并采取合理的方法进行表述，同时在教学过程中及时进行检测，以充分发挥课堂教学目标的功能，提高课堂教学质量。

三、确立重难点要精准到位

教学重点与教学难点简称教学重难点。教学重难点是书写教学计划的必备要素之一。教学重点必须是知识体系中的核心教学内容，通常承载着数学思想、方法策略及学科的育人价值。教学难点必须是超越学生认知年龄特点的学习困难之处，是学生容易产生负迁移的教学内容，也是学生容易产生疑惑、需要辨析的内容。教学重难点必须在课前经过研究后确定。

（一）理解教学重难点

1. 明确小学数学教学重点的概念

教学重点，即在整个知识体系或课程体系中处于重要地位和突出作用的内容。如果某一知识点是某单元知识的核心，是后续学习的基石，或有广泛的应用，我们就可视其为教学重点。教学重点是学生必须掌握的基础知识与基本技能，是基本概念、基本规律及内容所反映的思想方法，也可以称为学科教学的核心知识。教学重点是教材中最重要、最基本的中心内容，是知识网络中的连接点，是教师设计教学过程的主要线索。

2. 理解小学数学教学难点的概念

教学难点是指学生不易理解的知识，或不易掌握的技能技巧。难点不一定是重点，有些内容则既是难点又是重点。难点有时要根据学生的实际水平来定，同样一个问题对不同班级的不同学生来说不一定都是难点。在一般情况下，对于大多数学生都感到有难度的内容，教师要尽力想出各种有效的办法加以突破，否则会对学生以后理解新知识和掌握新技能造成困难。

通常意义上所说的教学难点，即与学生已有的认知水平之间存在较大落差的新内容，是指学生学习过程中阻力较大或难度较高的某些关键点，也就是学生接受起来比较困难的知识点或不容易解决的问题。

3. 走出教学重难点的误区

课堂教学要完成认知目标，需要解决"突出重点"和"突破难点"这两个常规问题，这就要求教师在讲课时必须做到：突出重点，讲清难点，帮助学生理清头绪,从而有效地学习。

很多教师在对教学重难点的认识上存在一定的误区。有的认为教师参考书中规定的重难点就是教学时唯一的重难点,不必去调整,直接就能用。有的在多种教学参考书中找某课的交集,作为自己制定的教学重难点。有的认为在新课程理念下无所谓重难点或处处是重难点。

以上种种理解都是片面的,应该加以纠正,这样才能明确教学方向,有效达到目标。

教学重难点包含两种形态:静态教学重难点和动态教学重难点。静态教学重难点主要指教学参考书中规定的教学重难点,多从学科知识体系的角度确定,基本不会有什么变化。动态教学重难点主要指教师讲授与学生实际(生活阅历、经验、知识面等)相脱节的内容,也就是"学生不懂的内容就是教学重难点"。这种教学重难点因人而异,因班而异,可能在课堂教学中随教学情境不断变化,呈现出一种动态表现形式。

(二) 区别教学重难点

教学重难点既有区别又密切相关。如何正确识别教学重难点并处理好它们之间的关系,是我们教学中必须要解决的问题。

很多教师觉得数学教学中的重点就是难点,这显然是混淆了两者在本质上的区别,忽视了它们在教学中处理方法的不同。

从现代科学的系统论和信息论的观点来看,知识系统是一个网络状的立体结构,重点就处于学科知识系统各有机部分的结合点,它们往往起着承上启下、沟通左右的作用。因此,从系统结构的角度来说,重点是客观存在的,具有确定性。从信息论的观点看,重点因处于结合点这一特殊位置,所储存的信息一般具有容量大、多方向传导的特点。相比之下,难点不一定处于结合点的位置,所以具有不确定性,所储存的信息可辨性一般较低。另外,学生对数学知识、方法的理解和掌握,依赖于其自身的知识水平、理解能力以及教师的指导。一旦缺乏这两个必要条件,学生对某知识的理解就会产生困难。所以,从辩证的角度来说,难与易是相对而言的,两者之间是可以转化的,由此可见,难点还具有一定的人为性。

如果从教学、学生、知识这三者所组成的教学系统来考察重点与难点的关系,我们可以发现它们之间存在着一定的交叉性,呈现出两种状态:一是当难点也处于知识系统网络状结构的结合点时,重点和难点是一致的,即重点本身也是难点;二是当难点不处于知识系统网络状结构的结合点时,重点和难点是不一致的,即重点不等于难点。

总之,重点具有客观、确定的特点,难点则可辨性低,具有不确定、人为的特点,这些都决定了它们在本质上存在区别,同时也决定了它们在教学中的不同地位与作用,因此教师的处理方法也应有所不同,不可强求学生必须当堂理解。

（三） 明确教学重难点的依据

1. 课程标准和教材

确定教学重难点是为了进一步明确教学目标,以便在教学过程中突出重点,突破难点,更好地为实现教学目标而服务。因此,确定教学重难点首先要吃透新课标。只有明确了这节课完整的知识体系框架和教学目标,并把课程标准、教材整合起来,才能科学确定静态的教学重难点。

2. 学生实际

学生是课程学习的主体,教学重点尤其是教学难点,是针对学生的学习而言的。因此,我们要了解学生,研究学生。要了解学生原有的知识和技能状况,了解他们的兴趣、需要和思想状况,了解他们的学习方法和学习习惯。

要判断某一内容是否为教学难点,就要分析学生学习难点形成的原因,主要有以下几种:

一是学生对学习的内容缺乏相应的感性认识,因而难以开展抽象思维活动,不能较快或较好地理解。

二是学生在学习新的概念、新的知识模块时,缺少相应的已知概念的基础,或对已知概念、基本操作掌握得不准确、不清晰,因而陷入认知的困境。

三是已知对新知的负迁移作用压倒了正迁移作用。即学生在学习新知识时,已学过的知识起了干扰作用,因而在已知向新知转化的过程中,注意力常常集中于对过去概念、操作的回忆上,不能把这些概念、操作运用于新的学习之中。

四是教材中一些综合性较强、时空跨度较大、变化较为复杂的内容,令学生一时难以接受和理解。这些内容往往非一节课所能完成,讲好了就可以循序渐进地完成教学任务,讲不好则容易成为生硬的说教。因此这类内容在教材处理和教学方法的选择上都是难点。备课时,教师要根据教材特点及学生情况,对可能出现的教学难点作出判断,并采取有效措施。教师要在了解学生的基础上,预见学生在接受新知时可能遇到的困难、产生的问题,以便对症下药,避免教学中的主观主义和盲目性,切实做到理论联系实际,从而确定切合实际的静态、动态教学重难点。

从教育学的活动要求来看,培养学生的能力,使其掌握学习方法,是教学的重难点;从情感教育和品德养成来看,激发学生积极的情感,使其形成正确的价值观,也是教学的重难点。总之,教师要结合实际,根据教学目标,恰当地将知识与能力、过程与方法、情感态度与价值观确立为教学重难点。在教学设计时,教学重点要分散,既让学生易于接受,又能减轻学生的负担;教学难点要分析落差的距离,搭建合适的台阶。这正是教学艺术之所在。

第二节 设计课堂教学活动

课堂教学中要实施、落实教学目标,要求教师不仅要设计出合理的教学目标,还必须紧紧围绕教学目标来精心选择和组织教学内容,设计相应的教学活动,并进行教学评价,这样才能促使每个学生在原有基础上得到发展。

《义务教育数学课程标准》(2011年版)明确指出:"数学活动经验的积累是提高学生数学素养的重要标志。帮助学生积累数学活动经验是数学教学的重要目标,是学生不断经历、体验各种数学活动过程的结果。"数学教育教学过程指向的是积累经验,而实现这个目标的过程就是要让学生经历数学活动,帮助他们从基本的活动入手,积累基本的数学活动经验。

小学数学基于目标的活动设计,主要是一种以活动为载体,以导学为方法,以教师指导为主导,以学生自主学习为主体,师生共同合作完成教学任务的教学模式,它是为达成教学目标、促进学生主动学、提高课堂教学效率而进行的具体学习行为。

一、活动设计,对应目标

教学目标是教学活动的中心,在课堂教学中,教师的主导方向和学生的主体活动都围绕着本课的教学目标。因此,我们设计每一项教学活动之前,首先要关注其教学目标。教学目标正确与否,决定着数学学习活动的意义。

以下是沪教版五年级第一学期"平均数计算 2"的教学设计。

案例 7

活动与目标如何一一对应

一、教学目标

1. 能根据数据的情况选择合适的算法计算平均数。

2. 通过小组合作,探究总数、个数变化时计算平均数的方法。

3. 知道计算一组资料的平均数时,不能删去该组资料中的零值资料。

4. 通过观察、探究、比较和讨论等学习活动,获得数据分析处理的经验。

5. 通过回顾平均数,实现学习经验和学习方法的迁移;通过解决生活中的实际问题,进一步体会生活与数学紧密联系,感知数学是有趣的、有用的。

教学重点:计算一组资料的平均数时,不能删去该组资料中的零值资料;会根据数据的具体情况选择合适的算法计算平均数。

教学难点:总数、个数变化时计算平均数的方法。

二、教学过程

(一) 复习引入

1. 说一说你对平均数有哪些了解。

生:意义、取值范围、计算方法、虚拟、可能是小数。

2. 小结:今天我们继续来学习平均数的计算问题。

(板书:平均数的计算)

(二) 探索阶段

【活动一】

出示：小胖所在小队有7人，每人分别制作了7、7、7、9、6、9、4个动物模型，这一小队平均每人制作了几个动物模型？（读题）

1. 估算。

2. 学生独立完成计算。

3. 比较：你喜欢哪一种？为什么？

4. 小结：当一组数据中相同的数据较多时，采用这样的算法比较简单，也可以根据数据的特点选择不同的算法来计算平均数。

【活动二】

出示：小丁丁的妈妈每小时包粽子的数量。（表格）

1. 观察，分类：把表格分成前两个小时和后三个小时。

2. 将表格信息转化为文字信息。

3. 提问：你能从平均数的角度提一个数学问题吗？

4. 全班读题，独立完成计算。

5. 分析：17×2？30×2？$3 + 2$？

6. 比较：变换两个条件后再列式计算。

7. 小结：条件不同，我们列出的算式也不同，所以做题时一定要认真分析条件。

从上述案例中可发现，教学活动与教学目标相对应的设计主要体现为以下几点。

（一）教学目标引领教学活动设计

在目前的教学中，教师已具备了以学生为主体的理念，也在努力改变教学方法，以完善学生的学习方式。从课堂教学来看，教师能关注活动的设计，但仍存在一些问题。比如：在认识层面上，不清楚活动的作用，表面热热闹闹，实际随意低效；在操作层面上，缺乏有效的方法，设计活动时没有基于教学目标，对教学目标的达成没有起到作用。

通过案例剖析、解读，教师逐步意识到目前教学中的活动设计也要对应教学目标进行思考，掌握"目标导向活动"教学设计的关键点，在此基础上独立完成一节新授课中教学活动的设计，并通过教学实践进行反思与改进。

从上述案例的复习引入可以看出,唤醒学生已有的学习经验和方法,能够起到承上启下的作用。教学活动对应教学目标5"通过回顾平均数,实现学习经验和学习方法的迁移"。

（二）教学目标对应教学活动

目标导向下的活动导学,有助于教师在深入细致地分析教材、把握教材的基础上,领会教材的编写意图,分析教材的逻辑系统,把握教材的知识结构,做到教学的知识重点、能力点与过程、方法及情感、态度、价值观的有机结合。只有这样,教师才能真正把握课堂的脉搏,使目标引领下的数学活动发挥其实现教学这一"再创造"过程的作用。

上述案例的活动一中,学生通过已有的知识和经验主动探究,发现可以根据数据的情况选择不同的算法,对应教学目标1"能根据数据的情况选择合适的算法计算平均数"和教学目标4"通过观察、探究、比较和讨论等学习活动,获得数据分析处理的经验"。活动二中,学生体会到平均数应用题在日常生活中的广泛运用,因此投入更大的学习热情,对应教学目标2"通过小组合作,探究总数、个数变化时计算平均数的方法"、教学目标4"通过观察、探究、比较和讨论等学习活动,获得数据分析处理的经验"及教学目标5"通过回顾平均数,实现学习经验和学习方法的迁移;通过解决生活中的实际问题,进一步体会生活与数学紧密联系,感知数学是有趣的、有用的"。在目标的引领下,教学活动贯穿教学过程,学生最大限度地处于主动学习状态,积极地动手、动口、动眼、动脑,把教学变成自己的学习活动。

（三）教学活动对应教学检测

教学目标引领下的教学活动是否有效,还需要跟进教学检测。上述案例的复习引入中,教师关注对"正确、清晰地描述平均数的知识"的检测。在活动一中,教师设计的评价关注点是:(1)能独立思考;(2)运用数学语言表达计算过程;(3)能进行多种算法的计算。在活动二中,教师设计的评价关注点是:(1)能把表格信息转化成文字信息;(2)能大胆猜测,提出问题;(3)培养学生归纳概括的能力。

本节课采用激起学生已有的知识经验的方法,通过观察、小组讨论、交流等活动,使学生进一步理解和认识平均数,根据数据的情况选择合适的算法进行计算;通过小组合作,帮助学困生一起探究总数、个数变化时计算平均数的方法;同时为今后更深层的研究和探索打好基础、做好过渡,逐步培养学生对数学研究的兴趣,用数学自身的魅力来吸引、感染学生。从上述案例中可以清晰地看到,教学活动是与教学目标一一对应的,而评价检测也是依据教学目标来检验活动是否有效的。

在教学设计中,教师应注重目标导向下的活动设计,注重教材分析和学情分析,针对学生的知识基础和原有水平,设计层层递进的学习活动,注重教学目标与教学活动的对应性,注重教学目标和教学检测的一致性,为有效达成教学目标打下良好的活动基础。

二、问题设计,促进思维

学习活动是师生积极参与、交往互动、共同发展的过程。教师在设计数学活动时要考虑运用多种教学方式,让学生积极主动地投入到学习活动中,而问题贯穿了小学数学学习的始终。作为一名数学教师,你是否会设计问题? 是否曾问过自己关于"问题"的问题? 问题由谁来提出? 怎样让学生觉得课堂提问是数学学习中应该做的事情? 怎样引导学生提出有价值的核心问题?

围绕教学重难点设计问题,不仅能促进教学目标的有效达成,还能促进思维的激发和学习习惯的养成。教师可以通过设计一系列问题来引发持续的学习活动,以学习者对问题的自主发现与提出为开端,将有层次、结构化、可扩展、可持续的问题系统贯穿学习过程并整合各种知识,通过一系列问题的解决,实现知识的整体建构、学习的有效迁移与能力及素养的逐步形成。

(一) 设计引发思考的问题

在教学实践中,教师设计了丰富多彩的学习活动,但有些仅停留于表面,看上去热热闹闹,实则并没有什么实效。正如有的教师说:"我给学生活动的机会了,学生也都参与了,可为什么活动的效果还是不行呢?"看来,不是所有数学活动都可以激发学生学习的兴趣,都可以打开学生的思维,主要原因在于问题的设计;只有好的问题才能引发学生思考,促使学生主动投入学习,从而打造充满活力的课堂。

以下是沪教版四年级第一学期"文字计算题"教学设计的片段。

案例 8

如何设计好的问题

第一位教师先出示文字题让学生尝试列式,再通过辨析让学生感悟文字题的解题方法。比如先出示例题:40 乘 2 加上 18 的和,积是多少?

(1) 请每个同学默读例题,想一想如何列综合算式。

(2) 学生试做。

(3) 学生板演。

(4) 你们认为哪种方法是对的? 你是怎么想的?

(5) 指导检查:先用数学语言表述所列的算式,再与原题进行比较。

(6) 用不同的数学语言表述 $40 \times 2 + 18$。

另一位教师通过研究,做出了打破常规的教学设计。即出示 90、90、90 三个数,让学生根据"最后一步求积是多少"编一道文字题并列出算式。教师放手让学生自主探究,采用逆向问题的教学设计,为学生创造了很大的空间,也激发了他们学习的兴趣。

在实践中,教师往往会发现绝大多数学生都是从条件出发思考如何解决问题,很少有学生从问题出发进行逆推。显然,逆推分析、树状算图对学生来说成了额外的负担。而从条件出发列式计算,思维层面没有难度,学生的学习积极性不高,课堂也因缺乏挑战而显得平淡。

如何激发学生学习的积极性? 只有打破常规,设计出打破思维定式的问题,让学生尝试用不同的方法解决问题,才能激发学生不断地参与学习和挑战自我。

上述案例中,后一位教师的教学设计改变了原有的例题学习方式,让学生根据数据和问题自己编题。整堂课上,学生的学习兴趣高涨,他们从问题出发来分析文字题的结构,在编题、列式、交流的过程中进一步提高了分析综合的思维能力。由此可见,设计引发思考的问题,能使学生在活动中活跃思维,积累丰富的数学活动经验。

（二）设计追问辨析的冲突

教学设计的目的是在课堂教学时有效达成教学目标。为了突出教学重点，突破教学难点，教师在教学设计时必须设计追问与辨析，让学生通过思考、对比、交流，加深对新知的理解。

以下是沪教版五年级第二学期"列方程解决问题（四）"中"相遇问题（复习）"的在线互动教学设计，共计 20 分钟。

案例 9

在重难点处设计追问与辨析

一、回顾梳理

师：今天我们复习了相遇问题，厘清了相遇问题的各种情况。

师：相遇问题有哪些情况呢？

生：可能两车同时从两地出发，相向而行，最后在途中相遇。

生：可能同时出发，但最后没相遇，还相距一段距离。

生：可能同时出发，但中途有车子休息或加油。

生：可能一前一后出发。

师：相遇问题一定要看清什么？

生：一定要看清出发时间、运动地点、运动方向和运动结果。

师：对呀，不管相遇问题怎么变化，我们只要记住分段路程之和等于总路程就可以了。

二、基础练习

师：下面我们一起来做几个选择题，可以借助线段图说说等量关系，把答案写在互动面板上。

1. 两列火车同时从相距 260 千米的两地相向而行，甲车每小时行 46 千米，乙车每小时行 58 千米，几小时后两车还相距 52 千米？正确方程是（　　）。

解：设 x 小时后两车还相距 52 千米。

A. $46x+58x+52=260$ 　　B. $(46+58)x+52=260$

C. $46x+58x=260-52$ 　　D. $46x+58x=260+52$

师：看看小伙伴是怎么做的。（出示正确的答案）

学生交流后追问：为什么（　　）是错误的呢？

2. 小胖和小巧两家的路程是 2010 米，两人同时从家里出发相向而行，途中小胖遇到朋友停下来耽误了些时间，小巧走了 20 分钟后和小胖在途中相遇，已知小巧速度是 68 米/分，小胖速度是 65 米/分，小胖停下来几分钟？正确方程是（　　）。

解：设小胖停下来 x 分钟。

A. $65(20-x)+68\times20=2010$　　B. $65\times20+68\times20=2010$

C. $65(20+x)+68\times20=2010$

师：看看小伙伴是怎么做的。（出示正确的答案）

学生交流后追问：为什么（　　）是错误的呢？

3. 两地相距 70 千米，甲、乙两人骑自行车分别从两地相向而行，甲出发 2 小时后乙才出发，又经过 3 小时相遇，甲车每小时行 8 千米，乙车每小时行几千米？正确方程是（　　）。

解：设乙车每小时行 x 千米。

A. $(8+x)\times(2+3)=70$　　　　　B. $8\times2+(2+3)x=70$

C. $8\times2+3x=70$　　　　　　　　D. $(2+3)\times8+3x=70$

师：看看小伙伴是怎么做的。（出示正确的答案）

学生交流后追问：为什么（　　）是错误的呢？

三、深化练习

师：我们一起画一画，说说等量关系，列方程解答。

1. 双休日，小丁丁步行去相距路程为 2 千米的爷爷家。小丁丁平均每分钟行 62 米，出发 20 分钟后，爷爷以平均每分钟 90 米的速度来接小丁丁。再过多少分钟他们可在途中相遇？

2. A、B 两地之间的路程是 7800 米，小胖和小巧分别从两地出发相向而行。小胖 13：00 出发，平均每分钟走 80 米，小巧 13：20 才出发，40 分钟后与小胖相遇。小巧平均每分钟走多少米？

学生独立尝试。

师：看看小伙伴是怎么做的。谁来回答？

学生交流后追问:方程中的部分量表示什么?同时辨析等量关系、未知数和对应量。

四、拓展练习

客车和货车同时从相距 670 千米的甲、乙两个城市相向而行。货车每小时行 55 千米,客车每小时行 75 千米,几小时后两车相遇后又相距 45 千米?

五、课堂小结

师:今天我们复习整理了相遇问题,你有什么收获?

生1:我觉得遇到复杂的相遇问题也不要慌,通过圈圈画画找关键词,就能分析清楚数量之间的关系。

生2:画线段图仍然是我们解决这类问题的好帮手,把复杂的题目信息清晰地表示在线段图上,这样等量关系就好找了。

生3:我觉得仔细审题很重要,很多类似的问题都可以用相遇问题的方法解决。

六、布置作业

1. 听课笔记。

2. 课后练习。

3. 小实践:请你和家长一起,先测出每人每分钟大约步行多少米,再算一算。(如果两人同时从长 1 千米的一条马路的两端相向而行,大约经过几分钟可以相遇?)

上述案例中,教师在设计选择题后,不仅追问正确答案的等量关系,还追问其他答案错误的原因,辨析方程中每一个量表示什么。在反复追问辨析中,学生厘清了相遇问题的各种情况,加深了对"分段路程之和等于总路程"这一等量关系的理解。由此可见,问题设计能促进问题思考和问题解决,有效的问题设计是促进学生有效学习的关键,教师要善于发现学生的学习困惑,分析并理解教学内容,才能在关键处追问,在疑惑处辨析,引发思维的碰撞。

(三)设计学生提问的情境

要使问题设计促进思维,教师除了有效地提问、追问以外,更重要的是让学生学会提问,并且能够提出一定价值的问题。当学生提出问题后,教师需要做的就是把这些问题进行优化,嵌入具体的学习活动中。所以,在师生提出各自的问题后,教师应将问题一一罗列,并要求学生思考哪些问题是重点问题,哪些问题需要先解决,从而在互动中对问题进行筛选、排序、组织与聚焦。

以下是沪教版三年级第二学期"小探究"的教学片段。

案例 10

如何梳理、提炼有价值的问题

师:用 12 根小棒来搭封闭图形,你觉得可以探究哪些问题?

生 1:围出图形的周长是多少? 面积是多少?

生 2:围出的图形哪个面积大? 哪个周长大?

生 3:移动小棒,周长、面积会有变化吗?

师:你能画出搭的图形吗? 它的面积与周长分别是多少?

根据学生画的图形算出它们的周长和面积,教师追问:综合观察这些图形的周长与面积,你有什么发现?

学生一开始的提问没有把图形的周长与面积放在一起去思考,这是孩子真实的学习情况。此时,教师有意识地让学生画出自己搭的图形,把不同孩子的差异性资源作为点燃学生提问的导火索。果然,学生们提出了"明明都是用 12 根小棒搭出来的,怎么会面积不一样呢"的疑问,学习活动由此展开。数学课上的问题并不是每一次都能由学生根据课题主动提出,而是可以在教师的引导下,让学生在问题情境中发现问题并逐步聚焦,最终提出核心问题。这一环节考验着教师的教学智慧,因为学生提的问题未必是可以展开探究的核心问题,未必是教师预设的问题,但教师又不能越俎代庖,抛出一个自己准备的和学生所提问题无关或差异很大的问题——那会严重违背我们的初衷。为此,教师必须设置学生能够提问的情境,并通过引导、探究,启发学生比较、辨析,达到在问题解决中激发思维、提升能力、巩固知识的目的。

三、操作设计,积累经验

小学生年龄小,缺少实际经验,活泼好动,喜欢游戏模仿,喜欢动手操作。

新课程倡导的实践探究是学生获取知识、发现问题的有效方式之一。如何设计有效的探究活动呢？通过实践发现：教师只有关注前后知识之间的联系，找到操作方法之间的联系，才能使活动有效，才能提升学生的思维品质。

以下是沪教版四年级第二学期"折线统计图的画法"的教学设计。

案例 11

如何设计操作活动

一、教学目标

1. 课前收集、整理、分析信息，掌握信息处理的方法。

2. 通过动手探索画折线统计图，经历合理设置刻度的过程，发展数感。

3. 激发并增强对折线统计图的兴趣，养成作图严谨、说理严密等良好的学习态度与习惯。

二、活动过程（包括课前、课中和课后活动）

（一）课前准备

1. 提前一周将统计表粘贴在数学书末页，根据要求完成统计表。

表 1　每天完成数学作业的时间统计

星期	一	二	三	四	五
时间（分钟）					

2. 选择你生活中的一项或两项有变化的事物进行统计（可自行增减表2），如一周内每天要花多少钱、一周内每天1分钟跳绳的个数、一周内每天1分钟拍球的个数、一周内每天阅读文章的时间等。

表 2　_____

（二）课堂教学

【活动一】合理确定纵轴的刻度

1. 了解画统计图的一般步骤。

出示统计表：这是某日的气温变化情况统计，你能根据统计图的组成要素说一说画统计图的步骤吗？

学生交流：

（1）在横轴上等间隔地标上时刻/时间，右侧括号中标上单位。

（2）在纵轴上标注气温的刻度，上侧括号中标上单位。

（3）在相应位置点上点，并按顺序用线段将点连接起来。

（4）标上标题。

2. 确定纵轴的刻度。

读一读统计表中的数据。（仔细观察）

想一想每一小格表示（ ）℃。（独立思考）

填一填纵轴上的刻度。（尝试解决）

说一说这样填的理由。（全班交流）

3. 比较。

将每一小格分别表示 1℃、2℃……（根据学生所填刻度）的统计图进行比较，选择最合理的刻度。

4. 小结。

画统计图的一般步骤中，最关键的是合理确定纵轴的刻度。

【活动二】数据较为集中时合理确定纵轴的刻度

1. 设置纵轴的刻度。

想一想每一小格表示（ ）kg。

填一填纵轴上的刻度。

交流这样填的理由。

比较刻度设置的合理性。

2. 修正。

根据合理的方法修改自己的刻度。

3. 小结。

当统计数据比较接近且远离 0 刻度时,可以用双波浪线省略最小值以下的空白部分,使统计图能更清晰地反映数据的变化趋势。

4. 完成统计图。

找一找数据对应的点。

画一画点并连线,完成统计图。

交流找点的方法。

统计有多少人正确画出了统计图。

【活动三】画折线统计图,解决实际问题

表 3　期末计算检测优秀人数情况

学期	一上	一下	二上	二下	三上	三下	四上
优秀人数(人)	35	34	34	33	28	21	

1. 完成折线统计图。

2. 根据统计图说说你的想法。

交流:纵轴刻度设置是否合理;找点是否正确;分析优秀人数的变化趋势,说出你的想法或建议。

教学设计中的操作活动,须基于学生原有的基础,从新旧知识的联系和学习方法的迁移中找到操作点,通过数学语言表达操作过程,变直观为抽象,促进学生操作经验的提升。

(一) 找到联系,有效操作

上述案例中,教师通过课前布置长作业,提前一周将"每天完成数学作业的时间统计表"粘贴在数学书末页,让学生根据要求完成统计表。学生经历了信息的收集、整理、筛选、分析的过程,建立了统计与日常生活的联系,为后面学习操作方法打下了基础。

设计不同的活动,能达到不同的目的。案例中的活动一分四步走。第一步,掌握画折线统计图的步骤。学生已熟知折线统计图的组成要素,并且掌握了画条形统计图的方法,找到新旧知识的联系后,他们通过方法迁移,就可以快速地了解画折线统计图的一般步骤。第二步,确定纵轴的刻度,这是画统计图的重点。这里选择了较为简单的数据进行感知,学生通过读一读、想一想、填一填、说一说,自己尝试确定纵轴的刻度。第三步,将学生设置的不同刻度进行比较,学生讨论如何设置刻度最合理。第四步,小结画统计图的一般步骤,其中最关键的是合理确定纵轴的刻度。通过联系新旧知识的操作活动,学生不仅能够说出画统计图的一般步骤,还能够正确表示温度的范围,说出刻度设置是否合理。

（二）找到方法,迁移经验

在活动一的基础上,学生在活动二中通过尝试、交流、修正探究统计数据的特点。当发现数据比较接近时,他们会主动思考远离 0 刻度时纵轴刻度应如何设置,并在交流后知道找点是关键,再辨析为何要连线。在不断的交流辨析中,学生既掌握了找点连线、完成折线统计图的方法,进一步体会到折线统计图的价值,还知道了双波浪线的表示意义,掌握了如何表示 1℃、如何找到数据对应的点、如何画统计图等经验。

（三）递进操作,积累方法

活动三的表格根据入学至今每次检测中优秀人数的变化情况,呈现出班级学生在计算能力方面较为薄弱的事实,让学生通过制作折线统计图,分析存在的问题,寻求解决的方法,是数学生活化的一个综合应用。这个活动既考查学生是否掌握了统计图的画法,又帮助学生联系实际解决问题。通过对实际问题的讨论和解决,学生既巩固了统计图的画法,又体会到数学源于生活、用于生活的道理,激发了学习兴趣。

本课主要由三个课内活动和一个课外活动组成。教学设计中,既要注重活动导学与目标检测的一致性,又要关注活动之间的关联性和递进性。活动一主要聚焦于合理确定纵轴的刻度;活动二是在活动一的基础上,聚焦于数据较为集中又远离 0 刻度的情况下纵轴刻度的设置及双波浪线的使用;活动三是在掌握了纵轴刻度的设置后进行的应用与分析。活动设计基于教学目标,从实际出发,针对班级学生计算能力薄弱的现状,设计由浅入深的活动,一步步推进,从具体到抽象。

学生学习是一个主动且富有个性的过程。因此教师必须合理制定教学目标,科学处理教学内容,精心设计和组织教学过程,同时从学生的问题意识、训练的有效性、评价的时效性等方面加以强化,使教学过程更规范、教学质量更高。

第三节　准备教学媒体资源

伴随着时代的飞速发展,当前的小学数学教学模式已是多媒体技术为辅助的现代信息技术教学模式。在疫情期间,数学教师们纷纷成为在线课程的开发者、在线教学的直播者、在线辅导的评价者。作为一名小学数学教师,在教学过程中必须灵活运用多媒体技术挖掘教学资源,利用多媒体的交互性、个别化、直观性等特点,架起数学与学生之间的桥梁,充分调动学生主动参与的积极性,将多媒体教学资源渗透、运用到数学教学活动中,这样学生不仅能在卓有成效的学习活动中兴趣盎然,还能通过直观形象的演示变化,加深对知识的理解和掌握。

一、制作PPT,丰富内容

数学教学中应该如何制作PPT? 一味追求PPT教学,常会出现教学走过场的现象,达不到真正的教学目的。因此,小学数学教师应根据自己的教学特点来确定如何使用PPT,使PPT为优化数学课堂教学服务。

（一）巧用PPT达成情感目标

学生学习数学的目的不是会解多少"规范"的数学题,而是能否从现实背景中"看到"数学,能否应用数学去思考和解决问题。PPT能帮助学生体验丰富多彩的知识背景,实现情感教育。

以下是沪教版五年级第二学期"正数和负数的初步认识"第一课时教学设计的片段。

案例 12

在 PPT 中渗透学科德育

本课教学目标,除了知道正、负数所表示的量的实际含义,初步会用正、负数表示简单实际问题中具有相反意义的量,体会数学来自生活实际,正确读写正、负数,知道正数前面的"＋"可以省略外,还包括了解正、负数的历史,感知我国古代数学成就这一要求。教学中,教师通过 PPT 和画外音等技术,营造渗透学科德育的氛围,有机地进行情感教育。教师在 PPT 中可以简单出示《九章算术》,并用画外音讲述:我国早在 2000 多年前的《九章算术》中就记载了"粮食入仓为正,出仓为负;收入的钱为正,付出的钱为负"的思想。随后,PPT 再出示刘徽头像,并用画外音讲述:1700 多年前,刘徽在注解《九章算术》时规定,用算筹进行计算,红色算筹表示正数,黑色算筹表示负数。在这些故事的熏陶下,学生能体会到数学的简洁美以及古人的聪明才智。

数学课中的情感教育,除了让学生在学习中体验外,很多是通过信息技术手段,让学生在一定的多媒体情境中感知、感悟,加深情感认知,具有身临其境、超越时空的优势。

(二) 巧用 PPT 引导数学思考

建构主义学习观认为,学习是一种自主自觉的活动。虽然学生要学的都是已知的知识,但刚开始这些对他们来说仍是未知的,需要每个人通过再现类似创造的过程来形成。也就是说,学生学习数学的过程不是被动地吸收课本上的现成结论,而是亲自参与知识建构的思维活动。

以下是沪教版五年级第一学期"平均数的意义"新授课的部分教学设计。

案例 13

巧用 PPT 助力新知理解

教师通过三个层次引导学生初步理解平均数的概念。

1. 引入:班级学生踢毽子比赛,男生总分 85 分,女生总分 76 分,哪队获胜?为什么?

出示两张表格。表格 1 中,男生队五位学生的踢毽个数分别是 19、15、16、20、15;表格 2 中,女生队四位学生的踢毽个数分别是 18、20、19、19。学生交流,算出男生队和女生队的平均数,得出"平均数＝总和÷个数",揭示了平均数的意义及课题,初步认识到将一组数值的总和除以这组数值的个数,所得到的数叫作这组数值的平均数。

2.辨析:女生队的平均成绩"19"与总和里的"19"表示的意义一样吗?

认识到平均成绩"19"表示一组数据的整体水平,总和里的"19"表示女生的踢毽个数。

3.建构:通过动态变化的PPT,理解"移多补少",发现平均数的取值范围。

师:为了看起来更直观,把男女踢毽子的情况放入两张条形统计图内,仔细观察这组数据的平均数位置,你有什么发现?

发现1:平均数的取值范围……

板书:平均数处于一组数值的最大值和最小值之间(不是中间)。

发现2:把比平均数多的数移到少的数上正好得到平均数。

(师PPT出示移多补少)

上述案例中,教师用课件生动地展示两张条形统计图,通过移多补少,让学生"仔细观察这组数据的平均数位置",积极思考平均数的取值范围,交流每个数据移动的变化规律,从而引发学生思考,帮助学生建构新知,达到再创造的目的。

(三)巧用PPT激发学习兴趣

《义务教育数学课程标准》(2011年版)指出:"让学生在生动现实的情境中体验和理解数学,可以帮助学生更好地理解。"创设令人愉悦的情境进行教学,不仅能提高学生的兴趣,还会激发学生主动探索未知的能动性。

低年级数学教师常利用PPT创造完整的活动情境,如组织小朋友去公园游玩,带领他们在一个个不同的场景中完成一道道数学习题,激发学生的挑战热情。

有的数学教师则在课的练习环节巧用PPT设置游戏,让学生边玩游戏边做题,达到寓学于乐的效果。

在设计和制作课件时,教师切忌贪多,追求形式上的"漂亮",而要充分考虑学生的年龄特点,恰当地选择素材,使PPT起到辅助教学的作用。另外,PPT应形象生动,能把数学教学中抽象的、不易理解的或学生不熟悉的事物直观地展示出来。教师在教学中既要有针对性地使用PPT,又要有选择性地制作

PPT,扬长避短,最大限度地发挥 PPT 的优势,进一步提高教学质量和课堂效率。

二、制作微课,突出重点

微课也称为微课程,以微型教学视频为主要载体,即教师针对某个学科知识点(如重点、难点、疑点、考点等)或教学环节(如学习活动、主题、实验、任务等)所设计开发的一种时间在 10 分钟以内、有明确的教学目标、内容短小、集中说明一个问题的新型在线网络视频课程。

当今,微课越来越受到小学数学教师的关注,成为一种比较常见的教学方式。数学微课制作,也因此成为数学教师的必备技能。很多传统教学模式带来的弊端都能通过微课来优化和解决,教师、学生不断的发展和变化也需要借助微课来完成。可见,微课的有效设计、制作和使用的确能够提高小学数学的教学质量。

(一) 精选内容,设计微课

小学数学微课设计主要是为了解决学生对重难点的理解问题,甚至也期望能够促进学生有效把握各知识点之间的联系。微课主要通过确定一个明确的主题,将与这个主题相关的信息收集起来,整合成一个个小视频。每一个小视频的专题并不相同,所以需要学生持续地去观看,从而保证学到的知识具有连贯性。当遇到不理解的知识或非常感兴趣的知识时,学生还可以重复观看或学习,这样就能有效地掌握知识,解决问题。

因此,微课内容必须精选,一般可选择小学数学教学中的重点或难点。微课设计包括简洁大方的 PPT 制作、主题明确的微课名称、吸引学生的片头、有逻辑的正文内容、有引导性的片尾等重要组成部分。

(二) 学会技术,制作微课

一堂优秀、完整的微课,不仅仅是一个视频那么简单,还要在视觉与听觉上让人感到舒服,从技术上讲文件越小越好,PPT 要简洁大方,声音要清晰响亮,微课名称要包含知识点,并点明适用对象。

制作微课既可以使用手机、数码相机、DV 等摄像设备拍摄和录制,也可以使用录屏软件录制音频或视频,形式不限。

微课中 PPT 的字体必须足够大,标题字号一般是 44 号,一级文本 32 号,二级文本 28 号,以保证微课里的文字容易辨认、识别;字体搭配要合理,可采用"微软雅黑(标题)+宋体(正文)"或"黑体(标题)+楷体(正文)";充分利用 PPT 的动画效果,尽量做到动静结合,图文并茂。

(三) 择时播放,巧用微课

微课的一个重要特点是能够有效帮助师生进行适时的交流和沟通。无论是在课前还是在课后,学生一旦遇到困惑或需要帮助,都可以借助微课向教师提出疑问。现在是网络时代,微课在互联网的巨大作用下,将教师和学生紧紧地联系起来,不仅可以帮助教师做好上课之前的准备工作,还能促进学生的课前预习及课后复习。因此,对于如何播放微课及有效运用微课,教师要根据学情和教学内容进行合理巧妙的安排。

1. 课前预习和答疑

课前预习,可提前将预习单和微课视频发给学生,学生先看视频再完成预习单,教师根据学生的完成情况进行课堂教学。课前答疑,当发现学生不理解某一个教学难点时,教师可通过群组发放微课视频,在学生学习的基础上进行有针对性的答疑解惑。通过微课做好课前预习和答疑,有利于培养学生主动学习的意识,使他们带着疑惑学习。

2. 授课时突破难点

小学数学教学并不是单纯地传授数学知识,还包括培养学生的逻辑思维能力。有了微课后,学生经过有效的预习,对即将要学习的新知识或整节课的内容有了系统的把握,同时明确了自己的困惑,那么教师在课上需要做的就是引导学生发散思维,主动去思考并解决这些问题。

以下是沪教版五年级第一学期"三角形的面积"公式转换的微课教学片段。

案例 14

微课的妙用

在学习"三角形的面积"这一小节内容的时候,教师先让学生自己针对课本上的内容进行预习,再在课上进行学习探究活动和交流展示,然后带领学生借助微课进一步学习。通过观看视频,学生明白了三角形的面积可以转换成已学过的哪些图形,以及三角形的底和高对应已学过的哪些图形。因为视频中的动画直观形象,加上此前已进行了课前预习和课中探究,所以学生在活动中遇到的困惑及时得到了解决。

当然,小学数学教学并不完全依赖于微课,但微课发挥的作用的确是非常大的。假设一节课学完了,还有一些学生感到三角形的知识难以理解,教师可采用其他办法来解决。比如,先组织班级或小组针对学生不理解的地方进行深入的探讨,答疑解惑,随后再次观看微课,使知识的理解更加深入。

3. 授课后提升思维

在一节课结束后,教师可向学生布置观看微课的任务,目的是让学生能够将课上学习的知识进行深化和总结,并自己进行提炼。授课后观看微课,有助于学生形成自己的数学结构体系,进一步提升思维水平。

通过实际的应用可知,微课在小学数学教学中发挥着非常重要的作用。无论是在上课前还是在上课后,微课的使用都能提升学生的学习效果,学生的学习态度、对数学学习的积极性,以及整个班级的学习氛围都会发生明显的变化。不过,凡事都有两面性,微课也存在一些问题,所以我们要客观看待微课的使用,比如应考虑学生的身心特点,微课制作的时间投入给教师带来的压力,学生观看微课时的环境、习惯及思维投入等。

三、找准资源,建立联系

《义务教育数学课程标准》(2011年版)指出:"数学课程资源是指依据数学课程标准所开发的各种教学材料以及数学课程可以利用的各种教学资源、工具和场所。"开发和利用数学课程资源是数学课程实施的重要组成部分。因此,我们在教学时要利用各种有价值的教学资源开展教学活动,使课堂焕发出生命的活力。小学数学课堂教学常用的资源包括教材配套媒体资源、学生熟悉的数学资源以及与数学课相关的网络视频资源等。在教学设计时,教师应该联系学生的生活实际,善用、巧用教学资源,使其为有效课堂教学服务。

（一）善用教材配套资源

叶圣陶先生说:"教材只能作为教学的依据,要教得好,使学生受益,还靠教师的善于运用。"灵活运用教材配套资源,才能使教材为教师所用,充分发挥教材的潜在优势。教师只有以"学生如何学"为着眼点,让教材更好地服务于教学,教学才能充满生机与创造力,学生才会想学、乐学、会学,获得可持续发展。

小学数学教材配套资源有教科书、练习册、教学参考资料、数字教材、课件视频资源包以及各种教学参考用书等,这些配套资源能够使教师站在前人的肩膀上进行学习、研究和实践。教师善于挖掘、运用教材配套资源,是有效进行数学教学不可忽视的因素之一。

（二）巧用学生熟悉的资源

教师要经常有意识地挖掘和利用学生身边的教学资源,使数学课堂变得生动、活泼。

教师在教学中应时时关注学生的生活经验和学习体验,在课前捕捉贴近学生生活的素材,选取学生熟悉的人、事、物,把学生置于现实生活的问题情境中,使他们感受到数学和生活的密切联系,不断诱发和保持自主学习的兴趣。

下表为沪教版四年级第一学期第六单元"整理与提高"的教学内容设计,教师结合学校的"鸟文化"特色进行了校本化处理。

表3-2　单元内容资源安排(部分)

课题名称	主要内容与设计亮点	主要资源	课时
大数与凑整	以旅鸟的灭绝引入,从50亿只到最后一只死亡,灭绝,体会数量的巨大变化,引出大数;50亿不是一个准确的数据,是一个近似数,引出凑整。揭示课题:大数与凑整。 同时以鸟的灭绝引起学生对鸟类等动物及生态保护的重视。	旅鸟的资料	2
数射线上的分数	以上海市各类常见鸟的比例引入,看看哪一类鸟比较多。引出分数墙和数射线上的分数,通过比较各分数的大小,复习分数的比较以及同分母分数的加减法。	上海市各类常见的鸟	1

（续表）

课题名称	主要内容与设计亮点	主要资源	课时
数学广场——通过网格来估测	通过观看东滩拍到的鸟类的图片,估测鸟的数量,引出网格法估测,学习用网格法对较难数清的对象进行估测的方法。引出东滩鸟类自然保护区鸟的数量极多,是鸟类生活的理想之地,同时培养学生爱鸟护鸟的意识。	群鸟飞翔、休息的图片	1

教师结合学校特色,巧用学生身边的学习资源,让学生的学习材料生活化,将课堂延伸到学生的生活中,相信学生会学得特别认真,表现也会相当积极。

（三）利用网络媒体资源

美国的一位著名教育学者认为:"网络化教育是各国 21 世纪教育的重要手段。"发挥网络化教育优势,构建充满生命力的课堂教学体系,是我国当前课程改革的重要举措。小学数学教师也要把学生的个人知识、直接经验、生活世界、网络资源看成重要的课程资源,帮助学生在新的学习方式下更好地发展。除了将计算机和网络引入数学课堂,用学生喜爱的动画形象、电脑游戏来组织学习外,教师还要善于挖掘丰富的网络资源,使其为教学所用,从而"唤醒学生沉睡的潜能,激活学生封存的记忆,开启学生幽闭的心智,放飞学生囚禁的情愫"。

以下是沪教版四年级第一学期"大数的认识"复习与整理的教学片段。

案例 15

线上线下资源融合,引发学生深层思考

课前播放漂泊鸠或旅鸽的视频故事,这个"比鸽子略大的长尾巴飞禽"曾拥有 50 亿只的庞大族群,在被大规模商业利用之后不到一个半世纪就彻底灭绝了。

师:同学们,刚才我们观看了一个有关鸟类灭绝的视频,在这个故事中用了哪几个数字来表示旅鸽的只数?

生:20 亿只,10 亿只,50 亿只。

师:这三个数是前面我们学习的什么数?

生:大数。

（师根据学生回答板书）

师：那这三个数是确切的数（精确值）吗？

生：不是，是一个大概的数字。

师：因为鸟类不像我们人类通常在一个地方定居，鸟类会迁徙，很难统计出较为准确的数量，所以这三个数都是凑整出来的，是一个近似数。

揭示课题：所以今天我们要一起学习的就是大数与凑整。

上述案例中，教师通过引入有关旅鸟灭绝的故事，激发学生的学习兴趣，不仅引发学生思考"为什么鸟类会灭绝"，还潜移默化地培养学生爱鸟护鸟、保护环境的意识，使他们体会到数学与生活的联系。

结合学生熟悉的日常用品、喜欢的影视节目等去寻找数学学习的切入点，用各种教学手段将学生的生活资源呈现在课堂上，不但能真实地展现数学课本上的内容，缩短文字与现实的空间距离，而且能更好地引导学生体验数学的生活化，加深对新授知识的理解，感受数学运用的真实性，体会到"数学来源于生活，又服务于生活"的宗旨，从而使学生激发主动探究的欲望，将数学知识回归生活，主动建构相关的数学知识。在这一过程中，学生能从多角度提出问题，理解并解决问题，归纳总结和应用意识得到了发展。

第四章 修炼有效教学的能力

能上出有效的数学课,即能上出好课。每一位小学数学教师都希望自己能上好课,而不只是能上课。教师要想上好课,除了拥有敬业爱生的师德,具有乐观的性格、包容的心胸、广泛的阅读、丰富的阅历等个人素养外,还要具备上出有效的数学课的多方面技能和专业水平。

案例 1

谁更会教学生

【教师一】

师:$0.5x=1$ 是一个关于求积的方程,未知数 x 充当的是一个因数,因数等于积除以另一个因数,$x=1\div0.5$,$x=2$。大家记住公式"一个因数等于积除以另一个因数",便能够很快算出答案。

【教师二】

师:$0.5x=1$,解方程的结果应该是什么样子呢?

生:$x=?$

师:把这个 $x=?$ 与 $0.5x=1$ 对照一下,你发现了什么?

生:去掉 0.5,把 $0.5x$ 变成 $1x$。$1x$ 就是 x。

师:还有别的办法吗?

生1:用除法,$0.5x=1$,$x=1\div0.5$,$x=2$。

生2:用乘法,$0.5x=1$,$0.5x\times2=1\times2$,$1x=2$,$x=2$。

生3:用加法,$0.5x=1$,$0.5x+0.5x=1+0.5x$,$x=1+0.5x$。(但这种方法显然循环,算不下去)

通过对比发现,第一位教师直奔主题,通过讲解告知学生,这是大部分教师的普遍教法,时间短,收效快。但是这样做的结果是:学生没有学习体验,没有在个人情感与数学题目之间建立感应,只是被动地接受学习。师生都缺少智慧,缺少创新,这与新课程理念是相违背的。教材只是固定模式,教师应该越过固定模式寻找多种解题途径,这样才能让学生享受到学习数学的快乐。

同样是"1÷0.5",第二位教师的思路截然不同,目的性更加明确。该教师从解方程的"技术"角度出发,让学生通过一定的手段,把未知数 x 的系数变成1,这是关键。第一位教师则没有做到这一点,所以我们只能说他"教会"了学生,但不能说他"会教"学生。

在教学活动中,教师应倾向于让学生在主动探索、发现之后自己建立知识联系。教会学生,不等于会教学生。教师不仅要注重结果,更应重视思维的过程、思维的多样化和愉悦性,这也是能上课和上好课的区别。

第一节　讲解追问,引人入胜

讲解清晰和善于发问是数学教师上好课的前提。教师通过精心设疑、提问,让学生思考、回答,不仅能充分开启学生的心智,使学生的思维处于高度兴奋状态,学到的知识印象深刻、记忆牢固,还能调动学生学习的积极性。在学生精神涣散时,教师可通过提问使学生集中注意力。教师把握好引导的最佳时机,灵活运用引导的各种方法,可以让引导发挥最大的作用,让数学课堂更加完美,达到优化教学的目的。

一、教师表达思路清晰

教师会上课、上好课的前提,一是必须熟知数学课堂教学内容,做到心中有目标、活动有重点,基本概念和核心内容必须解释准确、表达清晰,能够将抽象的教学内容转换为有助于理解概念、解决问题的学习活动,二是必须建立数学教学结构,能够有条有理、由简到繁地呈现教学内容,善于建立新旧知识的联系,围绕核心内容提供实例和证据,设计有意义的课堂反馈训练或练习,最后适时概括学习要点,做到简明扼要、突出重点。

除此之外，教师还应在教学的引、探、练、结环节中做到引人入胜、精导妙引、结尾无穷。

第一，引人入胜。"引"指的是引出课题、进行指引。"入"是让人处于某种状态或境界。"引"是手段，"入"是目的，体现了教师为主导与学生为主体的和谐统一。引人入胜指的就是在一节课的起始，教师根据教学目标创设情境，引导学生对某一内容产生学习兴趣。俗话说："好的开始是成功的一半。"所以，一节课是否优秀，要看是否有一个引人入胜的开头。

第二，精导妙引。"精导"即精心指导，"妙引"即巧妙引领。精导妙引就是在一节课的探究环节，教师运用各种有效的手段和方法，对学生的尝试、问答、讨论、练习等学习活动给予精心指导、巧妙引领，目的是掀起学习高潮，调动学生的积极性和主动性，促进课堂教学目标的实现。所以，一节课是否优秀，要看是否有一个教学高潮。

第三，结尾无穷。也就是在一节课的练习和结束环节，教师不仅要引导学生对本节课进行总结、升华，还要激发学生对相关内容或问题产生继续学习的欲望，促使他们在课后主动收集信息、解决问题。结尾的艺术在于要将教学小课堂带入后续新知识的海洋，将最佳效果从课堂辐射到生活，达到余音绕梁、回味无穷之境界。所以，一节课不仅要有一个引人入胜的开头，还应有一个回味无穷的结尾。

二、教师提问准确有效

运用问题组织课堂教学是教师常用的教学方式。许多教师都善于运用问题激发学生的思维，并有效地组织学生进行学习活动。

（一）问题出示清晰，指向明确

由于目前很多家常课中还充斥着大量的无效问题，因此学生的思维活动经常处于低效状态。要提高课堂教学的有效性，核心问题的提炼是课的关键。

我们发现，课堂教学中核心问题的提炼和实施并非易事，其中体现了教师对经验的反思、对教材的解读、对知识的挖掘、对学情的捕捉，这些都是提炼核心问题的线索和依据。

案例 2

指向不明的课堂发问

在教学"长方形面积练习"时,教师首先出示主题图。

师:你们看到了什么?

生1:一个长方形的大广场。

师:还有什么?

生2:中间有个小花坛。

师:嗯,不错。还有呢?

生3:广场的长是30米,宽是20米。

师:真好!还有什么?

生4:中间那个花坛是个长方形,长是3米,宽是2米。

师:观察得真仔细,还有谁要说?

生5:那个大广场上有很多瓷砖。

师:是啊,你们再看一看,还能发现什么?

生6:瓷砖的长是0.3米,宽是0.2米。

师:你的眼力也很好,还有什么?

生:……

师:再仔细看看?

生:……

教师"启发"了半天,学生无动于衷。最后教师只得自己问:"这三个长方形的长之间有什么关系?同学们看出来了吗?"

为什么会出现上述这种情况?原因在于教师的问题没有针对性。显然她很想让学生先说出三个长方形的长之间有什么关系,继而说出宽之间的关系,最后说出面积,由此导入对新课的探究,然而由于提出的问题太宽泛,学生被问得"哑口无言",不知教师到底想要什么。案例中的这位教师忽视对问题的精心设计和组织,提问没有针对性,出现低效提问甚至无效提问的现象。

问题是教学的载体,它推动着课堂教学的进程。然而在目前的小学数学课堂教学中,关于问题的探索仍然不容乐观。分析发现,无效问题的主要症结如下：

一是问题过小。教师提问应该"大气"，提的问题不能太小，那种答案显而易见、一问一答式的问题要尽量减少。问题太小，留给学生的只是狭窄的思维空间，学生往往不需要深入思考，就可以轻而易举地获得答案。这样的提问非但不能促进学生的思维，反而容易使学生产生思维上的倦怠，降低思维品质。

二是问题随意性强。教师应该围绕教学目标精心设计问题。有些教师提问的随意性很大，问题与教学内容毫无关系，或者关系不大，看似活跃了课堂氛围，实则分散了学生的注意力，浪费了教学时间。也有一些教师的提问缺乏指向性，给学生的思考造成了困难，学生也不知如何回答。正如一些学者指出："一些教师在课堂提问时随意性较强，只求数量，不求质量，对学生的思维活动没有产生任何训练的效果，只是徒增了课堂表面的热闹气氛。"

三是问题过于简单。一些教师由于没有深入解读教材，对教学内容的理解比较浅显，因而设计的问题浮于表面，学生不需要动脑筋思考就能回答出来，这样的问题对学生的学习没有任何帮助，长此以往，反而会影响学生的高层次思维。

四是问题与目标不一致。一些教师在设计问题时，往往不去考虑自己制定了哪些教学目标；有的教师即使关注到了教学目标，也无法把教学目标转化为教学问题，导致问题与目标不一致。

小学数学课堂上问题简单、问题多、问题随意性强以及问题与目标不一致等现象，导致学生思维水平下降，最终影响了教学质量。教师应该提炼核心问题，用核心问题去统领课堂教学。

（二）问题铺垫精准，吻合认知

课堂教学中的核心问题一般都要与准备达成的教学目标相一致，因此教师要尽量创设直接指向核心问题的情境。在提炼核心问题时，教师应关注辅助问题的设计；当问题杂而乱时，要在讨论中梳理出核心问题，以此为基础开展课堂教学，引导学生提出高质量的问题，达到促进学生思维的目的。

1. 围绕教学目标，整体设计系列问题

苏格拉底说："优秀教学的本质在于那些组织得恰当的问题。"问题设计要与教学目标相一致,也就是说要紧紧围绕教学目标,避免随意提问和无关提问。

以下是沪教版四年级第二学期"折线统计图"教学过程中教师提出的问题链。

案例3

如何形成"问题链"

"折线统计图"一课的教材编排目的是"让学生认识折线统计图,了解折线统计图的基本结构,体会折线统计图的特点,会用折线统计图表示数据,并能进行简单的分析"。在此之前,学生已经学习了条形统计图,之后还将学习扇形统计图。在对这部分教材进行研读后,教师将这一课的核心问题确定为"点已经能表示数量的多少,为什么还要连成线"。

在提出这个核心问题之前,教师需要先让"点"和"线"出现,让学生知道点的作用。因此,教师设计了两个问题,第一个问题是在出示生活中常见的一些折线统计图后提出的。

问题1:在这些折线统计图中,你能发现什么?

学生回答后,梳理得到点和线。紧接着,教师提出第二个问题。

问题2:这些点能告诉我们什么?

在提出核心问题后,还要解决一个画折线统计图的问题,因此教师设计了第三个问题。

问题3:你会画折线统计图吗?你准备怎么画?

可以看出,辅助问题的提出,让核心问题的出现顺理成章,同时也让核心问题得到很好的发展与提升。核心问题下的三个辅助问题使问题设计具有整体性,问题由浅而深,逐个提出,逐个深入,学生的思维被激发,新旧知识得到了贯通和联系。

2. 借助数学情境,巧妙引出核心问题

要使学生提的问题直接指向核心问题,情境创设非常重要。在实际教学中,教师应该以思维引导为核心,创设多样化的数学情境,巧妙引导学生提出核心问题。

以下是沪教版五年级第一学期"小数应用——水、电、天然气的费用"的教学片段。

案例4

如何引出核心问题

"小数应用——水、电、天然气的费用"一课的教材编排目的是"通过学生在日常生活中熟悉的水、电、天然气的费用账单,解决有关小数乘、除法运算的一些简单的实际问题"。教学过程中,教师将"本月应付总金额多少元"作为核心问题。

1. 教师出示空白水费账单。

表1　崇明自来水公司　2020年11月

缴费项目	上月抄见数	本月抄见数	用水量(m³)	单价	金额(元)
供水费					
排水费					
本月应付水费					
上月结转零头		实付总金额			
本月结转零头					
备注					

2. 教师引发提问:这是一张自来水公司的空白水费账单,你觉得我们最终要解决的是哪个问题?

3. 学生提出多个问题后,教师梳理出核心问题:本月实付总金额是多少元?

教师呈现的是一张改编过的空白水费账单,比教材上提供全部填满只缺"实付总金额"的账单更有挑战性,不仅能激发学生学习的兴趣,还能提升学生提出核心问题的能力。

如果一节课的核心问题过于抽象和唐突,不妨借助辅助问题进行铺垫与过渡,让学生体会到"跳一跳摘桃子"的快乐。

以下是沪教版五年级第二学期"几何小实践"单元复习课中的问题设计与实施。

案例 5

辅助问题的妙用

教师首先在课前梳理出以下两个核心问题：

(1) 这一单元有哪些内容？如何进行单元整理？

(2) 怎样才能正确计算长方体、正方体的表面积和体积？

第一个问题学生很容易就能提出来，第二个问题对学生来说则很有难度。反复思考后，教师设计了下列辅助问题。

师：在这单元中，我们容易混淆或比较薄弱的地方在哪里？

根据学生回答进行板书：长方体、正方体的体积与表面积

师：针对这些不足，我们迫切要解决的问题是什么？（引导学生提出问题）

生：怎样才能正确计算长方体、正方体的体积与表面积？

就这样，教师引出了这堂单元复习课的第二个核心问题，这样的引导非常自然、流畅。

由此可见，当学生难以根据学习内容提出核心问题时，教师要做好铺垫，设计一两个直指核心问题的辅助问题，让核心问题呼之欲出。

3. 突出学习重点，聚焦梳理核心问题

一堂课上，教师不可能逐一解答学生提出的所有问题，这就要求教师对问题进行取舍，从众多问题中选择核心问题进行教学。比如选择起提纲挈领作用的问题，选择体现教学价值取向的问题，选择能激发学生独特体验的问题等。

以下是特级教师潘小明老师执教"长方体、正方体的表面积"的教学片段。

案例 6

如何梳理出核心问题

一开始，教师出示课题"长方体、正方体的表面积"，放手让学生自己提出问题。

师：看到这个课题，你想到了哪些问题？

生1：表面积是什么？

生2：表面积是几维的？

生3：表面积怎么计算？

生4:表面积与面积有什么区别?

生5:学习表面积有什么用?

生6:表面积的单位是什么?

生7:除了长方体、正方体、还有哪些物体有表面积?

生8:表面积与体积有什么区别?

生9:为什么要学习表面积?

在了解学生的问题后,教师引导学生对上述问题进行梳理,聚焦问题并板书:

(1)什么是表面积?

(2)怎样计算表面积?

(3)学习表面积有什么用?

最后,教师围绕这三个问题展开教学并逐一解决。

显然,这三个问题就是这节课的核心问题,具有一定的层次性和逻辑性。

由此可见,当教师把提问的权利还给学生后,学生会一下子提出很多问题,这些问题是凌乱的,无层次性和逻辑性,其中既有核心的问题,也有浮于表面的问题,这时教师要根据学习重点对问题进行梳理。在上述案例中,学生一共提出了九个问题,如果逐一解答这九个问题,往往既抓不住教学的重点,又浪费大家的时间与精力。因此,教师梳理板书是相当重要的。

(三)注重发问技巧,面向全体

除了通过设计核心问题引导教学目标的达成外,教师还要关注全体学生,关注不同的教学组织形式,关注活动背后学生真正的成长。

1. 核心问题引领教学形式

问题导学要突出问题设计的开放性,同时还要做到面向全体学生。面对不同的教学组织形式,开放性问题会呈现出不同的效果。

以下是两位教师分别执教"两位数乘一位数"进位乘法的教学片段。

案例7

哪种学习更有效

第一位教师提出开放性问题后让学生以小组为单位解决,第二位教师提出开放性问题后让学生自己尝试解决。

【教师一】

1. 复习

教师出示：23×3＝

2. 新授

（1）教师请学生以小组为单位，将算式23×3＝中任意改动1—2个数字，使它成为积有进位的乘法，并填写在练习纸上。

（2）教师提出问题：你们能计算出它们的积吗？

（3）全班共有10个小组，每小组4人，学生以小组为单位开始活动，组长动笔填写，其他组员观看，教师巡视后发现结果如下：

26×2＝52　23×4＝92　23×9＝207　27×2＝54　23×8＝184

25×2＝50　53×2＝106　93×2＝186　63×2＝126　23×5＝115

计算全都正确，教师相当满意。

【教师二】

1. 复习

教师出示12×3＝，引导学生计算并说说计算过程。

2. 新授

（1）教师把题目12×3＝改成17×3＝，并提出问题：17×3等于多少？让学生尝试独立解决。

（2）在学生尝试计算时，教师下去巡视，把学生不同的计算情况回收上来，以并联的形式呈现在黑板上。

下面是教师捕捉并呈现出来的学生典型的基础性教学资源：

①17×3=31　②17×3=51　③17×3=321　④17×3=51

$$
\begin{array}{r} 17 \\ \times\ 3 \\ \hline 31 \end{array}
\qquad
\begin{array}{r} 17 \\ \times\ 3 \\ \hline 51 \end{array}
\qquad
\begin{array}{r} 17 \\ \times\ 3 \\ \hline 321 \end{array}
$$

④ 10×3=30
7×3=21
30+21=51

同一个教学内容，同样的开放性问题，出现了不同的结果。究其原因，是因为两位教师采用了不同的教学组织形式。前者组织学生以小组为单位进行探究,活动中由组长(多为优秀学生)填写,组长充满自信,充分发挥想象力,而组员则是旁观者,因为组长代替了组员的思维,所以学生的问题和差异自然无法暴露。后者首先让学生独立尝试,暴露出学生思维中的问题,接着努力发现和关注这些问题,并把它们呈现在黑板上,以此了解学生思维过程中的障碍。在笔者看来,这才是比较真实有效的数学学习。由此可见,核心问题引领下的学习是否有效,与教师采取的教学组织形式密切相关。

2. 合作交流促进问题解决

在教学中,我们既要展示学生问题解决的过程,又要暴露学生的思维过程,在此基础上引导学生主动参与多向的师生评议互动,共同寻找问题解决的途径,在合作交流中学习新知。在学生进行评议时,教师不仅是一个倾听者,还是一个参与者,要对学生的评议作出恰当的、有质量的回应。

以下是沪教版五年级第一学期"小数应用——水、电、天然气的费用"的教学片段。

案例 8

在暴露思维的过程中解决核心问题

教师在出示电费账单后,请学生解决以下问题:这个月开票实付多少钱?

表 1　小亚家的电费账单　2020 年 11 月

上月抄见数	本月抄见数	倍率	用电量 (千瓦时)	单价	金额(元)
855	975	1	120	0.617	
321	371	1	50	0.307	
上月结转零头	0.00	本月结转零头		抵扣往月 预存电费	0.00
本月应付电费		本月开票实付电费			
本月开票 实付电费大写					
备注					

1. 黑板展示学生的解题过程

生 1：$120 \times 0.617 = 74.04$（元）　　生 2：$120 \times 0.617 = 74.04$（元）

$\qquad 50 \times 0.307 = 15.35$（元）　　　　　$50 \times 0.307 = 15.35$（元）

$\qquad 74.04 + 15.35 = 89.39$（元）　　　$74.04 + 15.35 = 89.39$（元）

$\qquad\qquad\qquad\qquad\qquad\qquad\qquad\quad 89.39 - 0.09 = 89.30$（元）

生 3：$120 \times 0.617 = 74.04$（元）

$\qquad 50 \times 0.307 = 15.35$（元）

$\qquad 74.04 + 15.35 = 89.39$（元）

$\qquad 89.39$（元）≈ 89.40（元）

2. 评议互动

教师请学生以同桌为单位对黑板上的三种解题过程展开讨论。讨论的问题是：你能看懂他们的解题方法吗？你认为他们做对了吗？为什么？

在学生互动的基础上，全班交流并讨论。

生 1：我认为第一个同学是做对的，$120 \times 0.617 = 74.04$ 元表示白天的费用，$50 \times 0.307 = 15.35$ 元表示晚上的费用，加起来就是开票实付的电费。第二个同学是做错的，为什么最后还要减去 0.09？第三个同学四舍五入了，题目没有要求我们四舍五入。

生 2：我不同意，我认为第一、第二个同学是做错的，第三个同学是做对的。

师：意见不一致，能说说你的理由吗？

生 2：89.39 元是本月应付的钱，问题是求开票实付的费用，实付的费用是付到角的。（学生联系生活实际）

师：有道理，在电费账单上，实际付费是精确到角的。（教师不急着发表意见）

生 3：我认为第一、第三个同学是做错的，第二个同学是做对的。我们刚才学过水费账单，涉及结转零头的问题，本月应付 89.39 元，因为实付的费用是付到角的，所以 9 分算到下一次的账上。

师：你们觉得他说得对吗？（教师把问题抛给学生）

生 4：我同意他的说法，9 分作为这个月的结转零头。

师：讲得真好！老师非常赞同你的分析，你们听明白了吗？

以上问题解决的过程体现了生生、师生之间的有效互动。在教学中，面对学生提出的三种不同的解题方法,教师并不急着讲解,而是通过同桌和全班学生的讨论与交流,通过师生、生生之间的思维碰撞,使学生不仅解决了思维过程中的障碍,还学会了电费结算的方法,教学呈现出一种真正开放的状态。

三、教师评价精练亲和

学生只有在和谐的氛围中,在教师的耐心等待中,才能充分暴露自己的思维,有效展示自己的思想。教师应以和善的表情、亲切的口吻与学生互动,营造轻松愉快的学习气氛,通过展示小组合作学习成果,激发团队的荣誉感。当教师对每位学生的问答都给予不同的点评时,学生就会感受到被重视的快乐。

以下是沪教版五年级第二学期"估测(2)"的教学片段。

案例 9

在即兴评价中融洽师生关系

师:都完成了吗?好,那我们来听听小伙伴们是怎么说的。

生:先数整格的有 22 个,再数大于或等于半格的有 16 个,合在一起共 38 个,所以这个图形的面积大约是 38 平方厘米。

师:嗯,同学们都做对了吗?小伙伴们把数格子估测图形面积的方法介绍得很具体,那么还有其他估测这个图形面积的方法吗?今天我们继续学习面积的估测。同学们是不是已经想到了其他的估测方法?好的,我们先来听听小伙伴想到了什么方法。

生:这个图形像三角形,可以把这个图形近似地看作三角形来估测它的面积。

师:是的,它的形状看上去像三角形,可以把它近似地看作三角形,然后估测出它的面积,同学们都听懂了吗?

生:明白了,就是在这个不规则图形上先画出与它差不多的三角形,然后找到三角形的底和高,最后计算出面积,就可以估测出原来不规则图形的面积,你们说对吗?

师:大家有没有听明白小巧的话?

生：我也是这样想的，不过我要提醒大家在画三角形时应该尽量与原来不规则图形的大小差不多。

师：小巧说得非常好，可以用这样的方法估测出这个图形的面积。小丁丁提醒得也很周到，这样计算出的三角形面积与原来不规则图形的面积更接近。请同学们按照估测方法来算一算。好，翻到数学书第 7 页。请同学们填写在数学书上。

学生独立思考。

师：完成了吗？来看看小胖是怎样想的。你们看这样对吗？

生：我先把它近似地看作三角形，画出三角形后找到底，数出 10 格，每格的边长是 1 cm，也就是 10 cm，再找高。高是 7 格，就是 7 cm，代入公式 $S=ah\div 2$ 得出 $10\times 7\div 2=70\div 2=35$ cm^2，所以这个图形的面积大约是 35 平方厘米。

师：小胖思路清晰，书写规范。同学们，你们也是这样做的吗？小亚也有想法要和我们分享，一起来听听吧。

生：我的不一样可以吗？我画的三角形底是 11 cm，高是 7 cm，代入公式得出 $11\times 7\div 2=77\div 2=38.5$ cm^2，所以这个图形的面积大约是 38.5 平方厘米。同学们，你们觉得呢？

师：是呀，小亚和小胖的估测都是可以的。他们把原来的不规则图形转换成了大小接近的三角形，还把底和高标在三角形上，这样就不会看错数据。同学们在做题时也要像他们这样哦。同学们，现在你们会估测这种不规则图形的面积了吗？

生：我知道既可以用数格子的方法，也可以先把它近似地看成学过的平面图形，然后求面积。

师：小巧把估测面积的两种方法进行了总结，小胖有什么补充吗？

生：对，这两种方法都可以用来求不规则图形的面积，选择的估测方法不同，得到的结果也可能不同。我觉得第二种方法只适用于不规则图形与学过的图形形状比较相似的情况，你们觉得对吗？

师：小伙伴想得很深入，把方法的适用范围也进行了总结，下面听听小亚想说什么。

生：有道理，还要注意画的近似图形应该尽量与原来不规则图形的大小接近,这样得到的面积才更准确。

师:对呀,把不规则图形近似地看作学过的图形也是很重要的一环哦,小伙伴们真棒,又学会了一种估测不规则图形面积的方法,并知道根据图形的特点选择合理的方法,一些注意点也讲解得很清楚。同学们,你们都学会了吗? 下面我们一起来练习。

对于学生的回答,上述案例中的教师都能带着欣赏作出不同的评价。"小巧说得非常好""小胖思路清晰,书写规范""小伙伴想得很深入""小伙伴们真棒"等点评都是那么自然流畅,让学生听了如沐春风,不仅拉近了师生之间的距离,还激发了学生参与学习的积极性。

第二节　引导学习,激发参与

在引导学生学习时,教师要循循善诱,围绕教学重点,促进学生积极参与。新课程改革以来,尽管理想和现实还有一定差距,但数学教育理念、课堂教学方式、教学评价机制确实发生了不可忽视的变化。教师讲学生听、死记硬背、机械训练、单一的接受性学习现象明显减少了,学生自主学习、相互协作、主动探究的现象在如今的数学课堂随处可见。学生的学习过程更多地成为发现问题、提出问题、解决问题的过程,成为师生、生生不断对话、交流的过程。

一、创设情境,激发兴趣

教师在课堂教学中,应积极创设贴近生活的情境,适时提供学习小妙招,激发学生的参与热情,给予大多数学生成功的体验。不管是新授课还是练习课、复习课,教师的作用在于创设各种学习情境,激发学生积极参与,在教授方法的基础上,让学生尝试运用方法,体验自主掌握知识的快乐。

案例 10

复习小妙招

复习是唤醒学生记忆、将知识串珠成链、提高学生运用知识和技能的必由之路。然而,复习的过程是枯燥乏味的,学生很容易感到疲惫,那么,如何改进复习策略,让学生充满信心、饱含热情地投入复习呢? 有一位教师想到了以下小妙招。

一、复习时用彩笔作答

在复习课上,教师可以让学生采用彩笔作答的方法自己复习。比如,蓝笔针对自我感觉容易的题目、自己非常熟悉的题目或记忆比较深刻的题目,黑笔针对的是需要查阅资料的练习、需要教师点拨的题目或自己要费力解答的练习,红笔针对的是经常出错的题目、经常弄混的练习或理解起来非常困难、订正也无法奏效的题目。

二、开卷复习并自拟习题

在复习课上,学生经常提不起精神,觉得复习与自己无关,这时教师应该让学生意识到复习是他们自己的事情。

1. 开卷式训练

可以给学生提供一张复习卡,供他们在复习课上使用。学生可以查阅、翻看教科书或参考资料,将自己不理解或记忆不深的内容写在复习卡上,作为解答题目时的参考资料。

教师提出复习要求后,学生们忙得不亦乐乎:有的翻看教科书,一一排查概念是否记牢,发现记忆比较模糊的内容,先在其他纸上记录下来(因为担心要记的东西太多,复习卡又太小,导致自己最需要的内容不能带到课堂上);有的忙着找训练题中的错题或自己不太理解的习题;有的小声议论老师可能会出什么题……大家学习热情高涨,集中精力查、找、记等。

2. 让学生出题

让学生出题,能使他们在紧张有趣的氛围中自觉地融入整理与复习。

在复习小数这部分内容时,教师宣布:今天这节课由同学们自己根据小数的知识拟一份试卷,看谁出的题目有水平,能够难倒其他同学,也能够难倒老师。

随后,学生自主尝试完成一份能够难倒同学或老师的试卷。

三、找目标复习

复习中,教师还可以采用"许愿"策略,让学生明确整理与复习所要达到的目标,帮助学生树立强烈的责任意识和目标意识。首先,指导学生分析自己的学习情况,综合分析每一个单元的学习状态,感受复习中的变化,从宏观上把握自己。其次,提出适度的指导意见,让学生反复审视教师的期望,激发学生努力拼搏的勇气。再次,引领学生结合学习目标对新学知识进行剖析,实现突破,提高学习水平,取得理想的成绩。

教师创设教学情境的目的,是让学生主动学习,积极思考,从而有效地达成教学目标。上述案例虽然是一节复习课,但我们也能从中得到一些启示。

（一）教会方法,激发参与

教师只有引导学生学会学习,学生才能体验到学习的快乐,从而更主动地参与到新的学习探究活动之中。上述案例中,学生通过用彩笔作答,能够形成一种认知上的自我判断,从而知道自己复习的主攻方向,把更多精力放在那些似懂非懂的训练题上。教师在复习中应更关注学生用黑笔作答的一类题目,多研究与其相关的习题,提炼基本的思想方法,训练对应的知识与技能。学生可以反复挑战用红笔作答的训练题,提醒自己要注意这类习题的解答与思考,反复推敲这类题目的考点,通过多次强化练习,提高对这类习题的敏感性,达到理想的复习效果。

学生利用彩笔作答,也为教师的复习预设提供了极有价值的信息,促使教师更多地关注学生用黑笔和红笔作答的题,对复习的重点进行必要的调整,精选学生感到困难的习题,从而提高课堂指导的实效性,为高效复习奠定基础。探究用黑笔和红笔作答的题目,不仅是一种化难为易、化多为少的科学的用脑方法,还是促进学生思维发展的有效途径,更是帮助学生有效复习的制胜法宝。

这样做不仅可以帮助学生查漏补缺,还可以在保护学生学习自信心的基础上,为他们提供不同的起跑线,让每一个学生都能"吃饱、吃好",正视不足,努力进步。

（二）自主探究,促进参与

教师只有善于引导学生在自主探究中尝试,学生才能更加积极地参与到学习之中。上述案例中,教师通过开卷训练、自拟习题、心愿达成等多种途径,激发学生参与学习的热情,在不断的激励和递进的活动中,促进学生自主能力的提升。

为学生提供复习卡的策略,有效地促进了学生自主梳理知识、集中复习的意识,并使学生在不断的演练中知道复习的意义与价值。

将命题的主动权交给学生,看似是一种冒险的做法,实则是帮助学生学会梳理、分析知识的好办法。在有竞争、有压力的情况下,学生就会积极地复习、梳理知识,并想办法从不同的角度去谋划、去构思,从而使自己的思维得到训练,数学素养得到提升。

(三)反思改进,主动建构

教师只有善于设计多样的学习活动,引导学生在自主探究中反思改进,学生的学习才有可能真正发生。上述案例中,教师让学生自主命题出卷,也是对学生反思能力的一种训练,学生在出题的过程中,既要反思自己对知识的掌握情况,又要把自己平常易错的题目拿出来考同学,还要比谁出的题目有水平,能够难倒其他同学和老师。这种方式能够引发学生自我反思,不断积累知识,完善认知结构,从而有能力面对后续学习,有信心面对各种检测。

二、精心组织,引导探究

要想激发学生积极参与,教师在教学过程中除了讲授以外,必须采用多种教学方法,为大多数学生提供参与学习活动的机会,在组织小组合作学习中促进学生的互动。

针对小学低年级学生年龄小、识字量少、动手能力弱等特点,教师可围绕教学目标设计有效的探究活动,选择实用的工具和材料,通过合作学习、动手操作,让学生在活动中学数学,充分发挥其主体性,满足不同学生的需求,让他们参与到数学活动中,体验数学知识的形成过程,达到"不同的人在数学上得到不同的发展",这是小学低年级数学课堂活动导学有效实施的基本途径。

以下是一位教师整理的几点建议。

首先,避免课堂假热闹。在寻求教学互动的时候,可能会出现课堂无章的现象。在这样的课堂中,教师往往显得窘迫无奈,学生往往收获甚少。由此可见,教师对教学过程尤其是教学互动的调控尤为重要。

其次,调动参与积极性。小学低年级学生年龄较小,专注力和坚持性还不够,若要求他们在类似自主探究、小组交流、做题巩固等模式中强化练习,孩子们势必会感到比较疲劳,甚至渐渐失去对数学学习的兴趣和信心。因此,教师应该在调动学生学习数学的积极性上多下功夫。

再次,体现差异分层性。即使是同一班级的孩子,每个人个性上的差异也是非常明显的。比如同样做一个练习,有的学生很快做完,有的学生却比较拖拉,动手晚且注意力不集中,还有一部分学生迟迟不肯落笔。开始交流了,做完的滔滔不绝,没做完的还在奋笔疾书,不会做的一个字也没写。教师有时间停下来等这些不会做的学生吗?若等,课堂任务完不成,何况还有后面的练习;若不等,那些学生还是不会,只会变得越来越差。

如何通过设计多元的活动促进学生积极参与,是值得教师研究的问题。

"活动导学"以活动为基础,激发学生积极的思维活动,充分发挥学生的主体性、能动性、创造性,以活动促发展,使学生真正地主动发展。学生参与的活动多了,动手操作的机会多了,课堂气氛自然就活跃了,学生的兴趣高涨了,参与学习的主动性就能增强。

(一) 在活动情境中快乐学习

《义务教育数学课程标准》(2011 年版)指出:"数学教学要紧密联系学生的生活环境,从学生的经验和已有知识出发,来创设生动有趣的情境。"因此,在设计教学内容时,教师要有意识地将所要学的理论知识与学生已有的生活经验联系起来,使抽象的数学知识以直观、丰富的客观事物为载体呈现出来,增强学生对数学知识的亲切感,使他们体会到数学知识就在身边,生活中充满着数学。

以下是沪教版二年级第一学期"有余数的除法"的教学片段。

案例 11

在情境中探究算法

一、创设情境

师:小朋友们,你们喜欢体育运动吗? 看来每个小朋友都很喜欢体育。瞧,我们学校的小朋友正在开运动会呢!

师:(课件出示主题图)操场上多热闹！你从图上看到了什么？

师:小朋友们观察得真仔细,那你能根据这幅图提出一些有关除法计算的问题吗？

二、探究算法

师:刚才小朋友们提出了一些有关除法计算的问题,并列出了算式。这些算式中,你会计算哪一个,你就来说哪一个,并说说你是怎样想的。

生比较两组算式。

师:像 $21 \div 5$ 和 $25 \div 3$ 就是我们这节课要研究的除法,请同学们自己思考一下,这样的除法可以怎样去计算,然后把你的算法和小组内其他同学交流一下。

生独立思考,研究算法,在小组内交流。

全班交流各种算法,并对各种算法进行评价。

师:刚才我们用画图、想乘法、想口诀等方法计算出了 $21 \div 5$ 和 $25 \div 3$ 的答案,知道这两个算式计算时都是有多的,我们就把多的这个数叫作余数,用……来表示。现在谁能看图说说这两个算式各部分所表示的意义？

生看图说各部分所表示的意义,进一步理解余数的意义。

师:刚才我们认识了余数,还用各种方法计算了有余数的除法,其实除法也能用竖式来进行计算。猜一猜除法的竖式是怎么样的,与加、减法的竖式有什么不同？

课件出示竖式的写法,让学生说说竖式各部分所表示的意义。

试一试:用竖式计算 $13 \div 3$ 、$47 \div 6$ 。

纵观上述案例,在教师精心创设的运动会情境中,学生始终兴趣浓厚,积极投入,课堂气氛活跃,学生的学习效果也较好。由此可见,只有适当的教学情境才能让课堂教学达到高效。

(二) 在合作交流中积极参与

合作交流是学生学习数学的重要方式之一,其意义和价值已经被很多教师所接受。其中,怎样摈弃形式主义,充分发挥合作交流的效应,一直是小学数学教学改革所关注的热点和难点。

案例 12

<h1 style="text-align:center">交流形式决定教学效果</h1>

在教学"分一分与除法"时,学生被分为 6 人一组,每人手上有 6 根小棒。

【教师一】

师:大家手上都有 6 根小棒,平均分成 3 份,每份是多少呢?

(生动手操作)

师:好! 把刚才操作的过程在小组中交流一下。

【教师二】

师:大家手上都有一些小棒,试着按要求进行平均分操作。要求平均分成 1 份、2 份、3 份、4 份、5 份、6 份,并且不能损坏小棒。看哪组动作最迅速。

(生开始分,有的很快就分好了,有的开始小声议论)

师:有困难吗?

生 1:平均分成 4 份不好分。

生 2:平均分成 5 份也不好分。

师:是啊! 有的多,有的少,不是平均分,那该怎么办呢?

(生……)

师:好! 同组内的小棒可以相互借调,再试试看。

(生活动)

师:哪个小组愿意来交流一下,你们的 4 份是怎么平均分的?

学生是因自身需要主动地合作交流,还是听从教师安排被动地合作交流,这两种心态会产生不同的效果。怎样激发学生合作交流的主动性? 以下两点尤为值得关注。

1. 让问题具有思考性和探索性

数学教学中的合作交流不能等同于日常随意的谈话,它应指向一定的学习目标,是为解决某个具体的问题而展开的合作与交流。因此,教师要不断地让学生产生困惑,让他们在产生讨论需求时,主动要求与同学合作交流。

如上述案例中第一位教师要求把 6 根小棒平均分成 3 份,这只有一种分法,让学生交流什么呢? 而要把 6 根小棒平均分成 4 份、5 份却是个伤脑筋的问题。第二位教师建议重新调剂,怎样调剂呢?小组成员之间必然要交流和合作。特别是平均分成 4 份,有多种调剂方法,或一人全部拿出,或每人拿出 1 根,或每人拿出 2 根,这样的讨论一定会很热烈。

2. 让合作促进组间竞争、组内进步

竞争和合作并不是一对相互排斥的概念,而是可以相互促进的。教师可以通过竞争的机制去增强学生的集体荣誉感,培养学生的合作意识,即用外部的压力去促进内部的团结。案例中第二位教师引进了小组之间的竞争机制,促使小组成员主动采取分工合作的方式。试想如果这位教师说的是"看哪位同学动作最快",学生之间怎么会产生合作交流呢?所以在小组学习后的全班交流时,教师关注的一定是小组的整体意见而非个人,评判也应以小组为单位。

(三) 在活动过程中活化教材

所谓活化教材,即教师要创造性地处理和使用教材,在不脱离教材的基础上,把教材内容转化为不同形式的活动,让学生在活动过程中丰富感知,在完善认知的基础上构建新知,学会用数学思维进行思考,在探索数学规律的同时熟练操作技能。

以下是人教版二年级第一学期"观察物体"的教学片段。

案例 13

观察感悟,构建新知

一、激趣引入

猜一猜,从不同角度观察物体。

师:同学们请看这张照片,猜一猜老师拍摄的是什么。(出示照片 1)

师:老师给大家一点提示。瞧,这是什么?(出示照片 2)

师:再确认一下,好吧!(出示照片 3)

师:果然是我们学校的吉祥物——登登!我有个问题想问问大家,这三张照片拍摄的都是同一个玩偶,为什么拍出来的样子不一样呢?(学生汇报)

师:你能说说三张照片分别是从什么角度拍的吗?(学生汇报)

师:很好,从三个方向看,我们就能确定这个物体是什么。我们在二年级学习了观察物体,今天我们将继续学习观察物体。

揭示课题:观察物体(二)

二、实践探究

(一) 活动一:对同一组合体进行观察

1. 根据要求,学生能正确观察看到的多连块的形状,并能用语言表达。

师:(出示图片)接下来要拼成什么图形呢? 我们来看一看。这个图形是由几个正方体拼成的? 小组合作。

师:哪位同学上前分享一下你的观察结果? 先摆出来,把你看到的面贴在黑板上。

2. 利用手机投屏,学生自主验证猜想。

师:他说得对吗? 我们用手机来验证一下。(学生手机验证)

小结:我们从不同方向观察这个物体,看到的样子是不一样的。

(二) 活动二:对不同组合体进行观察

我们在摆放正方体的时候,注意不要错开摆,要让面与面之间完全重合。

1. 学生自主拼搭组合体,并展示作品。

师:用 4 个小正方体拼成的形状还有吗? 你们再来拼拼看。

预设:

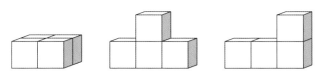

师:接下来,谁来分享一下你的观察结果? 上前摆出立体图形,并把你看到的面贴在黑板上。

2. 利用手机投屏,学生自主验证猜想。

师:我们用手机来验证一下吧。

师:还有其他摆法吗? 上前摆出立体图形,并把你看到的面贴在黑板上。

师:关注特例,从前面和从左面看到的形状一样。

师:观察黑板上的 3 个立体图形,从不同的方向看,你发现了什么? 同桌说一说。

小结:(1)同一物体,从不同方向看,形状可能相同,也可能不同;(2)不同的物体,从同一方向看,形状可能相同,也可能不同。

3. 直观认知,方法建构

师:同学们,刚才我们都是先看再摸最后画到方格纸上,接下来老师介绍一种有趣的方法,大家有没有兴趣? 我们来上网搜索一下! 请看视频。

(1) 播放视频:拍扁法。

(2) 方法指导:观察三视图,找到拼搭立体图形的方法。

师:观察黑板上从三个方向看到的形状,从前面看的形状与立体图形基本一致。所以在摆立体图形时,一般先摆前面,再利用左面和上面看到的形状进行调整。

(三) 活动三:根据三视图拼出立体图形

小胖用 4 个小正方体摆出了一个立体图形,从不同方向看到的形状如下,你能把它摆出来吗?(小组合作)

从前面看　　　从左面看　　　从上面看

1. 学生用数学语言表达拼搭的方法。

师:谁来说说你是怎么拼的?

2. 教师手机投屏,学生互相纠错。

小结:原来知道三个方向的形状后,这个物体的形状就确定下来了。

不同版本的教材经过不同教师的解读、挖掘和设计,呈现出的教学过程是完全不一样的。上述案例中,教师通过解读教材、挖掘教材进而活化教材,设计出多层次的学习活动,进一步丰富了学习内容。学生在积极参与学习的过程中,不仅掌握了知识,还提高了能力。

1. 直观引入,初步感知

数学源于生活,源于实践。为了创设真实、有趣的数学情境,教师可以根据教学内容,将数学教学设计成看得见、摸得着的实践活动,让学生如同在游泳池中学游泳一样,在活动中学习数学概念,体验其形成过程,引发积极的思维,实现深度学习。上述案例一开始,教师用学校吉祥物"登登"的照片引入,请学生猜测照片拍摄的位置,这样做不仅能让学生发现数学来源于真实的生活,而且帮学生建立了旧知与新知之间的联系。

2.操作学具,建立感知

学生在活动中通过操作,加深了对新知的认识,并在不断观察、交流、总结的过程中构建了新知。上述案例的活动中,学生多次动手操作,通过动手摆一摆小正方体,小组合作说一说、摸一摸,感受到从不同方向观察到的平面图形,并能用规范的数学语言进行表达。

3.明确任务,感知体验

上述案例中,活动一要求对同一组合体进行观察,活动二要求对不同组合体进行观察,活动三要求根据三视图拼出立体图形。由视图到立体图形,由平面图形到立体图形,教师关注学生对方法的应用,关注学生空间观念的建立,关注学生回答问题的积极性,关注学生的语言表达,关注学生质疑精神的培养,使他们在感知体验中提升核心素养。

在本课教学中,教师让学生经历观察的过程,体验到从不同方向观察物体所看到的形状是不同的。学生能正确辨认从不同方向观察到的简单物体形状,动手操作能力、观察能力、初步的空间观念得以提高,学习兴趣、合作意识、创新意识也得到了一定的提升。

教学中,教师通过让学生在操作中学、在比较中学、在小组讨论中学等多种方式,为学生充分提供时间、空间和活动的可能性,让他们亲身体验知识发生、形成的过程,促使其认知结构得到更新与重建。

三、沟通有效,对话严谨

在数学课堂上,教师不仅要做到激情饱满、吐字清晰、表达恰当,还要用学生能够理解的语言解释核心内容,鼓励全体学生踊跃参与对话。无论以何种方式呈现教学内容,教师都要让全班学生看到、听到,并以适当的眼神、表情、手势等与学生互动沟通。

教师要积极促进对话,要倾听学生的表达,切忌随意打断。教师还要鼓励和引导学生提问或质疑,并对学生的反应作出建设性的评价。

(一) 在活动情境中引发对话需要

教师要从教学内容出发,精心组织生动的教学情境,让学生观察发现,发自内心地产生对话的需要。当一些问题已不能再用原有的知识解释,即原有的知识结构受到挑战时,释疑的欲望就会引发学生互动交流的需要。

案例 14

动手操作,分享交流

在教学"长方形面积的计算"时,教师让学生准备了长 5 厘米、宽 4 厘米的长方形纸片、笔、直尺及 1 平方厘米的面积单位等材料,要求学生利用这些材料设法求出以上长方形的面积,并尝试推导出长方形面积的计算公式。在学生独立思考一段时间后,小组活动开始了,他们有的画,有的摆,一边动手,一边发表自己的意见。活动结束后,学生纷纷介绍自己的想法。

生 1:我们组把面积单位摆满长方形纸片,数出面积是 20 平方厘米。

生 2:我们组只是用面积单位沿着长方形的长摆了一排,宽摆了一排,就算出了长方形的面积是 20 平方厘米。

生 3:我们直接用 5×4 就算出是 20 平方厘米了。

师:你们说得都很好,那长方形的面积跟什么有关系呢?

生 4:刚才在摆面积单位时,我就发现长方形的面积和长、宽有关,只要算出长乘宽的积,就能知道长方形的面积了。

当学生在操作中产生了沟通的渴求时,对话便成为全体学生的需要。在上述案例中,教师创设让学生"摆一摆"的活动情境,先组织小组合作交流,再组织全班进行交流,最后学生在充分感知的基础上运用不同方法推导出了长方形面积的计算公式。这个教学活动既考虑到学生的思维层次,又给学生留出了足够的思维空间。在此过程中,对话交流完全是学生发自内心的需要,于是师生、生生之间的互动对话有序展开,步步深入,最终双方较为圆满地达成了自己的目标。

（二）在捕捉生成时开启对话思维

课堂上,教师应及时捕捉稍纵即逝的时机,促进学生的思维。学生的知识生成之时也是他们思维最活跃的时候,教师只要顺着学生的思路因势利导,展开有效对话,课堂就会变得灵动起来。

以下是沪教版二年级第二学期"乘加、乘减混合运算"的教学片段。

案例 15

捕捉资源,生成纠错

在做 $20+5×3$ 这一题时,有几位学生是这样计算的:

$20+5×3$

$=15+20$

$=35$

教师并没有急于纠错,而是让学生先说说是怎样想的。

生 1:我以为谁先算,谁就写在前面。

生 2:两个加数位置交换,得数是不变的,所以我想谁写在前面都没关系。

生 3:我先算 $5×3$ 得 15,就随手写了下来,我想就不要擦了,再加 20 吧,反正答案是一样的。

师:你们说得似乎都有道理。我们再算一题 $50-18×2$。

教师展示学生作业后问生 1:这里是先算 $18×2$ 得 36,能先写下来吗? 生 1 马上回答:我知道了,书写时要按原来算式的顺序写,并不是先算的部分就写在前面。生 2 也说:我也明白了,虽然刚才那题中,$20+15$ 和 $15+20$ 的结果相同,但算式实际上是不同的。

课堂是一个不断推进的动态过程,拥有灵活的生成性和不可预测性。教师敏锐地捕捉到来自学生的生成资源,开启了对话的阀门,使学生流露心声,暴露了出错原因。在上述案例中,学生的任意一种书写方法对乘加或除加混合运算来说确实不构成什么影响,但如果遇到乘减或除减运算就会出问题,而且一旦养成不按统一的书写顺序进行计算的习惯,会给今后学习三步混合运算造成不必要的麻烦。不过,案例中的教师并没有强行要求学生改正写法,而是让学生

计算 $50-18×2$，通过比较自我感悟，形成正确的认知。就这样，学生自发地调动起已有的知识经验解决了问题，教师把握了对话的机会，使知识在学生的对话中生成，在交流中重组，在共享中增值。

（三）在挖掘资源中搭建对话平台

教材、生活、学生的经验都可成为数学学习的资源，教师的任务是积极地利用和开发这些资源，唤起学生的智慧和热情，搭建富有思考性的对话平台。

以下是沪教版四年级第一学期"圆的认识"的教学片段。

案例 16

在验证发现中交流感悟

在学生初步认识了圆心、半径、直径后，教师放手让学生在画好的圆上进一步探索圆的奥秘。这时，有学生提出圆内的半径都相等，教师并没有直接给予肯定，而是做出了这样的处理：

师：你们都同意他的发现吗？拿起桌上的工具，想办法验证一下这个新发现。

学生分组操作、验证、汇报。

生1：我们组是用量的方法验证的。我们在圆上画了5条半径，然后用尺一条条量过去，发现它们的确都相等。

生2：我们是用折的方法验证的。我们将圆对折，再对折，发现有两条半径完全重合。如果再对折，还会有更多重合的半径呢。

生3：我们也是用折的方法来验证的。我们先在圆上画了一条直径，然后通过圆心将这条直径对折，发现两条半径完全重合，我们又画了几条直径试了试，结果都一样，所以我们还知道了一条直径相当于两条半径。

师：这组同学很善于思考，在验证别人的发现时还有了自己的新发现。

生4：我们是用比较线的长短的方法来验证的。我们把一条线剪得跟半径一样长，然后把它和其他的半径比较，发现都相等。

师：你们都认为所有的半径都相等吗？

生：（异口同声）是！

这时教师有意拿出两个大小不等的圆,学生忽然醒悟过来,教室里立刻举起许多只手。

在数学学习中,学生经常会出现一些与众不同的想法,教师若抓住这些鲜活的资源并将其灵活地运用到教学中,将有利于知识的升华。在上述案例中,教师合理使用教材,放手让学生主动探究圆内的奥秘,在学生发现圆内所有的半径都相等时,又让大家一起想办法验证。这一在动态中形成的开放资源,为学生搭建了对话平台。就这样,在师生、生生的对话中,知识得以增值,思维得以碰撞。

第三节 促进思维,目标达成

课堂教学是否具备深度和内涵,要看教师是否有效地引发学生思考,调动学生的思维,激发学生的灵感,提升学生的生命内涵,这在很大程度上取决于教师设计的教学目标是否合理、目标落实是否有效。因此,教学目标是课堂教学的核心,它既是课堂教学的起点,又是课堂教学的最终归宿。

以下是沪教版四年级第一学期"工作效率、工作时间、工作量"第一课时的教学片段。

案例 17

目标导向下的有效交流互动

一、复习引入

师:共同回忆一下学过的两组数量关系。

生:单价、数量、总价。(师板书)

生:速度、时间、路程。(师板书)

师出示并提出要求:口答算式,并说出数量关系。

(1) 6 支笔一共花了 42 元,平均每支笔多少元?

(2) 摩托车 5 秒行了 125 米,它平均每秒行多少米?

(3) 张阿姨 2 小时做了 14 个小熊,她平均每小时做多少个?

生逐一口答算式,并说出数量关系。

师板书课题:工作效率、工作时间、工作量

师请生围绕课题提问。

生:什么是工作效率? 工作效率怎样计算? 工作效率与工作时间、工作量之间有怎样的关系? 它们有何应用?

二、探究新知

1. 出示学习单:请结合自己的生活体验举出有关工作效率的例子,并完成填空。

(1) 举一个有关工作效率的例子:

_____

(2) 工作效率、工作时间、工作量三者之间的关系是:

_____ ○ _____ ＝ _____

2. 自主探究。

(1) 学生独立思考完成。

(2) 教师巡视,收集资源。

3. 反馈交流。

(1) 呈示学生例子。

(2) 生生辨析。

(3) 教师板书。

4. 提炼概念。

5. 书本阅读。

6. 跟进练习。

(1) 张阿姨 2 小时做了 14 个小熊,她平均每小时做多少个?

(2) 完成书本填空。

三、练习巩固

1. 想一想,算一算。

(1) 每分钟复印 18 张纸,6 分钟共复印多少张纸?

(2) 一本 540 页的书 18 天看完,平均每天看多少页?

(3) 每小时折 65 个纸鹤,折 260 个纸鹤用多少时间?

（4）一季度共销售冰箱 390 台，平均每个月销售多少台？

① 独立思考。

② 列式计算。

③ 反馈讲评。

2. 选一选。

小欣 1 小时采了 240 只小番茄，那么

（1）小欣 3 小时可以采多少只？

（2）小欣 1 分钟可以采多少只？

① 独立思考，根据信息选择问题。

② 反馈交流。

③ 列式计算。

④ 交流，讲评，小结。

3. 沟通联系。

（1）对比观察。

（2）揭露本质。

上述案例分别从依据目标、关注反馈和巩固内化等方面来检测课堂教学目标的达成。

一、依据目标，组织教学

教师要依据目标进行有效教学，在课前做到教学准备充分，课时目标基于课程标准且符合学生水平；组织教学时必须依据教学目标，有序实施课堂教学活动和课后练习设计。教师对课堂教学时间必须把握恰当，将教学活动巧妙有序地连接起来，保持流畅的教学节奏；利用走动察看等方式督促学生集中精力，努力做到导课不拖沓、下课不拖堂，组织紧凑，教学严谨。

"工作效率、工作时间、工作量"是沪教版四年级第一学期第四单元"整数的四则运算"的第一课时。纵观本章节的学习内容，本课时与其他学习内容"三步计算式题""正推与逆推""文字计算题""运算定律""解决问题"的关联性并不大。因此，教师依据"有关联的知识结构"知识编排体系，把"单价、数量、总价""速度、时间、路程"和"工作效率、工作时间、工作量"这三组数量关系整合到一

起,有利于学生整体构建知识网络,进一步丰富数学思维。

学生在学习"工作效率、工作时间、工作量"这组数量关系时具备良好的学习基础,除了已经拥有两次学习数量关系的经验,具有将具体的事例概括成三个量的能力,课前前测也反映出学生能熟练掌握"单价、数量、总价""速度、时间、路程"这两组数量关系,能在具体的问题情境中正确分辨各个量,并且能运用三者之间的关系解决简单的实际问题。因此,教师应该可以充分放手让学生自主探究"工作效率、工作时间、工作量"。

关于对工作效率本质内涵的理解,学生可能会遇到一定的困难,很容易把工作效率与工作量混淆。鉴于此,本课教学直击工作效率的内涵和学生学习中遇到的困惑,围绕"什么是工作效率""工作效率与工作时间、工作量之间有怎样的关系"两个问题展开。理解工作效率的内涵是学生学习的难点,丰富的学习材料是一座很好的桥梁,学生可以借助职业体验中的素材(包馄饨、做手工、分快递、采摘等)理解工作效率的含义,同时经历在直观的材料中逐渐抽象、归纳的学习过程。

上述案例中,教师围绕以下教学目标进行教学,取得了很好的效果。

(1)联系生活实际,知道工作效率、工作时间和工作量的含义,会正确识别具体情境中的三个量,并能举例说明工作效率。

(2)通过计算、辨析、观察、比较、归纳等学习活动,初步建立工作效率、工作时间和工作量三者的关系模型,提升数学表达与合情推理的能力。

(3)能正确运用工作效率、工作时间和工作量的数学模型,解决简单的生活实际问题,提升思维品质(思维的灵活性与发散性)。

二、关注反馈,及时指导

教师应运用多种方式获取教学目标是否达成的信息,并及时调整教学,为有特殊需要的学生及时提供帮助。

在上述案例中的复习引入环节,教师先让学生回忆、说出学过的两组常见的数量关系以及三个量之间的关系,并运用数量关系解决简单的生活实际问题。接着,教师通过这两组数量关系引出"工作效率、工作时间、工作量",并让学生围绕课题提问,培养学生的问题意识,激发学生的学习兴趣与主动性。活动的评价关注点分别为：能正确说出两组常见的数量关系；能正确列出算式，并用清晰的数学语言解释相应的数量关系；能围绕课题提问(什么是工作效率，工作效率怎样计算，工作效率与工作时间、工作量之间有怎样的关系，它们有何应用)。

在随后的探究新知环节，教师要求学生：(1)联系生活实际，举出有关工作效率的例子，并正确识别工作效率、工作时间、工作量；(2)通过计算、观察、比较、分析、归纳等学习活动，初步建立工作效率、工作时间和工作量三者的关系模型。活动的评价关注点分别为：能结合已有的生活体验举出有关工作效率的例子；能根据自己的理解写出工作效率与工作时间、工作量之间的关系；能结合具体情境，说出其中的工作效率；会根据例子用自己的语言解释工作效率的含义；能通过书本阅读，进一步加深对工作效率的认识；能正确说出问题中三个量的含义，并归纳出工作效率的计算方法，得出工作效率、工作时间、工作量之间的关系。

教师在教学中要充分尊重学生的学习水平差异，通过巡视收集、呈现资源、生生辨析等活动，紧紧抓住"数量关系"这一学习主线，利用学生已有的生活经验、知识基础，组织学生独立思考、同桌合作、对比分析，教学新的数量关系。教师要注重资源的一步步捕捉、呈现和辨析，及时反馈提炼，并通过跟进练习指导学生巩固认知。

三、达到预期，效果优良

课堂上，大多数学生都能专注于学习活动，理解并运用所学的概念和技能，感受到学习内容和学习活动的价值。

在上述案例中的练习巩固环节，教师要求学生：(1)正确运用工作效率、工作时间和工作量的数学模型，解决简单的生活实际问题，提升思维品质；(2)通过辨析、对比等学习活动，进一步理解工作效率的含义，丰富工作效率的内涵。活动的评价关注点分别为：能正确识别情境中的工作效率、工作时间、工作量；会分析数量之间的关系，能正确地列式计算，并能用规范的数学语言叙述；能根据已知信息选择合适的问题，并正确地列式解答；能正确解释 240 只小番茄在不同问题情境中所表示的含义；通过对比观察，能发现工作效率与单价、速度都表示一个单位的量。

练习巩固环节中,学生先通过思辨练习培养认真审题的好习惯;学会结合问题与条件综合分析,用两个相关联的信息解决问题,进一步丰富工作效率的内涵。随后,教师通过拓展练习进一步检测学生的学业成果及目标达成情况。

下 篇

做一名懂学的数学教师

第五章 懂得学生学习的奥秘

所谓懂学,是指教师不仅要有爱心、懂学生、懂教学、懂策略,还要懂得学生是如何学习的,以及如何让学生在学习中获得成长。因此,教师必须精心设计,认真准备,有效组织教学活动,避免或减少学生在数学课堂学习中出现困难,使学生享受学习的乐趣,体验成功的喜悦。

那么,在小学数学课堂中,学生主要会遇到哪些问题呢? 通过实践发现,困扰学生、教师甚至家长的问题主要有如下几方面:

(1) 知识基础存在缺陷。部分学生原有基础较差,课堂上不够专心听讲或不会积极思考,对作业采取应付态度,甚至照抄了事。部分学生对一些概念与知识掌握得不够牢固,不会解决变式题目,久而久之知识基础越来越差,最终破罐子破摔,失去对数学的兴趣,失去对学习的信心,成为学困生。

(2) 新知建构体验不深。小学生的数学学习是由直观思维向抽象逻辑思维过渡发展的。课堂上,学生如果缺乏多层次、多角度的感知活动,头脑中建立的概念就会不清晰、不扎实,对知识点就会一知半解。

(3) 运算法则掌握不牢。学生对新知建构不全,尚未掌握运算法则,就会出现解题效率低、解题速度慢、解题准确性差等问题,往往无法在规定的时间内完成一定量的题目,进而影响作业和考试的节奏。

(4) 对数学材料理解不够。学生对数学材料的阅读理解能力比较欠缺,或大致看一下题目要求,或只读其中一部分,并不关注题目的答题要求,或虽然读了但没读懂,导致答题时糊里糊涂。

(5) 数学解题习惯不好。有的学生解题习惯差,不按要求解题,或解题时字迹潦草,导致本应会做的题出现错误。

(6) 应用知识能力较弱。部分学生学习时往往知其然而不知其所以然,不能灵活应用所学知识。学生综合运用知识、灵活解决问题的能力较差,缺少将所学知识应用到生活实际或回到原题进行检验的意识。

（7）解题单一，思维狭窄。学生数学思维定式严重，缺乏变通能力，解答问题的方法单一，具体反映在平时能做的题目一旦稍加变化，学生易产生负迁移并出现错误，这说明学生的学习停留在知识技能的认知水平，缺乏对数学知识形成和联系的思考，缺乏慎重思考、独立分析、触类旁通的能力，更缺乏发散、求异的创新思维能力。

（8）缺少问题解决策略。对于稍有变化的问题，一部分学生显得手足无措，毫无问题解决的方法，问题解决的步骤不清晰。解题时始终不能把握关键的数学技巧，孤立地看待每一道题，缺乏将知识关联及举一反三的能力。

（9）缺乏数学学习品质。学生的分析能力、思维能力相对较弱，导致解题思路不清晰，数学语言表达、逻辑推理能力差，对数学公式、定律、定理的形成缺乏探究精神，因而不能熟练地解题和说理。

（10）数学学习习惯不良。部分学生解题时，小错误太多，始终不能完整地解决问题，卷面中还会出现单纯的计算错误、抄错数据等现象，缺少读题审题、检查验算、提问质疑、反思纠错、总结归纳等习惯。

以上这些问题如果不能很好地解决，不仅会影响学生的学业水平，更会严重制约学生数学学习的发展，制约学生的终身发展。

第一节　教师理解下的学生学习

当前，由于教师对数学理解得不够，对学生学习数学的认知规律了解得不够，再加上应试教育的影响，往往不能围绕数学核心概念进行教学，数学课堂缺乏数学思想的主线。教师经常在学生尚未基本了解数学概念的情况下进行大量的解题训练，导致学生没有经历知识发生发展的过程，缺乏经过独立思考概括出概念和原理的机会，因此对数学概念理解得不到位，无法真正掌握数学知识。由此可见，加强对学情的分析研究，把握小学生的数学学习规律，是提高学生数学理解能力、数学思维能力的两个关键。

一、拥有爱心,理解学生

要成为一名会教懂学的教师,我们必须站在学生的立场,研究学生,关爱学生,对待学生要有爱心,辅导学生要有耐心,教育学生要有诚心。只有一心一意地善待每一个学生,才能理解学生的学习,在教学中喜获丰收。

(一) 尊重学生,有信任之心

教师要认识到学生是数学学习和发展的主体,在数学课堂教学中要建立一种民主、平等、和谐的师生关系,发挥学生的主动性、积极性和独立性。在课后还要加强对学生自我学习、自我教育、自我练习的指导,逐步建立信任,引导学生亲其师信其道,成为爱数学、爱学习和不断发展的主人。同时要尊重学生的人格,教学中切忌歧视、讽刺、挖苦、谩骂、体罚,要相信学生能够成为有用之才,让学生在获得尊重、信任的同时自我教育、自主学习。

(二) 理解学生,有仁爱之心

教师要认识到不同年龄段学生的身心发展特征,认识到不同家庭背景下学生的学习之道,理解每一位学生学习背后的故事。以仁爱之心对待每一名学生,开启学生的心灵之门,成为学生的良师益友,促成学生的成长与进步。拥有仁爱之心的教师会想学生所想,急学生所急,能站在学生的立场设计教学,施展数学教学的魅力,以卓有成效的教学工作赢得学生的尊重。

(三) 关怀学生,有宽容之心

"爱是教育的灵魂,没有爱就没有教育。"教师要善于接近学生,体贴和关心学生,和学生进行亲切的思想交流,让学生真正感受到师爱,这是教师顺利开展数学教学工作的基础。在课堂上,教师要时时留意每一个学生的学习状态,善用学习资源,善用错例进行辨析,鼓励学生分享学习成果;在生活中,教师要经常观察学生的一举一动,及时了解他们在学习、生活中遇到的困惑,为他们排忧解难,尽到应尽的职责,尽量不让任何一个学生掉队。教师应努力做到于细微处见真情,只有真诚付出、关爱学生,才能赢得学生更多的爱。

教育学生不是一朝一夕的事,而是一项长期的工作,这就需要教师有足够的耐心,平时细心观察,与学生坦诚交流。尤其要为学习困难的学生和特殊家庭的学生雪中送炭,使学生逐步感受到教师的言传身教、奉献与爱,从而学会感恩,受到激励。

二、了解特点,解读学生

解读学生,即对学情进行分析。教师必须了解学生的学习基础,包括学生原有的学习起点、后续的学习情况等;了解学生的认知特点,包括感知、注意、记忆特点,想象、思维特点,情感特点,意志特点,性格特点等,对小学生的观察力、记忆、思维、学习特点等尤其应有清晰的认识。

(一) 小学生的观察力特点

小学生的观察力有四个特点。一是观察的目的性较差。小学生在观察活动中易受外界刺激的干扰,注意力往往会离开观察的对象;同时,观察易受生理状况和个人兴趣等因素的制约,低年级学生表现得更为明显。但随着年龄的增长,在教育的作用下,小学生观察的目的性将不断提高。二是观察缺乏精确性。小学生往往只注意事物的主要特征或活动的主要过程,对细节部分缺乏观察。三是观察缺乏顺序性。小学生观察时往往只注意事物较突出的特征,导致观察结果缺乏全面性和完整性。四是观察缺乏深刻性。小学生以感性经验为主,只看到事物的表面现象和特征,难以抓住事物的本质,观察比较肤浅。

(二) 小学生的记忆和思维特点

小学生的记忆从无意记忆占主导地位发展到有意记忆占主导地位,从机械记忆占主导地位发展到理解记忆占主导地位。随着有意注意逐渐增强,小学生对记忆过程的理解、认识和监控,即元认知方面也发展得很快,但水平仍然有限。

小学阶段属于皮亚杰的具体运算思维阶段,其思维发展特点是:在整个小学时期,儿童的思维逐步过渡到以抽象逻辑思维为主要形式,但仍带有很大的具体性。在从具体形象思维向抽象逻辑思维过渡的过程中,小学是关键期。

(三) 小学生的学习特点

低年级儿童活泼好动,注意的持久性较差,思维中具体形象的成分占优势,概括能力处于概括事物直观、具体的形象的外部特征或属性的直观形象这一水平,他们所掌握的概念大部分是具体的、可直接感知的。因此,对低年级儿童学习方法的选择和运用应注意直观形象性和游戏活动性。操作学习法、游戏学习法、竞赛学习法、故事描述法往往是组织和吸引低年级儿童积极、主动学习的有效方法。

三、了解差异,动态调整

教师了解学生基本情况和个性差异的方法有很多,既可以对学生信息进行分析,也可以通过调研活动,如问卷调查、座谈、观察、家访等,深入了解学生的学习现状、思想动态、情感态度等。

（一）基于学情,预设学习

了解和分析学生的基本情况,可以为教师有效分析学情服务。从内容上说,教师应该侧重了解以下三个方面:一是学生的知识基础、认知水平、技能储备、思维特点等,二是学生的兴趣爱好、个性特长、潜在品质和能力等,三是学生的生活经验、情感态度、理想信念、价值判断、家庭特点、环境适应能力等。

以下是沪教版三年级第一学期"几何小实践"的单元教学内容和学情分析。

案例 1

依据单元内容分析学情

一、单元教学内容

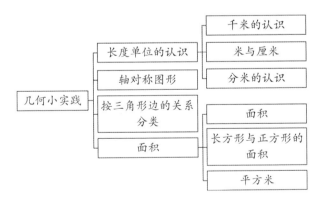

二、学情分析

"千米的认识":学生在一年级时对米、厘米和毫米有了一定的量感,但千米对他们来说是一个比较抽象的概念,有的学生曾在生活中听到或看到过这个长度单位,只有极少数的学生知道千米表示较长的路程。总体来看,几乎所有学生缺乏对1千米长度的体验,所以在学生头脑中建立1千米的表象难度较大。

"米与厘米":学生已经在一年级时认识了米和厘米这两个长度单位,并通过联系实际、认识米尺、测量常见物体等活动初步建立了1米和1厘米的实际长度观念。概念部分一直是学生的弱项,必须通过活动让学生对长度的物理感知加强体验。

"分米的认识":部分学生知道分米这个单位,但对1分米究竟有多长、相邻长度单位之间的进率是怎样的知之甚少。

"轴对称图形":自然界和日常生活中的许多事物如动物、植物、建筑物、工艺品存在对称现象,再加上美术等课程中的折纸、剪纸等活动有时也用"对称"来描述一些现象,这些都为学生的认知奠定了感性基础。至于如何从生活现象中抽象出数学知识并建构其特点,大多数学生则并不理解。

"三角形的分类2":学生在学习和生活中已积累了不少关于三角形的经验,知道三角形有三条边、三个角,也知道三角形按角可以分为锐角三角形、直角三角形和钝角三角形。学生在本节课主要学习三角形的第二种分类方法,也就是将三角形按边进行分类。学生在本课之前已涉及过一些分类思想,比如长方体与正方体之间的特殊关系、长方形与正方形之间的特殊关系,这些为他们本节课学习等边三角形和等腰三角形之间的特殊关系奠定了基础。

"面积":学生在前面学习了长度的比较和度量后,对物体长度的比较策略与度量标准的统一已有一定的认识,也知道物体表面和封闭图形有大小,但要上升到数学中对"面积"概念的理解,尚需要丰富的表象和实践操作。

"长方形与正方形的面积":在二年级第一学期,学生认识了长方形和正方形,掌握了其特征,并知道正方形是特殊的长方形。在上一课时,学生又学习了"面积",对面积有了初步的认识,并学会用数方格的方式表示图形的面积。本单元要求学生在此基础上学会用方格的多少来表示图形的面积,并自主探索出长方形与正方形的面积计算公式,充分展示知识的形成过程。

"平方米":学生已经认识了面积单位平方厘米,知道1平方厘米的大小,掌握了长方形和正方形的面积计算公式,有了用平方厘米来度量区域面积的经验,现在则要求他们将这种经验和能力迁移到用平方米度量区域面积,以及初步建立 1 平方米究竟有多大的量感上。

从上述案例中可以看出,教师分析学情,既要了解学生的原有基础,又要关注学生的学习特点,帮助学生从具体形象思维逐步过渡到抽象逻辑思维,因此在教学长度单位、面积单位时,教师要尽可能地联系实际,创设情境,设计活动,帮助学生建立量感。在小学数学教学中培养学生的空间观念是数学教师的任务之一,应尽量再现学生的生活场景,激活他们的空间观念;通过动手操作感知,升华他们的空间观念;通过综合运用知识,发展他们的空间观念。教师只有根据学生的认知特点和原有基础,了解学生,分析学生,才能为有效教学打下良好的基础。

（二）动态调整,促进学习

在分析学情的基础上,教师还要对学生的差异情况进行分析和归类,先按不同要求把学生分为若干个不同类型的群体,再按群体类别、学生姓名、群体特征等列表打印出来备用,每节课都应关注不同学生的变化,并做好标注。只有清楚、全面地掌握了学生的基本情况,教师在教学时才可以有的放矢,根据不同类别的学生制定不同层次的教学目标,从而提高教学的精准性。

当然,学生的情况不是一成不变的,而是不断变化发展的。一段时间后,教师要根据学生的实际变化对其类别与要求进行适当的调整,使教学保持较强的针对性和有效性。了解掌握几十个甚至一百多个学生的具体情况,是一件很费时间的工作,因此教师要改变传统环境和技术条件,有的放矢地进行动态调整,避免工作中出现局限性和盲目性。

（三）借助技术,改进学习

今天,人工智能、云计算、大数据已经发展到一定水平,教师可以借助这些技术从学生的大数据中即时、快速、高效地获取需要的各种信息,从而提高教学的精准性。这一工作建议以团队合作的方式去完成,因为学生的这些信息资源是每个任课教师都需要的,是教师备课、上课的重要依据。

以下是某位教师借助技术进行随堂测试的教学片段。

案例 2

如何借助技术进行随堂测试

在疫情防控期间的在线教学中,教师可以设计能让学生快速反馈结果的选择题、判断题和填空题,并运用平台技术快速了解学生的答题情况。

一、新建并设计

师:接下来老师要考考大家,我们来做一个随堂的小练习。

教师先在"钉钉"平台的教师端插入学生的随堂测试,然后选择"班级填表"(既可以选择事先准备的表格,也可以新建表格),接着在"我的随堂测"中选择"单选题"和"多选题",添加好后点击"完成"。

二、发布并填写

教师选择"填表结束的时间",点击"发布"后,学生就能在班级群里看到随堂测试。

师:各位同学,你们已经收到老师分发的小练习了,请在你们的讨论区中完成这份小练习。

教师巡视并指导。

三、查看并讲评

在讨论区中,教师可以看到学生递交练习的情况,选择"立即查看"就可以看到数据统计结果。教师根据统计的结果,重点讲评学生练习中存在的问题。随着练习内容的深入,接下来的环节,教师可以根据需要采用白板功能为学生进行讲解。

从上述案例中可以看出,借助信息技术进行随堂测试,不仅能快速吸引学生的注意力,还能及时反馈学生的学习情况,有助于教师精准地掌握学情,并动态调整教学进度和教学策略。学情分析决定着教学活动的成败,教师通过学情分析确定教学目标、教学方法和教学内容。在实际教学活动中,正确分析和研究学生的知识起点、实际需要、思维倾向、学习方式及兴趣经验等,不但有助于建立良好的师生关系,而且有利于教师制定更合理的教学方案,因材施教,实现高效课堂。

第二节　学情分析下的学习目标

学习目标是课堂教学中要完成的任务和要实现的目的,是针对学生而言的;对教师而言,我们仍称教学目标。在教学过程中,学习目标起着十分重要的作用,它是课堂教学的出发点,也是教学活动的归宿,是课堂教学的灵魂和价值所在。学习目标是否准确合理,层次是否清晰分明,不仅影响着教师教学环节的开展,还在很大程度上左右着学生最终的学习效果。

一、因材施教,会学乐学

目前,小学数学学习目标是基于单元教学目标下的单课三维目标,包括知识与技能、过程与方法以及情感态度与价值观等。

(一) 面向全体,立足学会

知识与技能属于基础性目标,在三维目标中处于第一层次,是学生培养能力、提升情感、形成正确的人生观和价值观的知识基础。这一层次目标立足于让学生"学会",懂得"是什么""怎样做"。它的基础性决定了它应该面向全体学生,让绝大多数学生都能掌握成长必备的基本知识和技能。要想在小学数学课堂教学中立足全体学生,我们必须充分发挥全体学生的主动精神,鼓励并引导学生积极参与学习,主动提升技能。

(二) 分层要求,立足会学

过程与方法是体验性和探索性目标,在三维目标中处于第二层次。它立足于让学生"会学",即让学生参与实践活动,体验活动过程,探索学习方法,培养活动能力,并懂得"为什么"。这一层次目标注重数学思考和问题解决,关注知识的形成、联系和应用,它的难度有所提高,需要学生具有一定的知识基础,拥有参与活动过程和探索新事物、新方法的热情与勇气。这不是所有学生都能做到的,那些基础薄弱、性格内向、胆子较小、情感欠缺的学生是很难参与并实现的,所以我们不能用一个标准去评价全体学生。

(三) 实践感悟,立足乐学

情感态度与价值观是思想情感目标,在三维目标中处于第三层次。它立足于让学生"乐学",即让学生在学习和实践中感悟、思考,体会到学习的快乐,陶冶情操,提高觉悟,对人、对事有自己的价值判断,逐步树立正确的世界观和人生观,这是学生学习或学校教育的最高境界。它是部分学生能够顺利达到的目标,对少数学生来说则达到某一点或某几点即可。同时,我们要明确这一层次目标的达成不是一朝一夕的事情,不可一蹴而就,需要在长期的教育教学实践中逐步形成。

在三维教学目标的设计和实施中,我们既不能像过去那样只重视知识的灌输与技能的掌握,弱化过程与方法,忽视情感态度与价值观的熏陶和培养,也不能像现在某些学校和教师那样过分强调过程与方法、情感态度与价值观的重要性,轻视知识与技能的传授和掌握。教师一定要从整体上把握三维目标的系统性和层次性,设计出难易适度、环环相扣、层层递进、针对性强的学习目标。

二、依据学情,找准目标

学生发展状况是制定课堂学习目标的现实依据。既然学习目标的达成者是学生,教师制定学习目标时自然要从学生的实际状况出发,要注意学生现有的发展水平是确定课堂学习目标的前提。教师只有充分、准确地了解所教学生的现实状况,才能制定出恰当的、行之有效的学习目标。其中,分析并正视学生的年龄层次、身心发展特点和个性差异,是确定学习目标最重要的环节。

(一) 用词准确,目标恰当

除了根据学情分析、教材分析确定学习目标外,教师还要梳理各维度的目标要点,依据学习水平要求,综合考虑目标的可测性和融合度,特别要注意用适当的动词进行描述,并突出单课时教学的教学重难点。下表罗列了编写三维目标时可参考选择的行为动词。

表 5 - 1 编写"知识与技能"目标可参考选择的行为动词

学习水平	特征	可参考选择的行为动词
了解	对信息的再认识和回忆	背诵、默写、回忆、为……下定义、说出……名称、复述、选出、列举、表明、指明、描述、简称
认识	在了解的基础上进一步知道,辨认事实和证据,描述对象的特征、概念的内涵和外延	认识、排列、辨认、举例说明、再认识、识别、比较、对比、作图
理解	用自己的语言解释信息,与已有的知识建立联系	解释、阐述、比较、分类、归纳、概述、概括、判断、区别、提供、猜测、鉴别、选择、整理、计算、收集
应用	将知识应用于实际情境	运用、使用、计算、质疑、辩护、设计、验证、拟定、示范、修改、解答、证明、评定、评论、创造、改变

表 5 - 2 编写"过程与方法"目标可参考选择的行为动词

学习水平	特征	可参考选择的行为动词
经历	觉察和注意知识形成的科学过程	经历、尝试、感受、体验、参加、参与、觉察、倾听
感知	能说明知识形成过程中所采取的程序、方式、步骤、规则	理解、认识、解释、说明、领会
探究	在不涉及准备知识的情况下,会用该方法操作程序、方式、步骤和规则,以形成新的知识和解决新的问题	运用、掌握、能、会、有、形成

表 5 - 3 编写"情感态度与价值观"目标可参考选择的行为动词

学习水平	特征	可参考选择的行为动词
体验	独立从事或合作参与相关活动	经历、感受、参加、参与、尝试、寻找、交流、合作、分享、参观、访问、考察、实验、探究

（续表）

学习水平	特征	可参考选择的行为动词
反应	在经历的基础上表达感受、态度并进行价值判断	遵守、认可、承认、同意、欣赏、喜欢、关心、重视、采用、支持、怀疑、克服、拥护、乐于
领悟	具有相对稳定的态度，表现出持续的行为，具有个性化的价值观念	养成、形成、具有、热爱、树立、建立、坚持、保持、确立、追求、领悟、体会、思考

（二）细化目标，检测水平

从表 5 - 1 中"可参考选择的行为动词"可以看出，就"知识与技能"目标来看，把学习水平"了解"细化成可检测的"说出……名称、复述、选出、列举"等词，达到了"对信息的再认识和回忆"的目标；把学习水平"认识"细化成可检测的"辨认、举例说明、识别、比较、对比、作图"等词，达到了"在了解的基础上进一步知道，辨认事实和证据，描述对象的特征、概念的内涵和外延"的目标；把学习水平"理解"细化成可检测的"解释、阐述、比较、分类、归纳、概述、概括、判断、区别、提供、猜测、鉴别、选择、整理、计算、收集"等词，达到了"用自己的语言解释信息，与已有的知识建立联系"的目标；把学习水平"应用"细化成可检测的"运用、使用、计算、质疑、辩护、设计、验证、拟定、示范、修改、解答、证明、评定、评论、创造、改变"等词，达到了"将知识应用于实际情境"的目标。

教师通过研究描述学习水平的行为动词，可以精准、有效地检测学生学习目标的达成情况，反之也可根据学习目标的制定来推测教学活动的安排是否合理恰当。

（三）综合分析，找准目标

通过基于学情分析的学习目标的制定，我们可以对教师的教学过程进行检测，看其是否能基于学生的认知水平与特点，是否能依据学情创设教学情境，是否能通过数形结合加深学生理解，是否注重解决问题的策略，是否能在学生理解的基础上巩固应用，等等。

以下是沪教版五年级第一学期"数学广场——时间的计算"中的部分教学内容分析。

案例 3

<h1 style="text-align:center">如何通过学情确定目标</h1>

一、学情分析

五年级的学生在平时的生活中对时间有较多的体验与感悟,知道时间的基本单位、进率及相应的换算方法,对时刻与时间的区别也有一定的感性认知,能够较为独立地进行几时到几时以及几时到几时几分的简单计算。本课的教学难度主要体现在以下两组矛盾:

1. "60 进制"与"10 进制"的矛盾

时间进率的 60 进制计算会与学生之前一直接触的 10 进制计算产生较大的矛盾,这是本课教学过程中的一大认知冲突,需要有效利用。教师应深入分析,科学把握,准确定位认知冲突,让学生对比、发现时间的竖式计算与之前的竖式计算的本质区别,在理解的基础上有效激发学习的热情。

2. 直观与抽象的矛盾

苏教版教材与人教版教材都将时间的计算安排在三年级进行教学,而沪教版教材却安排在五年级,学生不同的年龄特点决定了教师教学时不同的侧重点。三年级的教学侧重于通过动作与图形表征来解决问题,而五年级的教学侧重于用竖式进行计算,强调抽象层面的理解。要注意的是,抽象的竖式也必须与直观的图形相结合,以形助数,让学生借助直观理解算理,在此基础上建立竖式计算的模型,并熟练掌握和应用模型解决问题。

以上两组矛盾是本课学生的认知障碍点。综合以上因素,可以制定出本课的主要教学策略:创设认知冲突策略、直观表征策略以及基于直观理解的抽象表达策略。

二、学习目标

(1) 通过创设游览动物园的问题情境,在理解题意的基础上,会用时间线段图和竖式解决时间的计算问题,并能应用知识解决其他情境中的相关问题。

(2) 通过解决几时到达动物园门口这一问题,经历算法多样化与优化的过程,提升算法思维能力,体会优化的基本数学思想。

(3) 通过对迟到情况的讨论,建立惜时、守时的好品质与好习惯。

从上述案例中可以看出,教师只有站在学生的立场上分析教学、分析学情,才有可能制定出恰当的学习目标。制定合理、准确、层次分明的学习目标是实施精准教学的重中之重。学习目标不明确,目标层次不清晰,就难以实现精准、高效的教学,也难以对学习目标的达成情况作出正确评价。唯有契合,才能高效。因此,教师要特别重视依据学情制定教学目标。

三、了解学情,找到难点

教师的教应服务于学生的学。教师每备一节课,都要动一番脑筋,花一番心血,认真研究课程标准,仔细分析教材内容,并结合学生实际,把握课程标准的要求,理解教材内容,弄清重难点,深刻理解教材编排意图,合理安排教学环节,精心设计课堂问题,方可找到突出重难点的方法和途径。

以下是某位教师对确定教学重难点的一点感悟和实践。

案例 4

"圆的初步认识"重难点确定的路径梳理和感悟认识

上学期,我聆听了一堂关于重难点分析的讲座,了解了什么是重难点,以及怎么确定一堂课的重难点。

教学重点是依据课程标准,在对教材进行科学分析的基础上所确定的最基本、最核心的教学内容,一般是所阐述的最重要的原理、规律,在整个知识网络中往往处于重点位置,具有承上启下、疏通左右的作用。它是一节课必须达到的目标,也是教学设计的重要内容。

教学难点是指学生不易理解的知识或不易掌握的技能技巧。

总之,重点是由知识本身的重要性所决定的,难点是由学生在学习过程中遇到的困难所决定的。用一句话概括就是"重点不由你说了算,难点由你说了算"。

那重点由谁说了算? 由课程标准和教材内容说了算。

难点由谁说了算? 由教材编排和学生的学习实际说了算。

我回过头来重新审视自己上过的"圆的初步认识",发现了很多问题。于是,我重新确定了这节课的重难点,并对教学过程重新进行了设计。

确定教学重点最重要的依据就是课程标准。查阅课标后,我发现课标是这样要求的:"圆的初步认识"包括"圆的认识"和"用圆规画圆",两个内容的学习水平都为"理解",教学要求为"通过操作活动,认识圆的圆心、半径、直径,用圆规画圆"。

再结合教参和教材,我确定本课的教学重点是"认识圆心、半径,会用圆规画圆"。(课标中把"直径的认识"放在第二课时)

接下来如何确定教学难点?依据是教材编排和学生实际。在试教过程中,我发现学生在自学时对"圆上所有的点到固定点O都有相同的长度r"这句句子不理解,特别是不知道"圆上"这个词是什么含义,教材中也没有进一步对"圆上""圆内""圆外"三个位置下明确的定义。另外,我在后续教学过程中发现,学生对圆的概念存有偏差,他们认为圆是一整个面,而不是封闭曲线。正因为有这样的偏差,学生就更难理解"圆上""圆内""圆外"的意义了。因此,我确定了本节课的教学难点是"初步认识圆的概念,理解圆上、圆外、圆内三个位置"。

上述案例中的这位青年教师通过自己的学习和感悟,体会到找准教学重点的诀窍:一是依据课程标准,二是找到教材上的核心内容,三是找到知识网络的联结点。找准重点以后,教师才能在课堂上对准教学重点发力。

随后,这位教师经过学习和研究,感悟到找到教学难点的诀窍:一是找到教材上的核心内容,二是依据学生学习的实际困惑。

只有找到教学的重难点,教师才能在后续的教学中精心设计突出重点、突破难点的方法。

第三节 目标导向下的学习过程

正所谓"教无定法,贵在得法",但目标导向下的学习过程往往在一定的学习模式下显得更加有效。学习的本质就是学生在学习活动中学会思考,发展思维,获得知识。

一、环节清晰,任务明确

学习过程中首先必须明确学习什么,学习目标决定着学习内容,学习内容又决定着不同的学习过程。学什么,往往体现在一堂课的学习目标是否合理、科学、准确,体现在学习内容是否适宜、适度。

以下是沪教版五年级第二学期"面积的估测(2)"的在线互动片段。

案例 5

任务明确,在线互动

一、引入

师:同学们,以前我们学习过不规则图形面积的估测方法是什么?

生:数格子。

师:那如果不数格子,怎么估测出不规则图形的面积呢?

生:将不规则图形近似地看作可求面积的多边形,这个多边形的面积大约就是不规则图形的面积。

生:多边形可以是我们认识的长方形、正方形、三角形、平行四边形、梯形,也可以是组合图形。

师:通过将不规则图形看成我们学过的多边形来估测面积的方法是比较简便的,我们生活中的面积估测也常用这种方法。

二、探究

(一)选择(全班用手势表示,个别反馈选择的理由)

师:估测时,我们首先要仔细观察不规则图形的形状,然后想一想这个图形的形状和我们学过的什么图形比较相似,这点非常重要。

1. 你认为这个图形能近似地看作( )。

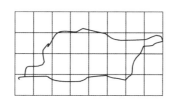

A. 长方形   B. 平行四边形   C. 梯形

2. 假如将这个不规则图形近似地看作一个平行四边形，那么，你认为（　　）图估测得比较恰当。

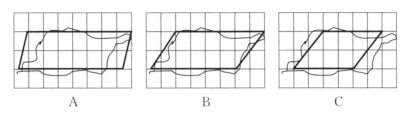

A　　　　　　　　B　　　　　　　　C

师：我们可以通过把不规则图形看成我们学过的多边形来估测面积，但大小一定要合理，越接近原图越好。

（二）求出图形的面积（题 1 指导"看、画、找、算"四步法，确定图形和数据等）

1.

一小格边长为 1 cm

解：$a=4$cm，$b=8$cm，$h=4$cm
$$
\begin{aligned}
S &= (a+b)h \div 2 \\
&= (4+8) \times 4 \div 2 \\
&= 12 \times 4 \div 2 \\
&= 24(\text{cm}^2)
\end{aligned}
$$

2.

一小格边长为 5 cm

解：$a=4 \times 5=20$cm，$b=8 \times 5=40$cm，
$h=4 \times 5=20$cm
$$
\begin{aligned}
S &= (a+b)h \div 2 \\
&= (20+40) \times 20 \div 2 \\
&= 60 \times 20 \div 2 \\
&= 600(\text{cm}^2)
\end{aligned}
$$

师：做题时请特别注意每格的边长代表多少，答句中要说明是大约面积。

三、练习

师：在实际生活中，我们有时候会遇到一个不规则图形，它不能单独地看作一个基本图形。你们看，小胖就碰到了类似的问题。

观察讨论：这个图形的面积可以怎样估测？（互动交流）

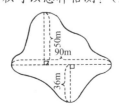

师：其实实际生活中面积的估测方法很多，如果我们要估测范围比较大的如国土的面积、森林的面积等，怎样才能估计得更准呢？（生口答）

师：我国科学家通过无人机遥感技术、卫星遥感技术等来估测。所以同学们一定要努力学习，长大后发明更多、更先进的测量仪器。

从上述案例中可以看出，课堂教学环节中的"引、探、练"必须清晰，教师对学生活动的要求必须明确，这样学生才能真正投入学习过程。

（一）回顾梳理，问题清晰

在课的引入部分，即回顾梳理环节，教师通过提出问题，引导学生回顾和梳理，唤起学生的记忆，使他们既能加深理解，又能沟通方法之间的联系。回顾和梳理，不仅能为教学重难点问题的解决做好前期准备，还能解决契合学生认知技能的问题，其中包括需要高阶思维的问题。如上述案例中课一开始，教师提问："同学们，以前我们学习过不规则图形面积的估测方法是什么？"当学生回答"数格子"后，教师接着问："那如果不数格子，怎么估测出不规则图形的面积呢？"通过回顾，教师既带学生复习了已学的估测方法，又使学生激发了探索新方法的兴趣。

虽然，在"以学为中心"的背景下，学习的起点因人而异，但最终都会由局部到整体，由零散到系统化、结构化。在回顾和梳理的过程中，教师提出的两个问题，不仅能满足不同学生的学习起点，还能激发学生探究新知的欲望。

（二）比较分析，建构新知

在课的探究部分，即学习新知环节，教师将学生可能提出的问题进行聚焦，将探究问题引入本课的教学重难点，这是教师权衡利弊后的主动选择。当上述案例进入探究二这一环节时，教师先小结再指导："我们可以通过把不规则图形看成我们学过的多边形来估测面积，但大小一定要合理，越接近原图越好。"教师通过引导，激发学生求出图形面积的积极性，指导学生用"看、画、找、算"四步法，确定所求图形的面积和所用数据等。教师的指导是基于对学生学习困难的认知，是学生在已有知识经验与新知之间建立联系的关键。教师通过简要的方法指导，引导学生在找一找、画一画、说一说的活动中沟通新旧知识的联系，在比较分析中建构新知。

（三）拓展延伸,德育渗透

在数学课堂教学中应抓住一切可能的契机,适时渗透德育教育,教师有时往往只需要一个提问或一个小结就能达到此目的。上述案例中,在课的练习小结环节,教师首先通过小结提问:"其实实际生活中面积的估测方法很多,如果我们要估测范围比较大的如国土的面积、森林的面积等,怎样才能估计得更准呢?"随后教师进一步小结:"我国科学家通过无人机遥感技术、卫星遥感技术等来估测。所以同学们一定要努力学习,长大后发明更多、更先进的测量仪器。"这样做延伸了学生的思路,开阔了学生的视野,同时适时地进行了德育渗透。

综上所述,一方面,学生不仅在比较中进一步理解和掌握了不规则图形面积的估测方法,还找到了正确的数据进行计算;另一方面,在掌握数学基本技能的前提下,不同基础的学生在学习数学新知的过程中能得到不同的认识和发展。

二、策略贴合,学有成效

学习过程必须确定怎么学。首先,学生必须学得扎实,学习过程不仅应展现学生的认知过程,体现学习的规律,展现学生从不会到清楚、从不懂到明白的发展过程,还要能够促进学生思维的发展,将数学的理解、积累和运用有机地结合在一起。其次,学生应该触类旁通地学,在辨析中建立知识的联系,巩固新学的知识。再次,学生一定要兴趣盎然地学,在情境中调动学习的积极性,确立学习的主体地位,从而激活思维,学会思考。

以下是某位教师在不同班级开展"除法、减法有没有运算律"研讨的教学片段。

案例 6

顺着学生思维选择教学策略

一、第一次执教:遇到问题(班级 1)

师:整理已经学过的运算律,并填写下表。

名称	举例	用字母表示
加法交换律	$18+25=25+18$	$a+b=b+a$
加法结合律		

（续表）

名称	举例	用字母表示
乘法交换律		
乘法结合律		
乘法分配律		

生:老师,这里为什么没有减法运算律和除法运算律? 我们都知道:$a-b-c=a-(b+c)$,$a-b-c=a-c-b$。除法也有类似的运算律啊! $a÷b÷c=a÷c÷b$,$a÷b÷c=a÷(b×c)$。

（诸多学生纷纷点头）

师:你的问题很有价值! 但是老师一时不知道答案,容老师想几天,再和大家分享。

二、第二次执教:引导问题解决(班级2)

教师经过学习和研究,调整了教学目标,在班级2进行教学。

师:整理已经学过的运算律,并填写下表。

生说出五大运算律。

师板书后,继续追问:还有哪些让你印象深刻的计算规律呢?

师结合学生发言,板书:$a-b-c=a-(b+c)$,$a-b-c=a-c-b$,$a÷b÷c=a÷c÷b$,$a÷b÷c=a÷(b×c)$,$(a+b)÷c=a÷c+b÷c$……

师:这些都有名称(手指五大运算律),这些就没有名称,比如这里的除法,它们可不叫某某律哦! 为什么呢?

生:我们都知道除以一个不为零的数,就是乘这个数的倒数,这样一来,所有的除法都变成了乘法。说白了,用的还是乘法运算律啊!

师:能举一个例子吗?

生:$(a+b)÷c=(a+b)×\dfrac{1}{c}=a×\dfrac{1}{c}+b×\dfrac{1}{c}=a÷c+b÷c$,这里面不就是乘法分配律和倒数的知识吗? (全班鼓掌)

师:为你点赞! 还有谁要补充?

生:$(a+b)÷c=(a+b)×\dfrac{1}{c}=a×\dfrac{1}{c}+b×\dfrac{1}{c}=a÷c+b÷c$,这里最关键的

一步是用了乘法的结合律。(全班鼓掌)

师:有意思! 除法都可以变成乘法,运用乘法的运算律,推演出我们熟悉的计算规律。同学们,既然转化成了乘法算式,用得更多的还是乘法里的相关运算律,所以运算律在乘法中命名就可以! 大家同意吗?

师:当大家进入初中学习更多的数学知识后,就会发现原来减法也可以变成加法。到那个时候,老师希望同学们也像刚才这样,运用我们学习过的加法运算律,再来看看这几个我们熟悉的减法的性质,或许你就明白为什么运算律只在加法中命名,为什么有人把这五大定律称为"数学大厦的基石"!

上述案例中,教师在第一个班执教时被学生问倒了,但他尊重并肯定学生的质疑,表扬了学生提出的有价值的问题,同时承诺后续会分享:"你的问题很有价值! 但是老师一时不知道答案,容老师想几天,再和大家分享。"这种教学策略不仅贴合学生的需求,更是一种问题解决的示范引领。

(一) 顺着思维,调整目标

如何站在学生的立场进行教学? 如何顺着学生的思路进行探究? 课堂教学需要教师的智慧,更需要教师的底蕴。上述案例中,当学生提出"老师,这里为什么没有减法运算律和除法运算律"时,课堂就按下了"暂停键"。教师对学生的承诺,秉承严谨活学的态度。在深入研究之后,教师及时调整教学策略,顺着学生的思维,围绕学生的问题进行解决,让学生在思考和交流中沟通新旧知识的联系,建构新的认识。

(二) 讨论对话,提升思维

如何通过对话引发学生思考? 如何通过提问引出学生的问题? 这些需要教师在研究学情的基础上进行实践的锤炼。讨论的话题必须能引起全班学生的共鸣,必须是建立在学生原有知识、经验上的新的问题。如上述案例中,教师在板书后继续追问:"还有哪些让你印象深刻的计算规律呢? ……这些都有名称,这些就没有名称,比如这里的除法,它们可不叫某某律哦! 为什么呢?"果然,学生在讨论分享中得出结论:"我们都知道除以一个不为零的数,就是乘这个数的倒数,这样一来,所有的除法都变成了乘法。说白了,用的还是乘法运算律啊!"这时,教师继续追问:"能举一个例子吗?"这样做推进了学生的深入思考。当学生在交流、辨析、对比中有了进一步的理解后,教师作出了如下小结:"有意思!除法都可以变成乘法,运用乘法的运算律,推演出我们熟悉的计算规律。同学们,既然转化成了乘法算式,用得更多的还是乘法里的相关运算律,所以运算律在乘法中命名就可以!大家同意吗?"在此过程中,学生不仅打消了疑惑,还对运算律有了新的理解。

(三)融会贯通,学有所获

当学生将某一知识与其他知识主动建立起联系时,学生对新知的理解已经深入了一层。如上述案例中,教师在学生自己理解的基础上进一步引导:"当大家进入初中学习更多的数学知识后,就会发现原来减法也可以变成加法。到那个时候,老师希望同学们也像刚才这样,运用我们学习过的加法运算律,再来看看这几个我们熟悉的减法的性质,或许你就明白为什么运算律只在加法中命名,为什么有人把这五大定律称为'数学大厦的基石'!"

通过实践可发现:教师顺着学生的思维和困惑,及时调整教学目标,改变教学策略,促使学生在对话讨论中,思维得到提升,知识得到贯通,同时体验到数学的简洁美,渗透数学思想方法,提升数学推理能力。

三、导向正确,练习检测

很多教师认为,在学生的数学学习中,计算能力是最重要的,因为小学数学试卷中,计算是占比最大的,所以在教学活动的练习环节,必须要进行大量的训练和检测,特别是计算题,必须反复操练。由此可见,计算能力作为小学生数学核心素养的重要内容而受到教师的普遍关注。但如何评价计算的重要性?计算真的那么重要吗?训练好计算能力数学成绩就一定好吗?什么才是合适的提高计算能力的方法呢?如何进行正确导向的练习设计呢?

以下是沪教版三年级第二学期"两位数除多位数(商中间有0)"的作业设计。

案例 7

如何设计"两位数除多位数(商中间有0)"的作业

两位数除多位数(商中间有0)的作业目标是:能正确进行商中间有0、商末尾有 0 的两位数除多位数的除法竖式计算,理解并掌握"除到被除数的哪一位不够商 1 时,要在那一位上用 0 占位"。该作业目标属于"数学思考"中"联系"的学习水平。根据这一目标,教师设计了以下题目。

1. 填一填,做一做。

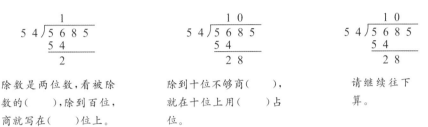

除数是两位数,看被除数的(　　),除到百位,商就写在(　　)位上。

除到十位不够商(　　),就在十位上用(　　)占位。

请继续往下算。

2. 下面这道题,你觉得他们做对了吗? (1)对的打"√",错的打"×";(2)写出错误原因;(3)改正。

小胖:

$$
\begin{array}{r}
3\,1\,0 \\
27{\overline{\smash{\big)}\,8\,1\,3\,4}} \\
\underline{8\,1} \\
3\,4 \\
\underline{2\,7} \\
7
\end{array}
$$

(　　)

错误原因(　　)

小巧:

$$
\begin{array}{r}
3\quad1 \\
27{\overline{\smash{\big)}\,8\,1\,3\,4}} \\
\underline{8\,1} \\
3\,4 \\
\underline{2\,7} \\
7
\end{array}
$$

(　　)

错误原因(　　)

请你算出正确的结果

$$27{\overline{\smash{\big)}\,8\,1\,3\,4}}$$

3. 验一验,算一算。

小兔欢欢给小伙伴出了一道题:9□56÷32,当□中填(　　)时,商中间有 0。

□中填6。　　□中填7。

□中填8。　　□中填6、7、8都可以。

你认为(　　)(填人名)考虑问题最全面,请通过计算进行说明。

$$32\overline{)9\,\square\,5\,6} \qquad 32\overline{)9\,\square\,5\,6} \qquad 32\overline{)9\,\square\,5\,6}$$

4.先估一估商是几位数,再竖式计算,最后回答问题。

$5624÷28=$ $\qquad$ $5803÷19=$

商是( )位数 商是( )位数

$$28\overline{)5\,6\,2\,4} \qquad\qquad 19\overline{)5\,8\,0\,3}$$

说一说上面两题商中间的0是怎样来的。

第1题:＿＿＿＿＿＿＿＿＿＿＿＿＿＿＿＿

第2题:＿＿＿＿＿＿＿＿＿＿＿＿＿＿＿＿

评价表		
第1题	能正确说出商末尾0算出的方法,表述合理。	😊😊😊
第2题	能正确说出商中间0算出的方法,表述合理。	😊😊😊

5.(选做题)想一想除法竖式的方框里填几。

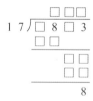

上述案例中的作业设计虽然只有五道题,但题目设计紧扣教学目标,题型多样,由易到难,而且设置了必做题和选做题,最后还有对说理题目的自我评价,体现了教师的命题水平,也反映出教师在设计练习时考虑到了对学生核心素养的培育。

(一) 正确认识计算能力

我国的小学数学教学体系以计算为主,学生如果计算出现问题,往往会影响学习成绩,进而影响学习自信心。但造成学生计算错误的原因到底是什么?教师必须对此进行分析和把握,这样才能针对不同的学生进行有效教学。研究表明,影响学生学习的永远是对问题和概念的理解、对关系的把握、在数学上的直觉、抽象和推理、归纳与演绎等,很少是计算。

计算能力永远只是数学的一小部分。即使是高斯、费曼等拥有超强计算能力的天才,发挥核心作用的也是他们对问题及其基本结构的理解和使用数学工具对问题进行建模的能力。因此,教师进行计算教学时,应正确认识学生的计算能力,并针对学生的不同问题进行有效教学。

（二）顺势发展计算能力

不可否认,好的计算能力对学生将来的学习和工作大有帮助。在小学数学教学中,怎样才能顺势发展学生的计算能力呢?

之所以特别强调"顺势"两个字,意思是我们不应该再花大量的精力在孩子的计算训练上,而应让他们在具体的问题中完成计算。如何"顺势"呢? 就是在学习的过程中抓住最根本的部分。

首先,学习初期养成正确的书写习惯。绝大部分学生经常算错,不是因为不会算,而是因为在计算过程中容易出差错,如对位对不齐、看错位、漏进位等。而这种差错大多是因为学生没有养成正确的书写习惯所造成的。所以,在刚开始学习一种新方法时,学生养成好的习惯特别重要。上述案例中的第 4 题就是让学生说一说上面两题商中间的 0 是怎样来的,然后通过说理进行自我评价,养成边做边说的习惯,达到理解算理和正确计算的目的。

其次,适当地进行心算练习,这里的心算不是指珠心算。教师应要求学生不断地使用运算规则对数进行重组,这个重组的过程能够刺激学生不停地思索数与数之间的关系。这种心算练习对学生培养数感、理解运算规则都有极大的促进作用。上述案例中的第 3 题就是让学生通过反复思考、分析和判断后得到结果,促进数感的逐渐形成。

（三）探寻计算背后的原理

计算的练习目标不仅要有知识与技能的学习水平目标,还要有数学思考与问题解决的学习水平目标。教学中,教师必须引导学生关注算理的形成过程,关注竖式和横式之间的联系。

从上述案例中可以看到,学生只有在明白很多知识背后的原理是相通的后,才能真正记住并正确地使用它。所以,如果学生去探索计算背后的原理和原因,为的是真正弄懂它,那结果就不仅仅是提高计算能力了。

第六章　探寻学生喜欢的课堂

不论是中国、外国，还是古代、现代，但凡在学业上取得一定成就的人，都对学习保持着浓厚的兴趣。因此，笔者认为要想让学生喜欢数学，最主要的是要激起他们学习数学的兴趣，让他们觉得数学课不是枯燥呆板的，而是新鲜有趣的，而且能在学习过程中体会到成功的喜悦。

我国著名数学家华罗庚先生也说："有了兴趣就会乐此不疲，好之不倦，因此也就会挤时间来学习了。"当小学生对数学学习充满兴趣时，他们就会全身心地投入其中，想尽一切方法去认识和解决数学问题，从而能够愉快地进行数学学习。这也就意味着教师达到了让学生喜欢学习数学的目的。

因此，数学教师要通过多种教学手段、教学方法来启发学生的思维，让他们动脑、动口、动手，进而对数学学习充满兴趣，并且将这种兴趣长久地保持下去。这样做不仅能够让学生更爱学习数学，还能提高课堂教学效率。

第一节　学生喜欢有趣的课堂

爱因斯坦曾说："兴趣是最好的老师。"在传统教学模式"满堂灌"的影响下，学生往往只是被动地与那些干巴巴的数字打交道，毫无兴趣可言。每每上到音乐、体育、美术课时，学生就欢呼雀跃，兴致勃勃，而一上数学课，大家就无精打采，为什么会出现这样两种截然不同的表现呢？可能有以下两大原因：一是数学课上学生大都正襟危坐，先听教师讲，再通过做大量的习题巩固新知；二是传统的应试教育导致教师注重评价学习的结果，忽略了学生的学习过程，学生一直被动地接受知识，课堂气氛自然沉闷。由此可见，只有激发学生学习的内驱力，才能使他们爱上数学课。

一、在美妙情境中兴趣盎然

兴趣是一种带有强烈感情色彩的欲望和意向,是学生学习的内在动力。教学实践告诉我们,学生学习的积极性、主动性是在引入情境后被激起的。因此,教师要通过各种途径,采用生动活泼的语言、灵活变化的动画、动手操作的活动等手段,创设出各种情境,使学生快乐地学习。

（一）用生动语言唤起兴趣

语言是最重要的交际工具。数学课中,教师也要注意用绘声绘色的描述、抑扬顿挫的声调、惟妙惟肖的语言导入,激发学生的兴趣,引领学生步入知识的殿堂。

以下是特级教师吴正宪老师执教"商不变的性质"的教学片段。

案例 1

故事设疑,增加情趣

吴老师微笑着走上讲台,亲切地说:"小朋友们好! 今天我给大家带来一个小故事,想听吗?"台下的学生异口同声地说:"想!"

吴老师出示小故事的多媒体课件。此时响起了画外音——

花果山风景秀丽,气候宜人,那里住着一群猴子。有一天,猴王给小猴分桃子。猴王说:"给你 6 个桃子,平均分给你们 3 只小猴吧。"小猴子听了,心想自己只能得到 2 个桃子,连连摇头说:"太少了,太少了。"猴王又说:"好吧,给你 60 个桃子,平均分给你们 30 只小猴,怎么样?"小猴子得寸进尺,挠挠头皮,试探地说:"大王,再多给点行不行啊?"猴王微微一笑,装出慷慨大方的样子:"那好吧,给你 600 个桃子,平均分给你们 300 只小猴,这下总该满意了吧?"小猴子觉得占了大便宜,开心地笑了,猴王也笑了。

师:想一想,谁的笑才是最聪明的? 为什么?

生1:当然是猴王的笑。从表面看,桃子变得越来越多,但猴子数也越来越多,每只猴子最终分到的桃子还是 2 个。

师:是吗? 你又是从哪儿知道的呢?

生2：$6÷3＝2,60÷30＝2,600÷300＝2$。

师：小朋友们真聪明！

此时，吴老师将这三道算式板书在黑板上，并提问：请仔细观察这组算式，有没有新的发现？

生3：都是除法算式。

生4：它们的商都是2。

师：观察得很仔细，你还能编出几道商是2的除法算式吗？

（学生汇报，教师板书：$24÷12＝2,30÷15＝2,8÷4＝2,2÷1＝2……$）

师：编得很精彩。大家想想有什么窍门吗？

学生带着问题，在小组中热烈地讨论着。

吴老师用一句"小朋友们好！今天我给大家带来一个小故事，想听吗？"调动起学生的兴趣，为数学课堂增添了探究的气氛。多媒体课件的演示不仅为学生展示了优美的画面，还有助于学生在生动的氛围中愉悦地学习。吴老师善借"猴子分桃"这一故事资源，将枯燥且抽象的商不变的规律精准地再现出来，让学生在思考中学会分析，在交流中学会思考，在分享中学会探究，整个学习过程充满理性和智慧。学生身临其境地感受到了"猴子分桃"的数学奥秘，同时也深深地感受到了学习数学的快乐。

（二）用问题情境激发兴趣

古人云："学起于思，思源于疑。"真正的学习都是从疑问开始的，没有问题就没有创造。教学中，教师要善于创设问题情境，鼓励学生大胆质疑、热烈讨论、积极探究，有意识地培养学生自主解决问题的能力，使他们感受到成功的喜悦。

以下是沪教版四年级第二学期"折线统计图的认识"的教学片段。

案例2

折线统计图教学中的问题情境

一、引入

师：今年又是奥运年，这次中国队可能会获得多少金牌呢？这是我们每个中国人所关心的问题。

出示:小胖画的是中国队历年奥运金牌的统计表,小丁丁画的是中国队历年奥运金牌的条形统计图,小巧画的是中国队历年奥运金牌的折线统计图。

师:你们认识这些图吗?你是怎么知道的?(指名口答,出示课题)

二、探究

(一)提问交流

师:你想了解折线统计图的哪些知识?

根据学生的问题归纳板书:异同、用途、画法

(二)观察讨论

1. 思考:条形统计图和折线统计图有哪些相同之处和不同之处?

(1)出示两张重叠的统计图(小丁丁画的是中国队历年奥运金牌的条形统计图,小巧画的是中国队历年奥运金牌的折线统计图),小组讨论交流。

(2)组织交流。

相同之处:标题、日期。

不同之处:条形统计图、折线统计图是用点表示数量的多少,条形统计图中的各直条是独立的,折线统计图中的各点是用线段依次连接成折线的,条形统计图与折线统计图的横轴刻度有区别。

2. 结合折线统计图展开思考:从数据中你能得到什么信息?利用课件帮助学生理解这变化的信息。

3. 思考:统计金牌数选用哪种统计图更合适?为什么?

在上述案例中,教师出示课题后,通过"你想了解折线统计图的哪些知识"激发学生的问题意识。一石激起千层浪,学生的学习积极性一下子被调动起来,他们纷纷举手,大胆提问,教师板书并提炼关键词"异同、用途、画法"。这一系列问题开启了学生的思维,他们的求知欲很快被激发出来,个个迫不及待地想从学习中找到问题的答案。此时,教师因势利导,引领学生读、思、画、议,兴趣盎然地投入学习。

(三)用动画情境调动兴趣

由于小学生比较容易被鲜明生动的画面吸引,因此教师可适时地设置一些活泼有趣的动画情境,把学习内容迅速表象化,让学生更快地理解教学内容。

以下是沪教版二年级第一学期"条形统计图"的新授课片段,执教者是一名计算机专业毕业的年轻教师。

案例3

用数据说话

一、收集数据:用数据来说话

(师PPT出示水果图)

师:小朋友,你们喜欢吃水果吗?

生:喜欢!

师:这里有很多水果,请你数一数,看看哪种水果最多。

学生正在慢慢地数,教师却快速地将PPT播放完毕。学生纷纷叫起来:"来不及,来不及,放得慢一点。"

师:哪个小朋友来说说你数到了几个?

生1:我数到苹果、香蕉、橘子共6个。

生2:我数到苹果有5个。

师:有没有好一点的方法? 怎样才能数得又对又快?

生:数一种水果。

二、整理数据:用分类来计数

师:好! 下面选择你喜欢的一种水果,看谁数得又对又快。

学生正在慢慢地数,教师却快速地将PPT播放完毕。学生纷纷叫起来:"来不及,来不及,放得慢一点。"

师:怎么还是来不及数啊?

生:应该把水果理一理,让相同的水果放在一起。

师:怎么放呢?

生:把相同的水果放在一个圆圈里。

(师PPT出示整理过的水果圆圈图)

师:好! 再来数一次,看哪种水果最多。

学生正在慢慢地数,教师却快速地将PPT播放完毕。学生纷纷叫起来:

"来不及,来不及,放得慢一点。"

师:怎么还是来不及数啊?

生1:应该把水果理得更好一点。

生2:相同的水果竖起来放。

三、组织数据:用对应来排序

(师PPT出示整理过的水果竖条图)

师:好!再来数一次,看哪种水果最多。

学生正在慢慢地数,教师却快速地将PPT播放完毕。

生1:苹果与香蕉一样多。

生2:苹果比香蕉多,苹果6个,香蕉5个。

师:你怎么看出来的?

生1:苹果与香蕉要一个一个对应着放

(师PPT出示整理过的一一对应的水果竖条图)

……

一、二年级的学生在学习统计知识的过程中,需要先从生活中完成统计图设计以及相关数据的收集,再通过统计图得出一些简单的事物规律,并注意联系生活实际。因此,当教师从生活角度进行教学设计时,学生就更容易接受,从而能够逐步完成小学阶段统计学思维的构建。

在上述案例中,教师设置了一个数一数哪种水果最多的问题情境。在一次又一次来不及完成的数数经历中,学生学会了收集数据、整理数据、描述数据,并通过眼睛看、耳朵听、脑子记等多种感官的协同活动,体会到分类计数的有效性,体验到组织数据、处理数据的成功感,感受到用数据说话和学习统计知识的必要性。同时,教师通过动画情境将语言转化为生动的形象,使学生的思维和情感得以协调发展。

总之,在数学教学过程中,教师只有用心挖掘,精心创设,将文本资源和教学情境有机整合,课堂才会生机勃勃,学生才会兴趣盎然。

二、在动手操作中深刻体验

一位教育家曾经说过:"儿童的智慧在他的指尖上。"现代教学论也认为:要让学生动手做,而不是用耳朵听。的确,思维往往是从人的动作开始的,一旦切断活动与思维的联系,思维就无法得到发展,而动手实践最易于激发学生的思维和想象。在教学活动中,教师要十分关注学生的直接经验,让学生在亲身体验中发现新知识、理解新知识和掌握新知识,让学生如同"在游泳中学游泳"一样,"在做数学中学习数学",进一步发展思维能力。

案例 4

除法竖式为何要从高位算起

在一开始学习类似 $18 \div 3$ 的除法竖式时,总有学生写出像加减法一样的竖式。

究其原因,学生大抵是受前面加法、减法、乘法竖式计算的影响,产生了负迁移,误认为除法竖式和它们一样都是从低位算起。因此,不少学生在学习从高位算起的除法计算规则时都产生了疑惑。但各版本小学数学教材都没有对这一计算法则作出直接的解释,只有北师大版教材略有提及。

教师出示 PPT 图片,并提问:将 54 个羽毛球平均分给 2 个班,每个班分得多少个羽毛球?

学生思考。

师:请同桌合作,用小棒代替羽毛球分一分。

学生同桌合作。

师:请同桌小组上前展示汇报。

学生展示不同的分法,有先将 4 个平均分给 2 个班的,也有先将 5 捆平均分给 2 个班的。

师:对比一下,你喜欢哪个小组的分法?说说你的理由。

生:通过对比,得出分东西时从大单位 5 捆小棒开始分会更加简洁。

师:说一说、画一画分小棒的过程。

师:把分小棒的过程用竖式表达出来。

学生通过操作和比较,纷纷表示都喜欢从大单位开始分,这意味着从高位除起。

师：请大家说一说除法竖式是怎么计算的。

用竖式计算加法、减法、乘法时都是从低位算起的，但除法竖式为什么要从高位算起？这既是教师心里的疑惑，也是学生提出的问题。

（一）操作内容的选择是关键

在操作活动的帮助下，数学知识变得不再那么抽象，理解数学也变得容易多了，数学学习成为看得见、摸得着的活动。在上述案例中，教师首先提问："将54个羽毛球平均分给2个班，每个班分得多少个羽毛球？"学生思考后，根据教师要求同桌合作，用小棒代替羽毛球分一分。展示汇报中，教师发现学生们有两种分法：有先将4个平均分给2个班的，也有先将5捆平均分给2个班的。教师让学生进行对比，说说喜欢哪个小组的分法。通过对比，学生得出分东西时从大单位即5捆小棒开始分会更加简洁。从上述案例中可以看到，操作内容的设计和选择是关键。

（二）操作尝试的过程是重点

在除法竖式的教学中，教师把重点放在动手操作上，对接直观与抽象，沿着"实物操作—形成表象—符号化的表达"这一过程展开。上述案例中的两三位数除以一位数的教学虽然不是学生第一次接触除法竖式，但教师仍要特别重视计算之前的动手操作，让学生先在操作中明确算理，再进行准确的计算。如果没有刚开始动手分的过程，学生对笔算除法只是依葫芦画瓢，知其然而不知其所以然。只有当学生完整体验了实物操作和竖式表达，建立了除法竖式从直观到抽象的过程，他们才算自主建构了竖式计算的算理，并且真正明白了除法竖式从高位算起的道理。

除法竖式虽是程序性规则的教学，但也不适宜用直接告知的方式呈现。数学规定需要解释，这是学生期待已久的；数学规定的解释更需要有理有据，便于学生较好地接受。通过探索性的操作学习，学生能够体悟到计算规则的合理性、简洁性，这样的操作活动才是有生命力的。

（三）操作交流的提炼是难点

经过多次操作与比较，学生能够在交流与分享中逐步体悟到知识背后的原理。比如上述案例中，学生通过操作活动和对计算过程的比较与辩论，可发现算法的统一凸显了计算程序的最优化以及计算过程的简洁性。

三、在主动探究中乐趣无穷

现代心理学研究表明,任何知识都是学习者在一定的情境中借助必要的信息资源主动建构的。一个好的活动,既突出了教学内容的关键,又设置了悬念,能够激发学生主动探究新知的愿望。

作为独立的个体,每个学生都有其独特的个性。在教学中,教师应尊重学生的需要,鼓励学生以不同的方法思考、探索、解释,使学生的个性因尊重而得到张扬。

以下是沪教版二年级第一学期"倍的认识"的教学片段。

案例 5

探究的乐趣

师:今天我们班来了好多客人——老师,大家欢迎吗? 你准备用什么方式来表示欢迎呢? (掌声响起)

合作拍手游戏:师生合作拍手。第一轮,师拍 2 次,生拍 3 个 2 次。第二轮,师拍 3 次,生拍 2 个 3 次。

师:老师第一轮拍了几次? 你们拍的次数里面有几个 3? 第二轮呢?

生回答后,师引出课题:像这种情况,我们就说同学第一轮拍的次数是老师的 3 倍。今天,我们来一起学习"倍"的认识。(板书课题)

师:图上有一些小朋友出去春游,大家看三位小朋友在公园的花坛边干什么? (在数花)从图上你知道了哪些数学信息?

生1:蓝花有 2 朵。

生2:黄花有 3 个 2 朵。

生3:红花有 4 个 2 朵。

根据学生回答,师随机出示蓝花、黄花、红花。

师:蓝花和黄花比,蓝花有 2 朵,黄花有 3 个 2 朵,你知道黄花有多少朵吗? 我们先来摆一摆。想一想,可以先摆谁?

学生用蓝花片摆出 2 朵蓝花。

师：黄花有 3 个 2 朵，你能在蓝花的下面，用黄花片摆出 3 个 2 朵吗？想一想，怎么摆能让人一眼看清你摆了 3 个 2 朵呢？

请一学生上来摆一摆。

师：蓝花是 2 朵，黄花是 3 个 2 朵。我们也可以说，黄花的朵数是蓝花的 3 倍。

请 3—4 名学生照着说一说。

师：知道了黄花的朵数是蓝花的 3 倍，现在你知道黄花有几朵吗？

师：小朋友，我们知道黄花的朵数是蓝花的 3 倍。那红花有 8 朵，红花是蓝花的几倍呢？同桌可以说一说。先想一想，红花里有几个 2 朵？红花的朵数是蓝花的几倍呢？

师：1.想一想，说一说（想想做做 1）。参观完花坛，迎面飘来了两条彩带，你能说出红带子的长是绿带子的几倍吗？那你是怎么想的？（师撕去一条红带子）那么现在红带子的长是绿带子的几倍呢？（师再贴上一条绿带子）那么红带子的长是绿带子的几倍呢？你是怎么想的呢？

师：2. 连一连，填一填（想想做做 3）。在花坛边有一个小卖部，小卖部里也有好多数学问题呢！看看白球有几个，彩球有几个？你能不能先连一连再填空呢？小卖部的后面是一个蔬菜园，里面也藏了许多数学问题，你能解决吗？

师：3. 摆一摆，算一算（想想做做 2）。我们来玩一个摆棋子游戏。请小朋友拿出袋子里的棋子，听清老师的要求再摆。黑棋摆 3 颗，白棋摆 6 颗。说说你摆的白棋的颗数是黑棋的几倍。你会写算式吗？黑棋摆 2 颗，白棋摆 10 颗。你能摆一摆吗？直接列算式算一算白棋的颗数是黑棋的几倍。

考虑到低年级学生的年龄特征，教师应精心设计生动的情境，设置诱人的悬念，激发学生的思维火花和求知欲望，并创造条件让学生乐于思考。

（一）在游戏中引入探究问题

从学生已有的知识基础出发，创设相对开放的问题情境，能够使学生在比较中掌握新知。上述案例中，教师首先渗透"倍"是由两个数量相比较所产生的背景知识。由于在先前的学习中，两个数之间主要存在相差关系，因此相差关系在学生的头脑中已经形成了深刻的认知结构。教师的任务是既要沟通两个数之间的相差关系，又要拓展相差关系以外的关系。通过游戏情境的设置，学生在拍手、摆花、数花的过程中体验了新的知识。考虑到学生是首次接触"倍"这一概念，因此教师在教学中再次为学生提供充足的时空，让每个学生摆一摆、说一说、议一议、评一评，展示思维的真实状态，并在不断的挑战中修正、提升。就这样，教师结合有关内容，培养学生初步的观察、操作、分析、抽象、概括的能力，让学生在解决问题的过程中学会合作、表达、交流，进而学会学习。

（二）在操作交流中探究新知

教师呈现的学习材料及创设的富有挑战性的问题情境，能够激发学生强烈的探究欲望，引导学生有序思维、积极发现，从而提高课堂教学效率。在教学中，教师应尽可能地为学生提供充足的时间和空间，让学生在同桌互说、操作交流中充分暴露自己学习的原始状态，并通过师生、生生的对话，让学生积累感性材料，亲历概念形成的全过程。另外，教师不必急于表态，可以把评价抛给学生，给予学生更大的发挥空间，从而促成真正的生生互动；同时不断激起认知冲突，促成挑战，引导学生在研讨中解决问题，使学生的认识进一步深化。

在上述案例中，由于"倍"的概念建立和解决倍数问题有着非常密切的联系，因此教师把初步解决倍数问题也列入本节课的目标之一，两者一起教学有利于加深学生对"倍"的本质的理解。当学生较好地掌握了一个数是另一个数的几倍后，教师又在原有基础上提出了更高的要求："老师这里还有一幅图，你能不能也用'倍'来说一句话？"学生的精彩回答说明他们完全有能力同化新知识、内化新内容，在操作交流中探究新知，也为后续学习打下可持续发展的基础。

（三）在练习拓展中巩固新知

"以学生发展为本"的课堂教学的根本任务就是要侧重于促进学习者的发展，更多地关注学习者学习能力、习惯和态度的形成，关注学习者的主动求知与实践参与。一节成功的课，不仅要让学生掌握所学的知识，更要创造一种和谐、愉悦的气氛，让学生能够从中感受到学习的乐趣，主动地去探求知识，发展思维。课堂上学生兴致勃勃的学习情绪、聚精会神的神态、跃跃欲试的举动，以及师生间融洽的情感交流，都是我们所追求的教学境界。上述案例中，教师注意将数学与学生生活紧密地联系在一起，在一种宽松、和谐的氛围中探索解决问题的方法，使学生体验到生活中处处有数学，解决实际问题的能力大大提高，并逐步学会运用所学的知识去分析、解决日常生活中的问题。这既拓宽了学生自主学习的空间，又有利于发展学生的探索精神和创新能力，这样的课堂才是充满生活气息和生命活力的课堂。

第二节　学生喜欢分享的课堂

苏霍姆林斯基说："在人的心灵深处，都有一种根深蒂固的需要，就是希望自己是一个发现者、探索者。"在儿童的精神世界里，这种需要尤其强烈。因此，当学生对某种感兴趣的事物产生疑问并急于了解其中的奥秘时，教师不能简单地把自己知道的知识直接传授给学生，而应该充分相信学生的认识潜能，鼓励学生自主探索，积极开展观察、实验、猜测、推理、交流等数学活动，从而大胆地"再创造"数学。当学生产生自觉参与的欲望后，他们会尽情表达自己的想法和创意，在参与过程中体验到探索、发现、创新的快乐。

数学是一门讲道理的学科，数学的定理、法则、算理等知识的产生、发展及确定都蕴含着深刻的数学道理。学生就是在学习中分享数学的道理，在分享中体会学习的乐趣的。

一、分享知识产生之理

数学课堂应重视知识的形成过程，利用学生已有的生活经验、知识基础、认知结构，以有效活动为支撑，通过问题引领、对话交流、思辨提升、追根溯源，引导学生挖掘出隐藏在数学知识背后的那些深层次的数学之理，从而促进数学理解，活化数学思维。

以下是沪教版三年级第一学期"三位数被一位数除"的教学设计片段。

案例 6

在沟通联系中感悟算理的产生

一、新课引入

1. 剪纸欣赏。

2. 出示手工纸:100 张五大叠,10 张三小叠,单独 6 张。

3. 呈现题目:536 张手工纸平均分给 3 个班,每个班能分到几张?还剩下几张?

(1) 读题,列式。

板书:536÷3

(2) 观察算式。

揭示课题:三位数被一位数除

二、新知探究

(一)估

1. 估一估:536÷3 的商是几位数?

独立思考后交流。

2. 每个班究竟能分到几张呢?

(二)想

1. 独立思考。

2. 大组交流、小结。

(重点关注第二次的分法)

(三)算

1. 用算式表示三次分的过程。

(1) 独立思考。

(2) 同伴交流。

(3) 大组交流。

(4) 小结。

2. 用竖式计算。

(1) 尝试计算。

（2）收集、呈现、讲评学生作品。

（3）小结竖式的计算方法。

3.建立横式和竖式的联系。

（1）观察、比较横式与竖式,思考它们之间的联系。

（2）同伴交流。

（3）大组交流、讲评。

（4）小结。

（四）验

1.独立用"商×除数＋余数＝被除数"验算结果是否正确。

2.小结。

三、巩固练习

1.填一填。

2.用合适的方法计算下面各题(集体练习后校对)。

809÷6＝　　　　　　822÷3＝

3.解决问题:540节电池,4节装一盒。130个盒子够装吗?

四、课堂总结

通过今天的学习,你有什么收获呢?

五、作业布置(略)

板书:

三位数被一位数除

估　想　算　验　　　536÷3＝178(张)……2(张)

横式计算　　　竖式计算

300÷3=100　　100×3
210÷3=70　　70×3
26÷3=8……2　　8×3

$$\begin{array}{r} 178 \\ 3\overline{)536} \\ \underline{3} \\ 23 \\ \underline{21} \\ 26 \\ \underline{24} \\ 2 \end{array}$$

答:每个班能分到178张,还剩下2张。

上述案例是沪教版三年级第一学期第四单元的教学内容。本节课之前,教材安排了两位数被一位数除的估算、计算、验算的学习,本课主要学习三位数被一位数除的除法计算。在教学过程中,教师善于解读教材,构建知识之间的联系,引导学生观察思考、探究讨论、思辨提升、追根溯源,挖掘出隐藏在数学知识背后的算理,在分享知识产生之理中体会学习的快乐。

(一) 基于问题情境,感悟知识产生

创设与学生生活实际相关的数学问题,可以激发学生分享数学的兴趣。上述案例中,教师通过呈现手工纸和问题情境,让学生感到数学就在自己身边,增强了学好数学的内驱力。

结合情境,教师首先提供了分 536 张手工纸的简图,引出 $536 \div 3$ 的横式与竖式计算过程,然后利用三个除法算式 $300 \div 3 = 100$、$210 \div 3 = 70$ 和 $26 \div 3 = 8 \cdots \cdots 2$ 表示每次分的过程与结果,让学生感受"先分整百的,再分整十的,最后分单个的",为后续理解笔算除法的算理、算法(从被除数的高位除起,除到被除数的哪一位,商就写在那一位)做铺垫。在这一过程中,学生通过观察思考、探究体验、分享交流,逐步厘清分手工纸的过程,建构横式与竖式之间的关联。

(二) 探索认知过程,体会难点突破

学习既是一个认知过程,又是一个探索过程。为了使学生真正感受到数学的真谛与价值,教师必须找准学生问题的根源,引导学生思考、探索,使学习成为学生自我的需要。

上述案例中,学生在之前"两位数被一位数除"的学习中已经积累了一定的知识基础与学习经验——通过动手分小棒,感受"先分成捆的,再分单个的"方法的简洁与合理。让学生脱离具体的小棒操作,借助简图有效迁移已有的知识,类推出"三位数被一位数除"的算理和计算方法,是突破教学难点的关键。因此,在第二次想象分的过程中,教师为学生提供充分的活动时空,让学生在独立思考、小组合作中动手实践、表达交流,同时辅以多媒体的动态演示,让学生逐步感受直观图形与抽象算式之间的关系,从而真正理解笔算除法的算理。

(三) 寻求知识起因,建构方法联系

教学中,教师要引导学生关心身边的数学,用数学的眼光审视客观世界中丰富多彩的现象,并组织一些符合学生年龄特征与生活经验、具有一定趣味性和挑战性的活动,让学生经历应用数学分析问题、解决问题的过程,积累数学活动的经验。

竖式计算是上述案例中本课时的一个教学重点。在整个探究过程中,学生通过观察、比较、分析,建立简图与横式、竖式之间的联系,自觉养成估、想、算、验的计算习惯。练习中,学生自主选择合适的方法去计算,体会到数学学习的实用性和应用性。

教师要引导学生自己寻求知识产生的起因,探索知识与其他事物之间的联系,在形式多样的学习活动中感悟知识产生的道理。

二、分享知识形成之理

抽象是数学最基本的特征,它舍弃了事物的其他方面而仅仅保留数量关系和空间形式。由于儿童尚处在从具体形象思维到抽象逻辑思维的过渡阶段,对抽象的数学概念、规则不能完全理解,因此教师要让学生经历知识的形成过程,借助自己的经验不断"数学化",逐渐抽象形成数学知识。

以下是沪教版五年级第一学期"用字母表示数"的教学片段。

案例7

在分享交流中感悟知识的形成过程

师:同学们,你们喜欢看变魔术吗? 都喜欢对吗? 今天,我请来了一位魔术师。(出示 PPT)想不想看他给大家变魔术? 那你们先得用这四张扑克牌算一算 24 点。谁来?

生:13 减 11 的差乘 12 再乘 1 等于 24。

师:你算得真快! 但是,你说的这些数在扑克牌上没有啊!

生:A 就表示 1,J 就表示 11,Q 表示 12,K 表示 13。

师:我们在扑克牌中的确是这么规定的。所以,有时候我们会用一个字母来表示一个确定的数字。接下来就请你们睁大眼睛来看魔术。请看,2 变成 7,再变一个,5 变成 10,谁来猜一猜魔术师的魔力是什么?

生:魔术师每次都是把原来的牌加上 5,变成现在的牌。

师：是不是这样呢？我们来验证一下。请看 3 变成?，你们猜应该变出几？

生：3＋5＝8。

师：看一看是不是？（出示 PPT）你们真厉害。如果现在扑克牌上的数是 a，那这次变出几呢？

生：这次会变出 a＋5。

师：嗯，那 a＋5 是几啊？

生：不确定。

师：啊，为什么不确定？

生：因为 a 不确定。

生：如果 a 是 1 的话，a＋5 就是 6。

师：那你想表达的意思就是这个 a＋5 是随着 a 的变化而变化的，请问这个 a 在这里表示什么意思呢？

生：表示原来这个扑克牌上的数，而且这个数不确定。

师：嗯，是会有变化的，那 a＋5 这个含有字母的式子又表示什么意思呢？

生：它表示的是变化数，它也可以表示一个数量。

生：嗯，我发现我们可以用字母来表示数，还可以用含有字母的式子来表示数和数量关系。

师：嗯，把所有情况都概括进去了，真棒！接下来我们再来看一个魔术好吗？好，准备好！睁大小眼睛啊，仔细看，再来看一个，看明白了吗？魔术师再变一个好吧？来，看好。这次谁能用一句话概括几张牌放进了魔术帽？

生：就是用 x 表示放进去的牌的数量，然后你用 3 乘 x 来表示飞出的数量。

师：对吧，好。3 乘 x 在这里既可以表示倍数的数量，还可以表示它们两者的数量关系，真棒！咦，你为什么要举手？你说说看。

生：老师怎么写了两个 x 啊？

师：他刚才说 3 乘 x。看来这里这个乘号和 x 很容易混淆，那怎么办呢？有没有人知道解决的方法？

生：我知道可以把这个乘号省略不写。

师：你已经了解了这个知识，是吗？好，那么还有哪些要求呢？我们来看看数学家帮我们找到的解决方法。（出示 PPT）含有字母的式子中省略乘号的写法：(1)乘号记作点或省略不写；(2)数写在字母前面；(3)1×a 可以写成 a；(4)两个 a 相乘可写成 a 的平方。谁愿意到黑板上改一改？你来。

师：好，请问现在都清楚了吗？还会混淆吗？好，请你们用刚才提到的简便写法来完成数学书第 45 页的第 1 题，开始。

生填写，师生共同核对。

……

师：好，课上到这里，我们来放松一下吧，念个儿歌。《数青蛙》大家都念过，是不是？好，跟着我一起来念。一只青蛙，一张嘴，两只眼睛四条腿，两只青蛙，两张嘴，四只眼睛八条腿，三只青蛙，三张嘴，六只眼睛十二条腿。这个儿歌念得完吗？谁有本领把它概括出来？

生：n 只青蛙 n 张嘴，$2n$ 只眼睛 $4n$ 条腿。

师：你概括得太好了，你今天学得真棒！

师：真厉害！大家回忆一下，今天这节课我们学了什么？

生答。

师：嗯，我们学习了用字母表示数，概括简明。真好，其实最早有意识地、系统地用字母表示数的人是法国数学家韦达，他被称为"代数学之父"。今天回家后请你再通过补充阅读，发现更多相关的知识。

上述案例是五年级第一学期"简易方程"这一单元的内容，这是学生第一次接触代数，也是他们学习代数的一个起点，后续还包括"化简与求值""方程""列方程解决问题"等教学内容，"用字母表示数"则是这个单元的起始课。在本节课的教学中，教师尊重学生的年龄与认知特点，让学生经历了新知建构的过程。

（一）基于原有基础，助力目标达成

学生喜欢分享已有的经验。上述案例中，学生在上本节课之前，已经学习了用符号表示数、运算律和运算性质，以及图形面积和周长等计算公式。除此之外，他们也学会了一些方法，比如观察已知信息、找规律、找数量关系等。但在这节课中，学生面临的主要困难是不习惯将含有字母的式子视为一个量。因此，教师基于对教材和学情的分析，将本节课的教学重难点确定为会用含有字母的式子表示数量和数量关系。教学中，教师找准学生原有的基础，有效组织活动，使教学目标有效达成。

（二）交流活动感悟，加深知识理解

学生喜欢分享活动中的感悟。上述案例中，教师从打扑克牌这一生活情境引入，引导学生猜想、发现、分享魔术的奥秘，再回归到生活经验，最后归纳总结。本节课渗透了符号化的思想，尤其在第二环节，教师通过魔术活动引发学生的认知冲突——"老师怎么写了两个 x 啊"。通过辨析，学生感受到了简写的必要性，随后掌握了简写规则，符号意识得到了发展。

（三）分享说理提炼，促进练习巩固

学生喜欢分享对知识的理解和感悟。上述案例中的第三环节是一个巩固练习环节，三道题由易到难，其中儿歌《数青蛙》唤起了学生已有的学习经验。第四环节，教师先对本节课进行交流总结，强调用字母表示数的优势，让学生感受到这个知识的用处。随后的作业布置中，教师也有意识地渗透了一些数学史，通过相关知识激发学生探究的兴趣和欲望，使他们进一步提高学习能力。可见，教师要善于在教学中搭建平台、创设时机，使学生通过分享、交流领悟知识形成的道理。

三、分享知识应用之理

课堂中仅有程序性知识的学习是不够的，教师还要把这些程序性知识应用到实践中，分享知识应用的过程，让学生感受数学知识的应用之理。

以下是人教版四年级第二学期"折线统计图"的教学片段。

案例 8
在联系生活中分享知识的应用

师：同学们，上课前我们先来看一段视频。

师：同学们，将这样的画面和 2020 年上半年相比，你想起了什么？

生：疫情期间，街道上空无一人，我们全都待在家里，只有医护人员在医院里工作。

师：是啊，2020 年初，一场突如其来的新冠肺炎疫情影响了我们的生活，如今武汉恢复了往日的繁华，这是多么来之不易。课前老师请同学们收集了与武汉战"疫"有关的统计图表,我挑选了几张和大家一起分享。请收集这张图表的同学说一说你从表中获取了哪些信息。

生回答。

师:同学们,你们看到他说出来的信息了吗?

生:看到了。

师:从统计表里我们知道了这几家公司在疫情期间向湖北捐赠了炒青绿茶、土鸡蛋、生菜籽等物资的具体数据。我们再来看,这是某同学收集的统计图,请你为大家介绍一下。

生:我收集的是抗疫期间接收的基金金额,分别是……从图中我们可以了解到 2 月 11 日捐款最多,2 月 13 日捐款最少。

师:你们看出来了吗? 在条形统计图中,我们可以直观地了解数据的大小,还可以看出不同数据间的差距。大家看,老师也收集了一幅统计图,这是 2020 年 2 月至 3 月武汉市青山区教师志愿者的人数统计图,这个图你见过吗? 你能从图中读出什么信息呢?

生:我知道这叫折线统计图,从图中可以看到教师志愿者的人数,比如第一周是 220 人,第二周是 650 人。

师:来,给大家指一指,你在哪里看到第一周有 220 人的?

生:我从这个点和数看出来的。

师:你们看出来了吗? 这个点在这个地方,表示第一周有 220 人。请问这个点表示什么,你知道吗?

生:这个点表示在第五周,青山区有 1000 名教师志愿者。

师:同意吗? 看,这是我们还没有学习的折线统计图,但刚才几位同学根据已有的经验就已经能够读出其中一部分信息了,你们真了不起。同学们,透过图表中的这些数据,我们进一步了解了疫情期间的一些情况,现在让我们把时间轴拉回到 2020 年初,危难时刻,全国上下万众一心,346 支国家医疗队、4.26 万名医护人员、965 名公共卫生人员驰援湖北,他们以敢于担当的勇气和坚定不移的决心,同时间赛跑,与病魔较量,展开了一场令人惊心动魄的抗疫大战。今天,我们就借助这些与武汉战"疫"有关的数据来认识折线统计图。看,课前老师收集了 2020 年 1 月 24 日至 1 月 28 日全国各地驰援武汉的医护人员的人数,并把它整理成了统计表。如果我们需要更加直观地把表中这些数据呈现出来，想一想还可以怎样整理呢？

生：用我们学过的条形统计图来呈现。

生：还可以把它制作成折线统计图。

师：同学们的想法都很对，对于同样的数据，我们可以有不同的整理方法，既可以用条形统计图，也可以用还没学过的折线统计图。我们一起来看学习任务要求，请你默读。如果你想绘制条形统计图，就选1号任务单。如果你想绘制折线统计图，就选2号任务单，2号任务单分为三个不同的星级，看一看有什么不同？看出来了吧，你们从中选择一个来绘制即可，当你绘制完图形后，再从图中读取信息，并和同桌互相说一说。听明白要求了吗？好，从你的抽屉里拿出任务单，想好选择哪一个。

生独立尝试。

师：都画完了吗？好，我们来看一看哪些同学绘制的是条形统计图。这是某同学绘制的条形统计图，从这个图中同学们读出了哪些信息呢？

生：我从条形统计图上的高度可以看出1月24日之后某一天的具体人数，还看出1月28日人数最多，1月24日人数最少。

师：同学们，他读出的信息对吗？你的信息读得非常完整。在条形统计图里，我们通过直条的高低，不仅能看出每一天驰援武汉的医护人员的具体数据，还能看出不同数据间的差异。刚才，我们还有不少同学选择绘制折线统计图，请这些同学举手。选择一星任务的有哪些？二星呢？三星呢？好的，我们一起来看一看。这三张由不同星级的任务单绘制出的折线统计图一样吗？你们从这些折线统计图中获取了哪些信息？先在小组内互相说一说，然后全班一起交流。刚才画条形统计图的同学也来读一读，看看能读出哪些信息。

生讨论交流。

师：请同学们说一说你从折线统计图中获取了哪些信息。

生：我发现了，1月24日至1月28日，每一天驰援武汉的医护人员的数量分别是450人、850人、955人、922人和2699人。

师：你是怎么在图中找到2699的位置的？

生：我是从点的位置获取到这些信息的。选择横轴对应的是1月28日，纵轴对应的是 2699。

师:还有谁想说一说?

生:我还发现一点,就是从每一个点的位置可以看出每天驰援武汉的人数差异。1月24日的点位置最低,人数就是最少的;1月28日的点位置最高,所以人数最多。

师:这两位同学都观察得特别仔细,他们从点的高低发现,折线统计图里点的高低反映了数据的大小和它们的差异。除此之外,你们还获取了哪些信息?谁来说一说?

生:我发现这些线段是变化的。上升的线段说明人数在增加,24日至25日增加了400多人,25日至26日增加了100人,27日至28日增加了1700多人。下降的线段说明人数在减少,26日至27日减少了33人。

师:同学们,你们看到他读出的信息了吗? 让我们跟着他比画一下。感受到它的变化了吗? 不错,从线段的上升和下降,我们看出了数据的增加和减少。如果这里的线是平的,它表示什么呢?

生:表示既没有增加也没有减少。

生:我还发现从1月24日至1月28日医护人员的人数是不断上升的,1月24日至1月25日人数上升得较快,1月25日至1月26日人数是缓慢上升的,1月26日至1月27日人数略有减少,1月27日至1月28日人数上升是极快的,急剧增加了。

师:你看,某同学用完整的语言把变化的过程描述出来了,他还看到这条线呈一个整体上升的趋势,同学们,你们看到了吗? 我们从折线统计图的点和线读出了这么多信息,原来看似简单的点和线一点也不简单。谁来接着说一说,你是怎样绘制折线统计图的呢?

……

上述案例是一节贴近学生生活、富有时代气息、蕴含数学思想且有新意的统计课,可圈可点之处很多,以下三方面令人印象深刻。

(一) 解读身边数据,分享育人之理

课堂中,教师要联系令学生印象深刻的生活事例来进行教学,使学生在学习中分享数学知识的育人之理。上述案例以武汉战"疫"为背景,通过数据传递育人的作用。教师敏锐地抓住了抗疫这一鲜活而有价值的题材,以2020年1月24日至1月28日全国各地每天驰援武汉的医护人员人数为切入点展开新授教学,实现了立德树人的学科育人目标。这些真实的数据资料与视频画面,让学生在认识折线统计图时有了现实背景的支撑,深刻地感受到"一方有难,八方支援"的中华民族优良传统,感受到医护人员的伟大。通过分享与交流,学生把感恩与担当深植心田,进一步深化了情感、态度和价值观。

（二）对接学习起点,分享分层之理

在探究学习环节,教师可以通过分层学习单对接学生的学习起点,让学生在尝试、思考、交流中分享新知建构时的分层之理。上述案例中,教师的分层作业设计给人以很大启发。教师首先出示每天驰援武汉的医护人员的人数,让学生观察、思考后交流,并选择用条形统计图或折线统计图整理数据。随后,教师为学生提供了分层分类的四个信封,首先分成两类,1号作业单是绘制条形统计图,2号作业单是绘制折线统计图,再将2号作业单分成三个星级,一星任务有两个提示,二星任务有一个提示,三星任务则没有提示。由此可见,教师并未把折线统计图当作新知,而是基于学情,通过分层分类式的作业单设计,放手让学生自主地去学、去画,在独立思考的基础上进行小组合作、讨论交流、动手操作。只有当教师的教学对接了学生的学习起点,学生才能真正站到课堂正中央。

（三）关注思维素养,分享应用之理

上述案例中,教师通过布置分层作业单,让学生尝试绘制折线统计图,在绘制过程中解读信息,理解点、线的作用。学生在画图、观察、分析的过程中,感受到折线统计图的内在特点,明白了绘制折线统计图的步骤。在对比思考折线统计图和条形统计图外在结构的异同中,学生还明白了选择哪种统计图与统计的对象和统计的目的有关。由此可见,学生通过整理数据、读取信息,培养了数据分析观念,提升了思维与素养。

分享讲道理的策略还有很多,但是归根结底,教师首先要提升自己的数学专业素养,设计有效的教学策略,让学生明白道理。在课堂教学中,教师要留给学生充足的时间和空间,让学生在讲道理的过程中理解知识的本质,真正地掌握知识、发展思维、增强能力。

第三节　学生喜欢思考的课堂

如何才能在数学课堂上激发学生学习的内在动力呢？应该给学生跳一跳才能摘到的苹果，让他们在没有压力但有人激励的环境下轻松愉悦、自然而然地学会思考。

一、在几何直观中学会思考

"几何直观"是《义务教育数学课程标准》(2011 年版)的十个核心概念之一，也是课标新增的核心词汇。目前，探讨几何直观的文章已经陆续出现，但距离达成共识还有一定的距离。

几何直观主要是指利用图形描述和分析问题。借助几何直观，复杂的数学问题将变得简明、形象，有助于学生探索解决问题的思路并预测结果。简言之，几何直观可以帮助学生更好地理解数学，在整个数学学习过程中都发挥着重要作用。

以下是沪教版五年级第二学期"行程问题"的教学片段。

案例 9

在线段图中直观理解等量关系

师：列方程解决问题，下面的题做对了吗？请默读并思考等量关系是什么。判断解设、列方程正确吗？

甲、乙两辆汽车同时从东、西两地相向开出，甲车每小时行 56 千米，乙车每小时行 48 千米，两车在离中点 32 千米处相遇，求东、西两地的距离是多少千米？

解：设东、西两地相距 x 千米。

$56x-48x=32$

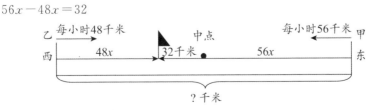

生交流。

生1:方程是错误的。等量关系是:甲行的路程—乙行的路程＝相差的路程,而相差的路程是甲超过中点32千米＋乙离中点还有32千米,即两个32千米。

生2:所设未知数错误,等量关系也错了,所以列的方程也错了。

生3:设 x 小时后两车在离中点32千米处相遇。

$56x-48x=32\times2$

五年级第二学期的行程问题涉及两个物体的运动地点、运动时间、运动方向和运动结果。一旦地点、时间、方向和结果改变,就会产生不同类型的"相遇"问题,比如从相向变成背向,从相遇变成相距等。教师教学时,必须带领学生借助线段图找到等量关系,通过对比找到相遇问题中的变与不变。

上述案例中,教师首先设计判断题:列方程解决问题,下面的题做对了吗?在学生判断的基础上,教师出示线段图,请学生观察、分析等量关系,发现:甲行的路程—乙行的路程＝相差的路程,而相差的路程是甲超过中点32千米＋乙离中点还有32千米,即两个32千米。当教师移动PPT上不同颜色的线段进行对比时,学生很容易就能得出等量关系。就这样,在对线段图的直观观察中,学生加深了对题意的分析和对等量关系的理解。

在"数与代数"及其他非图形与几何领域的教学中,教师要强调直观的方法,但不一定要提及"几何"。教师可以将教学定位于"直观",几何直观是其子集。这一定位基于学生的已有经验,在难度上有一个渐进的过程,更符合学生的认知规律,同时也保留了其他直观方法在学生数学学习中的地位。

二、在借数看图中学会思考

数学教学中,教师既要让学生看到图形,借助数看图形,又要让学生看到数,借助图形看数。用一句话概括,就是把数学画出来,把事物量出来!

案例10

借助直观画图解决数学问题

【问题一】苏教版四年级第二学期"解决问题的策略(画图)"有这样一道

题目：

小营村原来有一个宽 20 米的长方形鱼池。后来因扩建公路,鱼池的宽减少了 5 米,这样鱼池的面积就减少了 150 平方米。现在鱼池的面积是多少平方米?

多数学生画好图后这样算:$150÷5＝30$(米),$30×(20－5)＝450$(平方米)。只有个别学生根据画的图直接列式计算:$150×3＝450$(平方米)。很多学生刚开始并不理解这种简便算法,后来看了其他同学画的图纷纷恍然大悟。

【问题二】在北师大版五年级第二学期"分数混合运算"的教学中,教师出示了这样一道题目:

小华录入一份稿件,录入 $\frac{3}{4}$ 后还剩 700 字,小华录入了多少字?

大部分学生用的是解方程的方法,还有的用算术法:$700÷\left(1-\frac{3}{4}\right)×\frac{3}{4}＝2100$。在呈现上述两种常规算法后,一个男生激动地说:"我还有一种解法,$700×3＝2100$。"其他学生一开始都认为该生的结果是凑出来的。这个男生不服气地说:"我可没凑,我有依据的。我是借助线段图来解题的。"

该生在黑板上画好线段图,解说道:"整条线段表示一本书,录入了就是把线段平均分成了 4 份,其中的 3 份表示已录入的,剩下 1 份没录,还剩 700 字就是这没录的 1 份。求小华录入了多少字,就是求 3 份的字数,所以就是 $700×3$。"

数学学习中,学生学会借助数画图或借助图看数,是一种促进形象思维向抽象思维过渡、在复杂关系中凸显数学本质的重要能力。

问题一提醒我们:学生会画图、读图、据图计算,甚至能根据问题情境判断要不要画图,未必就一定具有几何直观意识。同时,我们也看到,学生的几何直观能力的确有高下之分。

问题二中,这位学生借助图形思考跳过了一些步骤,简洁、快速地获得答案,恰恰体现了"直观"的特色。

上述案例中的学生都直接借助图形来思考,借助的手段都具有"几何"特色。因为学生分析与解决的问题不属于图形与几何领域,所以他们采用的方法可以说具有创造性,而这正是学生最可贵的思维品质。

对几何直观的教学来说,难就难在学生要主动地想到用几何的方法去分析问题,主动地"以形助数",而不是教师告诉学生一个几何直观的方法,让学生去解题。培养学生主动运用各种方法分析同一问题的意识,才是教师在教学中真正的挑战。

三、在合情推理中学会思考

在小学数学教学中,教师要特别关注学生在学习过程中表现出的想象力和顿悟。学生学习数学时经历最多的是根据数据进行精确的计算,而很多问题是可以通过转换直接获得结果、得出判断的,这要求学生转换学习风格、思维方式,有一定难度。在这个过程中,合情推理、想象和顿悟就显得极为重要。

以下是人教版五年级第二学期"体积和体积单位"的教学片段。

案例 11

在合情推理中解决数学问题

在"认识立方分米"教学环节中,教师取出 3 个不同大小的正方体,让学生判断哪个是 1 立方分米。在学生正确判断后,教师出示 PPT。

师:估一估这些物体的体积大约是多少立方分米。

教师取出一碗泡面。

生 1:这碗泡面的体积大约是 1 立方分米。

教师取出一个纸巾盒。

生 2:盒子的体积大约是 2 立方分米。

对生 1、生 2 的回答,教师都微笑首肯。

教师取出一个电热水壶。

生 3:我估计水壶的体积是 15 立方厘米。

师:哦!(表情诧异)说说看,你是怎么想的?

生 3:中间那个立方体(指了指讲台)是 1 立方分米,我觉得水壶的下半部分就有 1 立方分米了,上面部分差不多是半个立方分米,所以是 15 立方厘米。

认识体积单位"立方分米"对小学生来说比较抽象。如何变抽象为直观,变数学为生活问题的解决,需要教师不断引导学生在观察、体验中完善认知,在交流、分享中进行建构。

(一) 在参照联想中合情推理

小学数学学习中,学生学会合情推理是指基于已有经验的积累和对原有知识的初步认知,在观察、比较中逐步形成合情推理的能力。

上述案例中,学生的思考都是基于一定的合情推理。如生 3 的回答看上去虽然是错误的,但其思考过程却是正确的,以 1 立方分米的正方体为度量单位,水壶的体积是一个立方分米加上半个立方分米。只不过因为当时还未学习体积单位间的进率,所以学生误以为进率是 10。

这个时候,教师可以肯定学生用立方分米作参照物的想法,同时拿起 1 立方厘米的正方体,提醒学生:"你说是 15 立方厘米,你看看 1 立方厘米是这么大,这个水壶只能装 15 个这样的小方块吗?"这样做可以让学生对体积的进率有感性的体会。教师后续还可以引导学生思考长度(一维)、面积(二维)、体积(三维)单位之间进率的变化特点。

课后,教师找到这个学生,问他是怎么想到这种方法的。学生泰然自若地回答:"老师,这不是你教的方法吗?你不是在三年级时让我们讨论过用同样长的铁丝围长方形或正方形,怎么围面积更大吗?我就是受了这道题的启发后类推联想到的。"

案例 12

比较积的大小

在一次四年级期末模拟训练中,有这样一道题——

比较下面两个积的大小:

$A = 987654321 \times 123456789$

$B = 987654322 \times 123456788$

答对的学生几乎都是用乘法分配律来解答的:

$A = 123456789 \times 987654321$

$$=(123456788+1)\times987654321$$

$$=123456788\times987654321+987654321$$

$$B=123456788\times987654322$$

$$=123456788\times(987654321+1)$$

$$=123456788\times987654321+123456788$$

所以 $A>B$。

但有一位学生却这样做：

因为 $987654321+123456789=987654322+123456788$,

又 $987654321-123456789<987654322-123456788$（前差比后差小 2）

所以 $A>B$。

通过观察、分析、比较,学生将逐渐发现并建立知识之间的联系,数学素养可以得到提高,数学能力也能得到一定的提升。

（二）在类比联系中合情推理

小学数学学习中,学生还可以通过类比、联系,将数学的不同知识整合在一起,体现思维的整体性和创造性。

上述案例中,这位学生大胆地进行合情推理,其思维体现出整体性、跳跃性和创造性。在这里,学生通过类比和联想,将数学的不同领域联系在一起,体现了差异与统一的转化。学生在课堂上的这种思考太精彩了,教师一定要注意挖掘,把一个点放大成一个面,让全班的学生都来分享该学生的想法,从而对合情推理下高阶思维的"威力"多一些感性的体验。

对数学思考的培养是一个过程,需要教师在教学中长期关注,有意识地渗透。同时,在几何直观中借数看图、合情推理也是一种思维方式,教师应有意识地去培养。在课堂上,让学生不同的思维方式有机共存、相互激荡和补充,或许才是教学的正途。

第七章 研究学生学习的难点

在数学教学实践中,教师应不断研究和发现学生学习过程中阻力较大的某些关键点,找到学生比较难接受的知识点或不容易解决的问题,并针对这些学习难点进行有效教学。

课堂教学要完成认知目标,就需要解决"突出重点"和"突破难点"这两个常规问题,就要求教师在讲课时必须做到:突出重点、突破难点,引导学生暴露学习困惑,帮助学生理清头绪,从而使他们有效地学习数学。

第一节　找准教材中的重难点

教材是教师实施课程标准的基本载体,是对课程标准各目标的分解和细化,是最基本的课程资源。教师要创造性地理解和使用教材,"用教材教",将教材教活,而不能简单地"教教材",把教材教死。

一、解读文本,发现难点

（一）与编者们对话

一方面,每位教师都要潜心解读文本,认真地与编者对话,搞清教材的编写意图,把握教材的精髓,明确教材的重点、难点以及教学的层次性,力求读懂、读透,读出自己独特的感受,在思想和思维上内化教材的内容和精神。另一方面,学生也要通过解读教材和交流辨析发现难点,在解决问题的过程中形成自己的知识。

以下是沪教版五年级第二学期"数轴的认识"的教学片段。

案例1

在阅读教材中发现问题

当学生通过尝试画数轴,对数轴三要素有了初步的认识后,教师进行了如下的引导。

师:书本上有详细的画数轴方法,请你轻声读一读。

师:读完画法介绍,谁有疑问吗?

生1:我有个问题,最后选取适当的长度作为一个单位长度,这里的"适当的长度"是什么意思啊?

生2:这个我知道,适当的长度就是不要太长也不要太短,方便我们找点标数就可以了。

师:谢谢小巧的解答。那就让我们对照着方法一起画一画数轴吧。

上述案例中,教师为学生提供了阅读课本和提出疑问的机会。学生首先在阅读中发现问题,随后通过生生、师生之间的交流辨析解决了疑问,并进一步理解巩固了知识。

(二) 从目标中分析

教师要对单元教学目标进行认真分析,仔细分析每课教材内容在整个课程标准和每个单元教学中的地位与作用,把握课程标准的具体要求,特别要搞清楚教材文本中哪些内容比较简单,是大部分学生都能接受和掌握的,哪些内容略有难度,是需要学生动一动脑筋的,哪些内容难度较大,是部分学生理解和掌握时有困难的。另外,教师要明白教材中哪些内容只需要学生通过简单的识记去了解与掌握,哪些内容需要通过创设情境让学生在具体的、丰富的实践中感悟、理解并自然生成,哪些内容需要通过营造氛围使学生产生共鸣、提升情感,并能表明一定的态度,在价值层面作出合理的认同,有利于正确人生观的形成等。

以下是沪教版四年级第二学期"小数加减法的应用"的学情分析和教学目标。

案例 2

分析学情时找准三个点

1. 学情分析

有利点:学习本课内容之前,学生已经积累和掌握了整数的运算定律(加法交换律、加法结合律及减法的运算性质)和小数的加减法运算方法,大部分学生能够熟练地说出运算的算理,这说明学生们已具备本课所需的教学基础。从学生的学习能力看,本班有四分之一的学生养成了良好的计算习惯,具备较强的计算能力,正确率高,但计算的速度还需要进一步加强。

障碍点:学习本课的计算知识,学生除了要具备扎实的计算基础之外,还要掌握整数的运算定律和运算性质,并且能够将其灵活地迁移运用于小数的加减法,这对学生来说有一定挑战。再加上班级中近四分之一的学生为外来务工子女,他们缺乏良好的学习习惯,尤其是计算习惯,因此在学习小数加减法计算时容易出现障碍。

需求点:教师需要及时关注外来务工子女的课堂反馈,特别应该在练习反馈的评议中及时激励这部分学生,从而改善他们的计算习惯;同时对能应用"两看两思""四步检查""步步智勇闯关"等运算策略的学生及时进行引导性、激励性评价,促使他们养成良好的计算习惯。

2. 教学目标

(1) 通过实例验证,能说出小数四则混合运算的顺序与整数相同,并能正确计算小数加减混合运算。

(2) 会将整数加减法的运算律或性质运用到小数中,能运用加法运算律和减法的运算性质,使一些小数计算变得简便。

(3) 在具体情境中感悟运用"两看两思""四步检查""步步智勇闯关"等方法解读计算规则,培养良好的计算习惯。

教学重点:能正确应用加法交换律、加法结合律和减法中的规律进行小数加减法的简便运算。

教学难点:在小数的运算过程中主动养成"两看两思""四步检查"的良好审题习惯。

上述案例中,教师通过分析教材及学情中的有利点、障碍点、需求点,找到了学生的问题所在,确立了教学重难点。

(三) 从学生处预设

教师还要站在学生的角度去思考:教材中的哪些内容、目标和要求在现有条件下是无法开展或很难实现的,哪些内容和目标需要适当地调整和变通,哪些内容需要适当地降低要求,哪些内容需要补充一些新的材料尤其是本土材料,等等。只有了解、掌握、搞清了这些情况,教师才能制定明确、具体的教学目标,才能实施精准教学。

以下是沪教版四年级第二学期"小数加减法的应用"的学情困惑分析与对策思考。

案例3

预设时多维关注、突破难点

突破重难点是小学数学教学成功的关键,教师首先设计计算教学中的重难点突破方案,然后在课前预设、课堂教学、巩固练习三个环节中分别实施,以取得良好的教学效果。

计算是小学生必须掌握的基础知识、基本方法和基本技能,是数学学习和数学能力发展的根基。但教学经验总结和调查研究发现,近几年小学生的计算能力出现弱化趋势,尤其是那些外来务工子女,他们的计算十分马虎随意,主要表现为:(1)审题习惯差,往往只看了一半就动手去做,结果经常出现错误;(2)计算时不摆竖式或竖式摆得乱七八糟,经常出错;(3)没有养成验算的习惯,算完便了事;(4)书写不规范,数字、运算符号写得潦草,常抄错数字和符号。以上习惯导致这群学生口算能力比较薄弱、计算基础不够扎实、计算法则混淆不清、计算能力参差不齐。

针对这一现状,教师在本课教学中围绕其中一个研究策略进行实践。本次课例研究主要尝试将审查结合、智勇闯关的激励策略应用于教学过程,帮助学生在理解和掌握小数加减法的算理的基础上提高计算能力。

上述案例中,教师对学生因学习习惯差导致口算能力比较薄弱、计算基础不够扎实、计算法则混淆不清、计算能力参差不齐的现象进行了有效研究,从课例研究入手进行思考,并将其融入课堂教学,为帮助学生突破难点做预设。

总之,在课堂教学前,教师一定要钻研教材,分析教材,理解教材,内化教材,同时还要广泛阅读,丰富积累,关注生活,了解学生,为创造性地使用教材做好充分的准备。

二、方法多元,突破难点

教师们逐渐形成这样一种共识:教学难点一是来自教材本身有难度的内容,二是来自由学生知识基础和认知能力决定的内容。教师只有准确把握学生遇到的难点,有的放矢地进行突破,才能助力学生的学习,提高他们的学习信心。

（一）多管齐下,找准切入点

1. 情境中学习,分解难点

从教学难点出发,以生活为源泉,创设教学情境。首先要寻找一个能引起学生共鸣和兴趣的情境或话题作为难点的切入点,然后采用阶梯设疑法,即设计有梯度的问题,由浅入深,从易到难,一步步推进着解决问题。也可以先采用分解整合法,即把一个问题从不同层次和不同角度分解成几个小问题进行探究性学习,然后师生加以概括归纳,这样就容易在问题解决的过程中分解难点。

2. 游戏中学习,操练难点

利用游戏活动法,激发学生的兴趣,让学生产生主动探究的欲望。学习活动是一种主动的过程,学生必须通过积极的体验、参与、实践,以及主动的尝试与创造,才能获得认知和数学能力的发展。教师在课堂上,应从学生的心理和生理特点出发,充分利用小学生模仿力强、求知欲强、记忆力好、表现欲和创造力强等特点,围绕教学中的难点、重点,设计生动活泼、有趣多样的学习活动,寓教于乐。竞赛性活动也是学生乐此不疲的一种形式,可以让重难点巩固变得非常轻松。在游戏竞赛中,学生乐学乐记,积极性高,参与面也广。

3. 媒体中学习,化解难点

计算机多媒体软件具有画面清晰、色彩亮丽、动态感强的特点,能化静为动,化抽象为直观,化难为易。当多媒体融入数学教学后,学生可以接受形象、直观、生动、活泼的文字、图形、视频和音频等媒体信息,使视觉和听觉功能同时发挥作用,这是消化、吸收知识的最佳选择。多媒体教学方式容易激发学生的学习热情,引起学生的学习兴趣,使学生在轻松愉快的情感体验中,在情感与思维的和谐交融中,自然而然地进入积极的思维状态,由感性到理性,由理性到实践,循环往复,实现认识的不断飞跃。因此,教师在教学过程中要充分发挥课件和视频的优势,目的就是化解教学难点。

(二)思辨交流,突破困惑点

在课堂教学中,教师一定要做到心中有学生,要尽力创设机会暴露学生的思维,倾听学生的发言,了解学生的想法,巡视学生的作业情况,及时调整教学预设,对学生不懂易错处进行及时的关注和处理。

1. 追问辨析,突破难点

小学数学中的很多难点是由学生的认知水平造成的。因此,教师是否能够发挥好主导作用,直接关系到学生学习效果的优劣。这就要求教师在备课中做好充分的准备,备学生、备问题、备错误等,考虑到课堂中可能出现的任何情况,从而更有效地指导学生,顺着学生的思维进行追问,在学生的辨析交流中突破教学难点。

以下是沪教版五年级第二学期"列方程解决问题(四)"中"追及问题"练习课的教学片段一。

案例 4

追及问题不再难

一、揭示课题

师:同学们好。昨天我们一起学习了较复杂的追及问题,这节课我们就来上一节追及问题的练习课。

二、基础练习

师:先来看下面两道题,想一想你能找到怎样的等量关系,以及方程应该怎样列。

出示：

1. 小胖和小丁丁从学校出发去图书馆，小胖先行 120 米后小丁丁再出发，小丁丁平均每分钟行 75 米，8 分钟后追上小胖，小胖平均每分钟走多少米？

2. 小胖和小丁丁从学校出发去图书馆，小丁丁比小胖晚出发 2 分钟，小胖平均每分钟行 60 米，小丁丁平均每分钟行 75 米，小丁丁出发多少分钟后追上小胖？

师：大家在练习本上试一下吧。（学生独立尝试）

师：大家都做完了吗？让我们来交流一下。先来看第一题。

生：我找到的等量关系是小胖的第一段路程＋小胖的第二段路程＝小丁丁的路程，其中小丁丁的路程可以用 75×8 来表示，假设小胖的速度是 x 米每分，那么小胖的第二段路程可以用 $8x$ 表示。所以列的方程是 $120 + 8x = 75 \times 8$。

师：再来看第二题。

生：我找到的等量关系是小胖的第一段路程＋小胖的第二段路程＝小丁丁的路程，小丁丁比小胖晚出发 2 分钟，那么小胖的第一段路程就是 60×2，假设小丁丁出发 x 分钟后追上小胖，那么小胖的第二段路程可以用 $60x$ 表示，小丁丁的路程可以用 $75x$ 表示。所以列的方程是 $60 \times 2 + 60x = 75x$

师：大家都做对了吗？也许你找的等量关系和他们不一样，列的方程也不一样，但最后的结果应该是一样的。仔细观察这两道题，你们能说一说这两道题有什么区别和联系吗？看看我们的小伙伴都找到了哪些区别和联系。

生：我发现这两道题都是追及问题。

生：对！但是第一题要求的是速度，第二题要求的是追及的时间。

生：我有补充，第一题小胖的第一段路程是直接告知我们的，而第二题小胖的第一段路程是要根据速度和时间求出来的。

生：我还发现了一个有趣的现象，这两道题虽然条件不同，要解决的问题也不同，但画出来的线段图一样，等量关系也一样。

师：是啊，虽然题目给出的条件或要解决的问题有所不同，但都属于追及问题，而且都是从同一地点一先一后出发的追及问题，所以才会有相同的线段图和相同的等量关系。

上述案例中的追及问题是小学高年级学生数学学习的一个重要内容。在练习课中,部分学生往往会因为内容集中、题型变化而无从下手,这时教师应给予学生独立思考的时间和交流辨析的机会,使学生在尝试和思辨中进一步巩固列方程解方程的一般步骤。同时,教师应及时追问,巧设两题之间区别和联系的辨析,使学生在进一步交流中发现追及问题的基本模型,发现变式题之间的关系,从而有效地突破难点。

2. 错例辨析,突破难点

教材中的难点往往是学生学完知识后在练习中反复出错的内容。教师应找到学生练习时容易出错的地方加以利用,帮助学生通过辨析梳理巩固理解。教师在备课时,就要预设学生将要出现的错误并重点准备。但课堂上仅靠反复强调、讲解是不够的,教师可以将可能出现的错误呈现出来,引导学生通过"尝试错误"比较、思辨,在错误中寻找真理。

以下是沪教版五年级第二学期"列方程解决问题(四)"中"追及问题"练习课的教学片段二。

案例 5

借助错例突破难点

师:接下来我们来做一道选择题,请大家认真读题,想一想到底该选哪一个。

出示:甲、乙两人打字,甲平均每分钟打 85 个字,乙平均每分钟打 95 个字,甲先打 2 分钟后乙才开始打,最后两人同时打完一份字数相同的文稿,乙打了几分钟?

解:设乙打了 x 分钟。错误的方程是( )。

A. $85 \times 2 + 85x = 95x$

B. $95x - 85 \times 2 = 85x$

C. $95x + 85 \times 2 = 85x$

D. $85 \times (x + 2) = 95x$

师:想好了吗? 让我们来听听小伙伴们的选择。

生:读完题后,我发现这是一道打字上的追及问题。甲先打 2 分钟后乙才开始打,等量关系可以是甲先打的字数＋甲后打的字数＝乙打的字数,所以 A 是正确的。

生:这个等量关系当然还可以是乙打的字数－甲先打的字数＝甲后打的字数,或简略为甲打的字数＝乙打的字数,所以 B 也是对的,C 是错的。

师:D 选项中的 $85\times(x+2)$ 表示什么?

生:甲先打的字数＋甲后打的字数＝甲打的字数,所以等量关系还是甲打的字数＝乙打的字数,甲先打 2 分钟后乙才开始打,说明甲比乙多打了 2 分钟,所以甲打字的时间就是 $x+2$,方程左边的 $85\times(x+2)$ 就表示甲打的字数,所以 D 这个方程也是正确的。

师:原来 D 选项是把甲先打的字数和甲后打的字数合并成了甲打的字数来列的方程,用这种方法的时候可千万要想清楚甲打字所用的时间哦。

上述案例中,教师通过找准切入点、以错例辨析突破难点、用追问指导克服困惑点等多种方法帮助学生理解知识。

3.凸显板书,突破难点

一般来说,写在黑板上的内容都是非常重要的。根据教学重难点来设计板书,能让人一目了然。教师在课堂上指导学生根据板书学记笔记,或利用板书小结本课的重难点,都可以帮助学生加深记忆。

考虑到有些知识的重点和难点是同一个,上述方法可以交叉使用或综合使用。如能灵活地、有针对性地加以运用,教师一定能收到事半功倍的效果。

三、探究学习,找到关联点

很多处于知识网络关联点处的内容,往往也是学生的学习难点,它们也许是学生容易遗忘的,也许是学生基础薄弱的。如何帮助学生找到这些关联点,一个很重要的方法就是教师引导学生亲自经历活动并暴露思维的真实状况,然后加以有效利用,使其成为教育资源,这样学生才可能在解决问题的过程中获得经验,提升思维。

以下是沪教版五年级第二学期"不规则物体的体积"的学习内容设计。

案例6

在探究"不规则物体的体积"的学习中找到关联点

【活动一】

师:听了《乌鸦喝水》的故事,你是否能从数学的角度发现其中的数学问题?

生1:那只乌鸦太聪明了,它会想办法往瓶子里投石子,让水面升高。

生2:我发现升高的那部分水的体积就是那些小石块的体积。

生3:我发现可以把小石块的体积转化为一部分水的体积。

【活动二】

师:那些小石块的体积难道真的就是升高那部分水的体积? 你有理由说服大家吗?

学生提出可以动手实验,实验结束后全班交流。

方法1:先在杯中放入一部分水,测量出水面的刻度;然后将石块完全浸没于水中,读出水面的刻度;最后比一比,两次的刻度之差就是石块的体积。(上升法)

方法2:先把石块完全浸没于一个水杯中,读出水面的刻度;然后取出石块,再读出水面的刻度;最后比一比两次的刻度之差。(下降法)

方法3:把石块放入一个盛满水的量杯中,溢出的那部分水的体积就是石块的体积。(溢出法)

方法4:用两个同样大小的量杯,一个盛满水,一个是空杯(里面放入石块),然后将水倒入放有石块的杯中,剩下的水的体积就是石块的体积。

【活动三】

师:各小组在组长的带领下按照既定的方案进行操作,并做好必要的数据记录。

学生马上动手操作,过程中不少学生提出问题。

生1:我们用了不同的实验方法,为什么测量出来的结果也不同呢? 其中又有什么秘密?

生2:可能与石头的张力有关系。

生3:我们认为,第一次做的实验结果最精确,因为随着实验的进行,有一部分水渗入了石块,那是没有办法测量出来的。

从上述案例中可以发现,学生能够在学习中自主发现知识之间的联系,并在交流发现的过程中享受到成功的快乐。

(一) 发现知识之间的转换点

教师引导学生发现知识之间的转换点,不仅能使学生体验转化的数学思想方法,还能让他们发现知识中蕴含的奥秘。上述案例中,学生们凭着已有的生活经验和知识基础,很容易就发现了《乌鸦喝水》这个故事中的数学秘密,并且通过前面的学习,初步知道了转化的数学思想。问题"听了《乌鸦喝水》的故事,你是否能从数学的角度发现其中的数学问题"一抛出,学生兴趣高涨,思维活跃,纷纷交流了自己的想法。教师在表示认同的基础上,让学生独立思考:"那些小石块的体积难道真的就是升高那部分水的体积?你有理由说服大家吗?"学生马上提出可以动手实验,并以小组为单位讨论、设计测量不规则物体体积的方案。这样的活动为不同的学生、不同的小组提供了不同的思维空间。通过小组成员之间的思维碰撞,学生们思考得出了多种方法。

(二) 验证知识之间的联系

通过猜想、验证知识之间的联系,学生学得兴趣盎然。案例中,学生通过独立思考和小组合作,讨论出了可行的实验方案,并在操作中验证了方法,否定了一些错误的想法;通过交流,学生明白了实验的步骤,知道了实验需要的器材,为后面的动手实验提供了保障;同时,小组之间的交流,也让部分基础较差的学生和小组学会了一些解决问题的方法,明白了溢出部分水的体积就是小石块的体积,可通过容器底面积乘以水升(降)高度求得。学生在交流方法的过程中,初步体会到石块的体积与上升、下降或溢出的那部分水的体积有关。后来,教师又追问:"如果我给你的杯子上什么刻度也没有,你该怎么办?"这时,学生自然能思考得出只要测量出这个容器底面的边长和水面的高度,同样可以解决问题。

(三) 沟通方法之间的关联

学生从刚开始的讨论方案、确定方案到最后的实践操作,都是在自主学习的过程中自己发现问题。由于是基于自己解决问题的需要而自发地去思考并发现规律,因此学生的体会都很深刻。通过对几种不同的方法进行比较,他们渐渐明白:几种方法看似不同,其实质却是一样的,都是用转化的方法,将石块的体积转化为一部分水的体积。

由此可见,通过动手操作等探究活动,学生破解了学习困惑,积累了活动经验,学习变成了他们自己的需要,学生的兴趣因此更浓厚了。整个学习活动中,学生们从讨论实验的方案到最后归纳结论,始终处于兴奋的状态。在小组合作学习中,他们既有分工,又有合作,学习能力与数学思维得到了充分的发展,孩子们学到的不仅仅是数学知识,还有一套科学实验的方法,那将是他们终身受益的。

第二节　预设学习中的障碍点

教师要想在课堂教学中及时发现学生的学习障碍,除了要能够敏锐地捕捉教学资源,还应该在课前精心预设,使课堂的生成资源为自己所用,为突破教学难点、解决学生的学习障碍服务。

一、找准障碍,预设方案

梳理数学教材中知识的重难点以及突破重难点的方法,是教师必须完成的一项工作。教师要从学生可能遇到的困惑出发,预设突破难点的对策。

以下是沪教版三年级第一学期"整体与部分"突破重难点的操作点的预设与实践。

案例 7

预设学习过程中的障碍和突破点

一、教学重难点和操作点

1. 重点:整体与部分之间的关系

2. 难点:整体与部分之间的关系

3. 突破重难点的操作点

（1）动画演示。在教学时最好进行"把部分从整体中分离出来"的过程演示，使学生形象地感知部分是整体中的一部分。

（2）表述与操作。为了帮助学生理解整体与部分的关系，教学时应同时呈现一组对象（包括整体与部分），然后让学生用"谁是整体，谁是它的部分"进行表述。还可让学生动手操作画一画，或根据整体画出部分，或根据部分画出整体。在说与画的训练中，学生能够充分理解整体与部分之间的关系。

（3）创设情境。为了帮助学生理解整体与部分的相对性，可创设一些情境（如一个班级对学校来说是部分，对班级里的学生来说是整体），让学生明白同一个物体既可能是一个物体的整体，也可能是另一个物体的部分。

二、课堂实践：多媒体演示一幅小兔图

师：请同学们找一找小兔图上谁是整体，谁是部分。

生1：把这只小兔看成整体，那么小兔的头就是它的一部分。

生2：把这只小兔看成整体，那么小兔的手就是它的一部分。

生3：把这只小兔看成整体，那么小兔穿的衣服就是它的一部分。

生4：……

师：同学们，你们真聪明，在小兔图上找到了整体与部分。其实，在我们的周围，我们也可以找到整体与部分的关系，你们能举例说说吗？

生1：我们把墙上的钟看成整体，那么钟上的时针和分针就是它的一部分。

生2：大树是一个整体，树叶就是它的一部分。

生3：……

师：你们观察得真仔细，在我们的生活中到处存在着整体与部分的关系。

上述案例中，教师通过三个步骤突破难点：一是动画演示"把部分从整体中分离出来"的过程，使学生形象地感知部分是整体中的一部分；二是让学生用语言表述整体与部分之间的关系；三是让学生在情境中理解整体与部分的相对性。虽然片段没有完全呈现，但步骤清晰，可操作性强。这位教师按照这些步骤进行教学，取得了比较好的效果。

二、基于学情,动态生成

很多教师喜欢设计和组织大量操作活动,希望学生在操作中感悟,但操作中应解决什么问题、突破什么难点必须在课前思考清楚,设计完整,这样才能在教学中真正地突破难点。

以下是沪教版三年级第一学期"整体与部分"两次教学实践的片段。

案例8

调整预设中的操作点

【第一次实践】

师:同学们的手中都有一张彩纸,现在,请大家把它作为一个整体,将它折一折、剪一剪,分成若干个部分,然后再将它们还原成原来的形状,可以吗?

学生开始动手操作,或剪或拼。

教师将比较典型的作品贴在黑板上,并请学生说说是怎么剪的。

有的学生将彩纸平均分(平分成4份的比较多),有的学生将彩纸任意地分(随意地剪,剪的份数比较多)。

【第二次实践】

在学生认识了生活中物体的整体与部分之后,教师调整了原来的剪纸片设计。

师(指长方形纸片):你能涂出这张长方形纸片的一部分吗?

学生先各自涂色,涂完后把作品展示在黑板上。有的学生把纸片平均分后涂,有的任意地涂出一部分。

师:同学们,你们认为大家涂的是纸片的一部分吗?

对于作品 ,有一位学生是这样评价的:"我认为他涂的不是纸片的一部分,因为他涂得太少,我们很难把它还原成原来的纸片。"

教师引导学生进行辨析。

在新知探究环节,为了让学生理解整体与部分的相对性,教师是这样做的。

师:你能说说从图中看到的整体与部分吗?

生:正方形是一个整体,涂色部分是它的一部分。

生:正方形是一个整体,空白部分是它的一部分。

师:同学们说得非常好,那你们能用一句话说说看到的整体与部分吗?

生:如果把正方形看作一个整体,那么图中的涂色部分和空白部分就是它的一部分。

多媒体演示:▧ ◸ ◸

师:同学们,你们看到这幅图中的整体与部分了吗?请说给你的同伴听。

学生说出了很多精彩的答案。

师:同样的◸怎么一会儿是整体一会儿又变成部分了呢?

学生沉思片刻,随即在小组内展开了热烈的讨论。他们认为单个的◸相对于涂色部分和空白部分来说是一个整体,当它和另外两个◸组合在一起的时候,又可以看成是一个整体,而这时的一个◸就是这个整体的一部分。

学生们终于明白:整体与部分是相对而言的,单独的一个◸不能说是整体,也不能说是部分,整体与部分是相互依存的。就这样,在讨论的过程中,学生们的思维得到了提升。

从上述案例中可以看出,教师通过课前的预设,可以较好地规范课堂教学,有效地突破教学重难点,但要注意千万不能为了操作而操作,否则会适得其反。

（一）理解与设计是突破难点的关键

教学中的每一个环节都要从教学目标的达成出发精心设计。在上述案例的第一次实践中,教师设计了剪长方形纸片的操作活动,原本想让学生通过剪一剪、拼一拼的活动体验整体与部分的关系,但并没有达到预期的效果——学生花费了大量的时间,剪成了多个部分,而且没有还原成原来的形状,显然他们并不明白教师的意图。

每一个教学活动都应具有较强的目的性。上述案例中,究竟为什么要把彩纸剪成若干个部分,再还原成原来的形状,学生明白吗?学生在剪彩纸的时候有没有想过剪完后还得将它们拼成原来的形状?学生为什么把纸片剪得那么碎?难道是教师的指令?教师读懂学生了吗?这样的设计导致学生浪费了较多时间,更为严重的是造成一些原本善于思考的学生也跟着瞎剪。由此可见,教师只有读懂教材、读懂学生,使指令为突破重难点服务,才能使学习活动行之有效。

（二）调整与改进是解决困惑的拐杖

学生是学习的主体,学生的认知现状是教学准备的基础。教师要想提高课堂教学的效率,必须明确学情,了解学生是否拥有当前学习所需的经验、知识、方法、策略,以及广度和深度是怎样的。只有准确地捕捉到学生在学习中的真实现状及已有经验,基于此进行分析并提出相应的措施,教学活动才有可能在学生的最近发展区展开,教师才能省时高效地实现预期的教学目标。

第二次实践中,教师调整了原来的剪纸片设计。教师指着长方形纸片说:"你能涂出这张长方形纸片的一部分吗?"学生各自涂色,涂完后把作品展示在黑板上。教师又指着长方形上涂了很小的一个角的作品问:"同学们,你认为这涂的是纸片的一部分吗?"这种涂法引发了学生的一阵笑声,这位学生此时十分窘迫,但教师并没有直接评判对错,而是请学生展开讨论。一位学生这样评价道:"我认为他涂的不是纸片的一部分,因为他涂得太少,我们很难把它还原成原来的纸片。"这时,教师加以引导:"涂得很少的一部分是谁的一部分?"大家在交流辨析后形成共识:把纸片看作一个整体,那么只要不超出纸片,不管涂出多大的一部分,都是纸片的一部分。教师也及时表扬了两名学生,认为他们思路非常独特,在第一位学生的心中,整体的一部分不应是很大的一部分,而第二位学生想到了要把部分还原成整体。这种由错误资源生成的讨论和恰当的评价,不但保护了学生的自尊心,让学生增长了智慧,学会了方法,而且在辨错、改错中点燃了学生的思维,使课堂表现出一种人文之美,使动态生成得到了升华。

（三）辨析与表述是解决难点的手段

同样的教学内容,不同的教学设计,会带来不同的教学感受。教师只有对学生的学习状况了然于胸,才能在课堂上游刃有余地处理随时生成的教学问题;只有基于学生认知结构的构建、完善和优化设计每一个学习活动,才能促进学生学习能力的提升。上述案例中,教师利用一位学生与众不同的涂色作品,让全班学生在辨析和交流中明确了什么是整体、什么是部分。学生不仅会用

"谁是整体,谁是它的部分"进行表述,还在说与画的训练中理解了整体与部分之间的关系。

三、巧设坡度,破解难点

课程标准特别倡导用具体的、有趣味的、富有挑战性的素材引导学生投入数学活动。有效的问题情境不仅能激发学生的学习兴趣,还能让学生触景生思,产生强烈的探究欲望,从而在情境中提炼出数学问题,感悟基本的数学思想方法。

以下是沪教版五年级第二学期"表面积的变化"的两个教学片段。

案例 9

对比两种解决难点的策略

【第一堂课】

一、活动一:探究 2 个正方体拼成长方体后表面积的变化情况

1.学生动手拼一拼、算一算。

表 1　课堂探究作业单

正方体的个数	2	3	4	5	…
拼成长方体后减少了原来几个面的面积					
原来正方体的表面积之和					
拼成的长方体的表面积					

2.观察:2 个正方体拼成长方体后,体积有没有发生变化?表面积呢?

二、活动二:探究若干个正方体拼成大长方体后表面积的变化情况

1.如果用 3 个、4 个正方体拼成长方体,表面积又发生了什么变化?(学生自己猜想、操作、验证)

2.当正方体增加到 5 个、6 个时,表面积又发生了什么变化?

3.加深体验:根据表格中的数据,你能说说正方体增加到 8 个时是什么情况? 15 个呢?

4.发现、总结规律。

【第二堂课】

出示问题情境:大华制箱公司最近要设计一种包装箱,要求正好能装 24 个棱长 1 分米的小正方体盒子,可以怎么设计?

一、包装箱的设计

师:先不忙设计,你能不能告诉大家,棱长 1 分米的正方体纸盒的体积是多少? 表面积呢?

生:体积是 $1×1×1＝1$ 立方分米,表面积是 $1×1×6＝6$ 平方分米。

师:现在请你设计一下这种包装箱。

学生借助正方体盒子的直观,发挥空间想象,设计包装箱。经过一番独立思考,大家设计出一个个包装箱。

生 1:我设计的包装箱的长为 24 分米,宽为 1 分米,高为 1 分米。

生 2:我设计的包装箱的长为 12 分米,宽为 2 分米,高为 1 分米。

生 3:我设计的包装箱的长为 8 分米,宽为 3 分米,高为 1 分米。

生 4:我设计的包装箱的长为 6 分米,宽为 4 分米,高为 1 分米。

师:还有不同的设计吗? 高是 1 分米的包装箱,恐怕只有这 4 种了。

(长 6 分米,宽 2 分米,高 2 分米;长 4 分米,宽 3 分米,高 2 分米)

二、包装箱表面积的计算

师:计算下面包装箱的表面积(24 个正方体排成一排形成的长方体),这个包装箱的表面积是多少? 你会计算吗?

生 1:$(24×1＋24×1＋1×1)×2$

生 2:$24×1×2＋24×1×2＋1×1×2$

生 3:$24×1×4＋1×1×2$

师:$6×24－1×1×(23×2)$,这个算式的结果也是 98 平方分米,它有没有道理呢? 算式中的 $1×1$ 表示什么意思? $6×24$ 呢? $23×2$ 呢?

生 1:$1×1$ 表示一个正方形的面积。

生 2:24 个正方体拼成一排,就有 23 个交接处。

生 3:因为交接处的两个正方形的面重叠在一起了,所以要减少两个面。

师:原来有一个交接处就会减少两个面,这样看来,关键要知道共有多少个交接处。

师:你们确定一共有 23 个交接处吗?

师:现在只有 24 个正方体排成一排,我们可以数出来,如果要知道 180 个正方体排成一排共有多少个交接处,我们也去数吗?

师:到底是不是有 179 个交接处,你能自己探究发现吗?

生 1:我能证明。假如有 2 个正方体,就有 1 个交接处。

师:我刚才说假如有 180 个正方体,你怎么说 2 个?

生 1:我是想以大化小,比如有一道很难的题目,一开始想不出来,然后可以先从简单的开始找规律。

师:你这叫以退为进,有想法! 接着呢?

师:学会找规律其实不容易! 你是想找哪些数量之间的变化规律呢?

生:我要找正方体个数与交接处个数之间的规律。

师:如果找到了正方体个数与交接处个数之间的规律,就等于找到了正方体的个数与减少的面的个数之间的规律。下面我们就来找正方体的个数与减少的面的个数之间的变化规律。

两堂由不同教师上的同样内容的课,看似难点和疑惑点都解决了,其实还是有本质的区别。

(一) 了解学情,确定难点

教学情境的设计必须为有效教学服务。上述案例中的第一堂课,教师课始就设计让学生动手拼一拼、算一算,并填写表格。学生先在懵懂中拼了 2 个正方体(聪明的学生能发现拼成长方体后减少了原来两个面的面积),接着还要填写原来正方体的表面积之和、拼成的长方体的表面积。跳跃的要求和填空给学生带来了困惑,如果按照教师的要求填完每个空格,估计课堂一半的时间都过去了。教师必须反思:这样的情境设计有效吗? 很显然,面对这样的情境和素材,学生的学习还是非常被动,并没有多大的效果。

(二) 引领思维,挑战难点

相对于教材中直接将两个正方体拼成一个长方体而言,上述案例中的第二堂课,教师让学生设计包装箱,更具有生活实际意义。在学生设计之前,教师说:"先不忙设计,你能不能告诉大家,棱长 1 分米的正方体纸盒的体积是多少?

表面积呢?"学生很容易算出棱长 1 分米的正方体纸盒的体积是 1 立方分米,表面积是 6 平方分米。接着教师说:"现在请你设计一下这种包装箱。"经过一番独立思考,学生们很快设计出一个个包装箱。在学生交流自己设计的包装箱的长、宽、高分别是多少的基础上,教师很自然地将教学过渡到包装箱表面积的计算,提出:"计算下面包装箱的表面积(24 个正方体排成一排形成的长方体),这个包装箱的表面积是多少? 你会计算吗?"

由于问题是开放式的,具有一定的挑战性,因此不同学习水平的学生都能参与方案的设计,并根据原有知识进行计算,思维有序性、空间想象力在设计及交流的过程中得到有效的培养。同时,这一活动还为学生后面探究表面积的变化规律提供了具体的素材。

(三) 找准关键,破解难点

上述案例中,学生在现实的问题情境中,对数学产生了强烈的好奇心和求知欲,并找到了包装箱用料计算的关键,从而在自主辨析、自主探索的过程中体验到学习的乐趣。在学生交流具体表面积的基础上,教师进一步引导:"原来有一个交接处就会减少两个面,这样看来,关键要知道共有多少个交接处。"随后教师追问:"你们确定一共有 23 个交接处吗?"当学生在辨析操作中证明预设后,教师又进一步引导深入:"现在只有 24 个正方体排成一排,我们可以数出来,如果要知道 180 个正方体排成一排共有多少个交接处,我们也去数吗?"于是,学生又一次投入探究发现和证明交流。在教师的精心组织下,学生积极地思考问题,大胆地发表意见,最终找到了解决问题的策略,得出了表面积的变化规律,整个过程学得快乐而轻松。

第三节 深究练习中的巩固点

很多学生经常有这样的困惑:上课时我都听得懂,数学书也看得懂,就是拿到不同的题目做不了,这是什么原因呢? 要使数学学习水平达到懂、会、熟、巧、通的五种层次或者说五种境界,当然离不开练习和复习。

一、追求练习的五大境界

（一）懂

"懂"是数学学习的最低要求，即上课时在教师讲解和组织活动后能听懂。如果听不懂课，后面的练习、考试也无从谈起。俗话说"万丈高楼平地起"，这个环节就是打地基。当然，学生如果连课都听不懂，那就要高度警惕了：是教师表达能力太差还是自己接受能力不好呢？

也有一些学生说：那些不会的题我看了答案就懂了，可做的时候怎么就想不到呢？这依然属于"懂"的层次。教师或答案为你提供了一个逻辑切入点，然后带你往前走，最后到了目的地，于是你觉得这道题不难，自己好像也能做。其实这是一种幻觉，不信你换一道同类型的题试试？

（二）会

"会"指的是在没有教师指导，没有同学帮助，没有答案提示，不参考笔记的情况下，学生能独立地完成解题。这个层次意味着学生找到了解决问题的入口，了解往下走的流程，并且能够顺利到达目的地。

（三）熟

"熟"就是在"会"的前提下，加入了对解题速度的要求。如果一道题没有时间限制，你能慢悠悠地想，慢悠悠地写，慢悠悠地算，还能检查。显然，这不是考试的状态。

考试都是限时的，要求你在短时间内拟定思路、准确运算、规范表达。这就是好多学生的感慨：我感觉自己都会呀，怎么一考试都不得分呢？你是不是在时间紧迫的时候就慌了，一慌就漏洞百出了？

（四）巧

"巧"指的是学生能从不同角度观察和分析同一道题，能够在多个解法之中选择最优解法。在限定时间内，不仅能够准确审题，还能判断解法的优劣并顺利执行，的确需要相当的积累。

（五）通

武侠小说里讲的"打通任督二脉"，大约就是这样的状态吧。"通"的主要表现就是学生能在数学知识、数学方法、数学思想之间快速建立联系，无障碍切换。

作为教师，我们必须对自己的学生的学习水平处于哪一层做到心中有数，这样才能在练习时做到有的放矢。

二、追求复习的融通与深究

融通，就是让学生在散落的知识点之间建构关联，增强认识，深化理解。深究，就是让学生将链接的关键点迁移深化，拓展新知，融通生活。融通与深究，不仅是单元复习课的使命所在，更是它的魅力所在。

以下是沪教版五年级第二学期"列方程解决问题（三）"小总结的在线互动教学。

案例 10

单元复习要追求知识的建构和联系

一、回顾旧知

师：我们先来说说列方程解决问题的关键是什么。

生：找出等量关系，合理设未知数。

生：列方程解决问题，首先要读懂题意，领悟题目特征。

师：我们学过哪几类列方程的应用题？

生：一般复合应用题，图形的周长面积，和倍问题，差倍问题，和差问题，相遇问题，追及问题，盈亏问题，鸡兔同笼，调配问题。

师：每类题都有独特的数量关系，所以找等量关系的方法既有多样性，又有灵活性。

二、梳理练习

（一）口答：找等量关系，合理设未知数，并列方程。（师出示 PPT）

1. 生读题：体育室共有 1428 个网球，每 5 个装一筒，装完后还剩 3 个，一共装了多少筒网球？

根据学生交流，师出示 PPT：

网球总个数－已装个数＝剩下个数

解：设一共装了 x 筒网球。

$1428-5x=3$

师生归纳方法：对于一般复合问题，可从事情变化的结果找等量关系。

2. 生读题：一幅画的长是宽的 2 倍，做画框共用了 1.8 米的木条，这幅画的面积是多少？

根据学生交流，师出示 PPT：

长方形的周长＝2(长＋宽)

解：设宽为 x 米，长为 $2x$ 米。

$2(2x+x)=1.8$

师生归纳方法：对于几何图形的周长和面积问题，可根据公式找等量关系。

3. 生读题：黄老师今年比小巧大 50 岁，正好是小巧年龄的 6 倍，黄老师和小巧今年各几岁？

根据学生交流，师出示 PPT：

黄老师的岁数－小巧的岁数＝相差岁数

解：设小巧今年 x 岁，那么黄老师今年 $6x$ 岁。

$6x-x=50$

黄老师的岁数＝小巧的岁数×6

解：设小巧今年 x 岁，那么黄老师今年 $(50+x)$ 岁。

$50+x=6x$

师生归纳方法：对于和倍问题、差倍问题、和差问题，可从关键句中找等量关系。

4. 生读题：一辆客车每小时行 68 千米，另一辆轿车每小时行 98 千米。两辆汽车同时从相距 498 千米的两个车站相向开出，几小时两车还相距 20 千米？

根据学生交流，师出示 PPT：

客车行的路程＋轿车行的路程＋还相距路程＝总路程

解：设 x 小时两车还相距 20 千米。

$68x+98x+20=498$

两车速度和×行驶时间＝行驶总路程

$(68+98)x=498-20$

师生归纳方法:对于相遇问题、追及问题,可借助线段图或根据数量关系找等量关系。

5. 生读题:全班同学去划船,如果减少一条船,每条船正好坐 9 个同学,如果增加一条船,每条船正好坐 6 个,原有多少条船? 学生有多少人?

根据学生交流,师出示 PPT:

"每条船坐 9 人"的总人数 = "每条船坐 6 人"的总人数

解:设原有 x 条船,学生有 $9(x-1)$ 人或 $6(x+1)$ 人。

$9(x-1)=6(x+1)$

师生归纳方法:对于盈亏问题,可抓住不变量确定等量关系。

6. 生读题:鸡兔同笼不知数,36 头笼中露。 数清脚共 50 双,各有多少鸡和兔?

根据学生交流,师出示 PPT:

鸡的总脚数 + 兔的总脚数 = 鸡兔一共的脚数

解:设鸡有 x 头,那么兔有 $(36-x)$ 头。

$2x+4(36-x)=50\times 2$

师生归纳方法:对于鸡兔同笼问题,可从隐蔽条件中找等量关系。 为便于解方程,一般来说,等量关系式能列成加法的就不列成减法,能列成乘法的就不列成除法。

(二) 列方程解决问题,下面的题做对了吗?

师出示 PPT,生先思考再在讨论区打"√"或"×"。

1. 两袋大米,甲袋重 65 千克,乙袋重 45 千克,要使两袋大米的重量相等,应从甲袋里取出多少千克放入乙袋? (用方程解)

解:设应从甲袋里取出大米 x 千克放入乙袋。

$x=(65-45)\div 2$ (　　　)

正解:$65-x=45+x$

师引导学生辨析并提示错误原因。

生:把算术解法当作方程解法。

2. 梯形的面积是 24 平方厘米,高为 4 厘米,下底比上底高 0.6 分米,求梯形

的上底。(用方程解)

解 1:设梯形的上底是 x 分米。

$(x+x+0.6) \times 4 \div 2 = 24$ （　　　）

解 2:设梯形的上底是 x 厘米。

$(x+x+0.6) \times 4 \div 2 = 24$ （　　　）

正解:设梯形的上底是 x 厘米。

$(x+x+6) \times 4 \div 2 = 24$

师引导学生辨析并提示错误原因。

生:长度单位不统一。

3. 甲、乙两辆汽车同时从东、西两地相向开出,甲车每小时行 56 千米,乙车每小时行 48 千米,两车在离中点 32 千米处相遇,东、西两地的距离是多少千米?

解:设东、西两地相距 x 千米。

$56x - 48x = 32$ （　　　）

出示线段图(略)

正解:设 x 小时后两车在离中点 32 千米处相遇。

$56x - 48x = 32 \times 2$

师引导学生辨析并提示错误原因。

生:所设未知数错误,等量关系也找错了,所以列的方程也错了。

三、课堂小结

1. 这节课有什么收获?

2. 应该注意点什么?

根据学生回答,师出示 PPT 总结:

(1) 列方程解决问题的关键:找出等量关系,合理设未知数。

(2) 找等量关系的方法:可从事情变化的结果找等量,根据常见数量关系找等量,抓住不变量确定等量,从隐蔽条件中找等量,根据公式找等量,借助线段图找等量,从关键句中找等量。

(3) 列方程解决问题中常见的错误:列方程解决问题必备基础知识和基本技能,牢记计算公式,会抓住关键词,熟记数量关系,会画线段图。

上述案例是疫情防控期间师生共同看完“空中课堂”进行的在线互动教学。

因为是单元知识的小复习,所以教师采用了小总结的形式,将知识和方法进行了梳理和提炼。

（一）梳理知识,建构融通

提出问题（复习需要）、回顾旧知、复习梳理、练习跟进、提炼总结……复习的几个环节在在线互动教学中完美融合,一气呵成。在整理与建构的过程中,教师不仅系统梳理了知识点,还引导学生厘清了学过的所有列方程解应用题的类型,并分析了解题方法之间的逻辑关系。学生们明白了可以借助公式、关键句、线段图等方法找到等量关系,合理设未知数,同时在梳理练习的过程中学会了运用自己的方式表达理解,巩固建构。

（二）适度挖掘,辨析深究

对小学生来说,隐蔽条件是较难理解的内容,也是多数教师常常"蜻蜓点水"或避而不谈的内容。可是,上述案例中的教师抓住了单元复习的机会,利用盈亏问题和鸡兔同笼问题,巧妙点拨,及时追问,彻底打开了学生的思维,让学生在对接生活、对接经验、对接理解的基础上,不断探寻等量关系的特点与作用,辩证地感受到数学的神奇与美妙。这就是复习课的魅力所在,它带给孩子们的是智慧的泉涌、思维的点燃、认识的腾飞……

（三）练习跟进,巩固成果

练习是增强学生对知识点的理解、掌握的一种主要方法。做练习最讲究的是选题的针对性,否则不但不能提高学习效率,而且会影响对知识的理解和深化。选题很重要,教师应对照目标,带着问题去找习题、编习题。学生哪怕从练习中得到一点点收获、一点点启发,对他们来说都是极大的鼓舞,对培养兴趣、打好基础也有很大的作用。上述案例中,教师抓住"回顾旧知"环节中学生提到的列方程解应用题的类型,在后续的梳理中逐一出示相关习题,引导学生在分析辨析的过程中找到等量关系、合理设未知数以及学会列方程的方法,使学生在原有基础上得到了进一步的提升。

单元复习课的目的并不是简单地回顾与整理,而是要在这一过程中紧抓核心内容,向纵深挖掘,找到新的生长点,这样复习才不会总是"重复昨天的故事",步入"旧知识新堆积"之尴尬境地。围绕核心内容展开深度探究,还可以培养学生善于发现与探究、敏于思考与概括的意识和能力。只有当复习出现新的问题与发现,充满挑战与惊喜,课堂才会不断走向深入。

三、追求讲评的方法与要点

在数学教学中,试卷与练习的讲评课是一种常见的课型,但很多教师对其重视不够,平时不去做深入的研究,具体操作时往往出现各种问题,无法真正提高学生的成绩。那么如何做到高效讲评,同时促进知识的巩固呢?

(一) 把握时间,及时讲评

测试结束后,大部分学生都急于知道自己的成绩,情绪比较高,而且对试题及自己的解题思路印象较深,此时讲评能够收到事半功倍的效果。

因此,每次测试后,教师一定要抓紧时间阅卷,迅速统计数据,做好试卷分析,摸准学生的心理,及时讲评,越快越好。

(二) 准备周全,针对讲评

试卷讲评课的准备工作应从阅卷时就开始。教师要将学生的答题情况做好记录,比如:哪些试题答得好,哪些试题失分较多;哪些是知识性失分,哪些是技巧性失分;哪些是普遍现象,哪些是个别现象;等等。

通过统计和分析,教师事先写好试卷讲评课教案,这样讲评时才能做到有备无患、切中要害。

(三) 就重避轻,高效讲评

试卷讲评课应该分类进行,一般可分为以下三类:

第一,没有或很少有差错的试题,通常不讲评或点到为止;

第二,部分学生有差错的试题,视具体情况适当讲评;

第三,绝大多数学生都有差错的试题,这类试题往往属于迷惑性、综合性较强的考题,应重点讲评。

(四) 方法指导,完成讲评

教师讲评时应加强对学生答题方法的指导,一般可从以下三方面入手:

第一,指导学生学会读题、审题、理解题意,正确把握答题方向;

第二,指导学生理清答题步骤,注意答题的条理性和规范性;

第三,指导学生加快答题速度,并能在试题难度较大的情况下,机动灵活地进行解答。

(五) 触类旁通,举一反三

教师批阅试卷时要留意学生能否正确运用课本上的基本概念和基本规律答题,讲评试卷时应把每道试题都归纳到知识体系中,紧扣课本分析讲解。

教师还要让学生根据课本的知识和原理对号入座,同时引导他们找出自己考卷中的错误,并当堂纠正。这样的讲评能给学生留下深刻的印象,促使他们系统掌握、灵活应用课本上的知识。

(六) 分门别类,对症下药

讲评之前,教师应仔细分析和研究试卷,并听取不同程度学生的想法,以便对症下药;讲评结束后,教师应对自己的教学方法和教学内容,特别是对学生考试中错误相对集中的试题进行反思,想一想自己是否讲漏、是否讲透,并主动了解学生对讲评的反应,以便在课外个别辅导或实施补偿性教学。

(七) 双向沟通,提高能力

讲评中,教师要充分发挥学生的主体作用,多让学生自己讲。对跨度大、综合性强、学生普遍感到有困难的考题,也可以先让学生讨论,在此基础上综合、点评,形成一个参考答案,这能充分调动学生思维的积极性和敏捷性,提高他们分析问题和解决问题的能力。

(八) 温言鼓励,循循善诱

学生答错题目,不仅反映了学生学习的问题,还反映了教师教学的问题。教师既要从学的角度分析,也要从教的角度分析,是自己的责任就要主动承担,对稍有进步的后进学生要在讲评时适当表扬,这样不仅可以鼓舞士气,提高他们学习的积极性和主动性,还能激发他们内在的潜力。

(九) 有效重温,巩固记忆

教师可以设置一个环节,为学生提供修改的机会,然后通过巡视或进一步批改,了解讲评的效果。对学习能力较强的学生,教师可以鼓励他们设置错题本,将典型错误分类整理,使试卷讲评的效果达到最优。

第八章　探索突破难点的策略

难点犹如学生学习道路上的绊脚石,阻碍着学生在数学学科上的发展。化解难点、解除疑惑,是教师教学过程顺畅有效的重要保证,是教学研究的永恒主题。小学数学课堂突破难点的本质在于:学生在学习活动中不仅要掌握知识,还要提升思维和能力。

以下是沪教版四年级第一学期"圆的认识"的教学片段。

案例 1

如何理解"圆的半径有无数条"

课堂教学中,某位教师在揭示了半径的概念后,组织学生通过操作活动认识半径的特点,并要求学生在各自所画的圆中画半径,限时 30 秒。随着教师一声令下,学生们埋头画了起来……可能是教师看错了时间,也可能是他想再整理一下教学思路,操作活动的时间被延长了许多。

随后,反馈开始了。

生1:老师,我画了 21 条。

生2:老师,我画了 30 条。

生3:半径可以画无数条。

生4:所有半径的长度都相等。

一切都在意料之中,就在教师刚想进入下一个环节时,他看到了几只还坚持举着的小手。

生5:老师,我认为半径是不能画无数条的。我已经快画满了,再画下去就画不下了!

显然,这位青年骨干教师也是第一次碰到这样的问题。他一时间愣在了那里,所有的学生也都愣住了,教室里的空气仿佛凝固了一般。

生6:老师,我这个圆大,还可以画很多条!

生7:老师,只要把铅笔削得尖一点,就能画无数条了!

生8:我反对,铅笔削得再尖,只要不停地画下去,最后肯定会画满的!

看到大家争执不下,教师只好说:"大家翻开书,看看书上是怎么说的。"

课后交流时,这位教师一再解释:"因为时间没控制好,才出现了这样的状况。"这件事情虽是个案,却给我们留下许多思考。我们经常把教学比喻为艺术,并对教学方法的研究情有独钟,比如研究教学导入的艺术,研究指导探究的艺术,研究练习设计的艺术,却忘了最重要的一点,也就是研究数学本身,研究那些似简单却内涵深刻的小学数学知识。

作为数学教师,我们应该清晰地认识到"圆的半径有无数条"和"圆的半径能画无数条"并不是同一个命题。如果操作不当,学生就会得出完全相反的结论。冲突一旦产生,就对教师的数学功底提出了严峻的考验。教师要经常这样问自己:"我懂数学吗?""我懂教学吗?""我懂什么是教学相长吗?"同时,还要不断地反思怎样使自己成为一名懂教学的数学教师。

第一节　厘清本质,建构体验

数学学科的本质是什么? 数学教学的本质是什么? 落实到小学阶段,具体又是什么呢? 刘加霞老师的《小学数学课堂的有效教学》一书中的具体阐述能给人以启迪。

数学本质一是对基本数学概念的理解。所谓"对基本数学概念的理解"是指了解为什么要学习这一概念,这一概念的现实原型是什么,这一概念特有的数学内涵、数学符号是什么,以这一概念为基础是否能构建"概念网络图"。

数学本质二是对数学特有思维方式的感悟。每一学科都有其独特的思维方式和认识世界的角度,数学也不例外,尤其数学又享有"锻炼思维的体操、启迪智慧的钥匙"的美誉。小学阶段的思维方式主要有比较、类比、抽象、概括、猜想、验证,其中概括是数学思维方式的核心。

数学本质三是对数学思想方法的把握。基本数学概念的背后往往蕴含着重要的数学思想方法。数学思想方法极为丰富,小学阶段主要涉及哪些数学思想方法呢？这些思想方法如何落实呢？专家的基本观点是:在学习概念和解决问题中落实。小学阶段的数学思想方法主要有抽象、符号化、分类、集合、对应、演绎、归纳、类比、转化、数形结合、极限、模型、方程、函数、统计、分析、综合、比较、假设等。

另外,对数学美的鉴赏和对数学精神的追求也是数学学科的本质。能否领悟和欣赏数学美是一个人基本的数学素养,能够领悟和欣赏数学美也是进行数学研究和数学学习的重要动力和方法。把握数学美的本质,有助于培养学生对待数学及数学学习的态度,进而影响他们数学学习的进程和成绩。数学的基本原则是求真、求简、求美。数学美的核心是简洁、对称、奇异,其中对称是核心中的核心。数学的理性精神与数学的探究精神(以好奇心为基础,对理性不懈追求)是支撑数学家研究数学进而研究世界的动力,也是学生学习数学、研究世界最原始、最永恒、最有效的动力。

一、数学抽象与生活联系

数学抽象是小学生学习的主要的数学思维方式。在数学抽象与生活联系中发展数学思维,也是数学教学目标和教学活动的指向。教学目标的达成水平,即教学活动时间内达成的价值所在。明确目标后,如何让学生在学习中感到有趣,取决于教师用什么素材、按什么环节有序开展教学。

以下是人教版二年级第一学期"厘米的认识"教学设计与实施的片段。

案例 2

隐性知识来自显性探讨

一、确立目标,厘清概念的本质

梳理显性知识:知识点——认识厘米,用 cm 表示,建立厘米的表象;技能点——用厘米表示物体的长度。

预设学习途径:隐性知识—体验点—比较物与标准比较物。

二、实施教学片段

出示材料:填空(让张三和李四站到前面)

张三比李四高＿＿＿＿＿＿。

收集:1. 张三比李四高一点点。

2. 张三比李四高很多。

3. 张三比李四高半个头。

4. 张三比李四高一把尺。

5. 张三比李四高 15 cm。

6. 张三比李四高 2 米。

分析:1 和 2 的表述反映了学生最初的比较语言较模糊,3 和 4 的表述有了比较物,至于 5 和 6,学生说是听来的,即通过非正规学习也能得到比较的信息,但信息的正确性还有待考量。

讨论:在这么多不同的说法中,你最喜欢哪种说法?

……

三、方法迁移:"厘米、分米、毫米、米的认识"教学的整体说明(见下表)

表 1 "厘米、分米、毫米、千米的认识"教学的整体说明

类别与课例		厘米的认识	分米、毫米的认识	米的认识
教学目标 (显性知识)	知识点	知道厘米,建立表象,用 cm 表示	知道分米、毫米,建立表象 1 分米＝10 厘米 1 厘米＝10 毫米	知道米,建立表象 1 米＝10 分米
	技能点	用厘米来测量,表示长度	用分米、毫米来测量,表示长度	用米来测量,表示长度
教学流程 (隐性知识)	体验点	从比较物到标准比较物	标准比较物与测量对象之间的适宜性	从更大或更小的角度规定标准比较物

从"厘米的认识"教学的预设到实施,再到整类知识学习的方法迁移,我们从上述案例中可以看出,数学抽象来源于生活,又必须通过学生在活动中不断

地体验感知和方法迁移,达到对概念的理解和数学思维的感悟。

（一）数学抽象来自学习内容

数学学习是通过一节节课来完成的,每一节课都要掌握基本知识,训练基本技能,领悟数学思想方法,积累数学基本活动经验。因此,"四基"是数学课程学习的课时目标。上述案例从"张三比李四高_____"引入,让学生在交流比较中初步感悟到比较有了标准才是清晰的、不模糊的,从而明白为什么要认识厘米。同时,学生在比较和测量中逐步建立厘米的表象,从知识点过渡到技能点(用厘米表示物体的长度),不仅学到了显性知识,还感悟到隐性知识,在数学抽象与自己的生活之间建立了一定的联系。

（二）隐性知识来自显性探讨

教学内容一般包括知识与技能,其中知识可分为显性知识与隐性知识。显性知识是可看、可触摸、可测量的。隐性知识是思想、方法、经验、情感、价值观等,是不可看、不可触摸、不可测量但可感受的。是否有独立于隐性知识的显性知识？是否有独立于显性知识的隐性知识？

隐性知识与显性知识原本是一体的,显性知识可以通过读、背来记住,隐性知识则需要通过经历、体验来获得。若显性知识只能以读、背的方式获得,那就是"吞吃";若显性知识通过经历、体验获得,那就是"嚼吃",有数学味,这可感的"数学味"即我们说的隐性知识。这就是在对隐性知识的体验中完成对显性知识的学习的过程。

上述案例中,关于厘米的认识就来自对素材的讨论。这个过程中蕴含着学生的思考、情感、经验等。通常学生在刚开始上课时喜欢用"半个头""一把尺"的说法,为什么呢？因为这听起来比"一点点""很多"更具体、明白,这就引出了比较物的概念。那么厘米是什么呢？通过学习,学生知道了原来厘米是一个规定的长度,"15厘米"比"半个头""一把尺"更精确。就这样,学生对厘米有了新的认识,进而了解了什么是分米、毫米、米。

（三）方法迁移促进知识理解

从上述案例中可以发现:就教学目标而言,"厘米、分米、毫米、米的认识"的基本知识与基本技能十分相似,即都是从生活中找到素材,学生在活动中完成抽象、迁移即可;但从体验点的角度来看,这几节课是完全不同的,三个体验点构成了完整的关于长度单位的数学理解。这种数学理解是无法测试的,但会不断积累成为学生的学习经验,最终真正转化为学生的数学能力。

二、概念辨析与正反理解

在小学数学学习中,数学概念是非常重要的,它构成了数学这门学科的"细胞"和"双基"。作为数学基础知识的起点,数学概念是逻辑思维的依据,是正确、合理、迅速进行运算的基础。

以下是特级教师刘德武老师执教"轴对称图形"的教学片段。

案例3

在多重辨析中建构概念

一、从标题中辨析

师呈现"轴对称图形"字样及向上翻转后的字,并在中间加上一条横线,形成一组轴对称图形。

生对轴对称图形建立初步视觉感受。

师出示一个对称的花瓶,引导学生思考:通过对折、画半个花瓶、剪、打开等方式是否能够形成轴对称图形? 轴对称图形有何特点?

二、从生活现象中辨析

师呈现生活用品,其中的对称轴方向可以是竖的、横的、斜的,交通标志的轴对称与图形的位置、方向和角度无关,与形状有关。

生思考:甲骨文汉字(人、从、北、比)是否是轴对称图形?

三、聚焦残花进行辨析

师:残花还是轴对称的吗? 大家看看这朵花,是残花吗? (生:不是)这是一朵很完整、很漂亮的菊花。它有6片花瓣,可以看作是轴对称图形吗? (生:可以)画好对称轴,再画对称轴,再画对称轴……你能画出几条对称轴呀?

生:我能画出好多条,一共有5条。

师:这个对称图形可厉害了,但它不是残花。那什么叫残花呢? 秋天到了,一阵风吹过,吹落了一片花瓣(课件显示一片花瓣飘落),这就是残花,它只有 5 片花瓣。同学们,它还是轴对称图形吗?(生:还是)请问它有几条对称轴?

生:1 条。

师:还能横着画吗?(生:不能)斜着画可以吗?(生:不能)只能怎么画?(生:竖着画)又一阵风吹过(课件显示又一片花瓣飘落),现在剩下 4 片花瓣,它还是轴对称图形吗?能画几条对称轴?

生:1 条。

师:如果再来一阵秋风,你们想刮掉哪片花瓣?

生:随便哪片。

师:秋风不可能听我们的,它想刮掉谁就刮掉谁。来,秋风开始吹。现在还是轴对称图形吗?能画几条对称轴?

生:1 条。

……

师:现在只剩下花心了,有几条对称轴?

生:n 条,无数条。

师:无数条,大家不要以为有个"无"字就是没有,它是太多太多的意思。

四、变异迷惑中辨析

师:电子表上的时间是对称的吗?有这样一个时刻 12:12,都是 12,两边完全一样,这是不是轴对称图形?

生:不是。

师:为什么不是?

生:因为把它们对折起来后 2 和 1 重叠在一起了。

师:那大家再猜猜 12 时几分是轴对称图形?

生:12:21。

师:12:21 是不是轴对称图形?(生:不是)为什么还不是?

生:因为 2 反一反后就是 5 了。12 时 51 分是轴对称图形。

师:12:51 是轴对称图形吗?(生:是)其实大家都知道在这里 2 并不等于 5(借助 2 和 5 的数字学具演示),这是 2,这是 5,平移后它们也不会重合。现在我把 2 向 5 的方向对折,大家看看会不会重合?怎么样?竟然出现了神奇的现象——完全重合!大家能想到 12:51 非常了不起。

师：好了，再看一个时刻 13:13，这是轴对称图形吗？

生：是。对称轴横着画就是轴对称图形了。

师：竖着画是画不出来的。再考你们一个 10:01，这是轴对称图形吗？能画几条对称轴？

生：2 条，1 条横的，1 条竖的。

上述案例中，教师通过层层递进的设计，引导学生在不同的情境中对概念进行辨析，逐步加深对轴对称图形的认识和理解。

（一）理解概念，抓住关键

在学习一个新的概念时，教师既要尊重教材，又不能局限于教材，最好能让学生理解概念是如何提出来的，如数学符号和数学语言表达、概念的意义与原有知识的区别等。教学一个新的定义时，首先要逐字逐句地进行分析，抓住关键，即定义中的定语成分，它往往是用于区别其他概念的依据。上述案例中，教师先引入不同的情境，让学生体会到数学概念就在身边，然后通过比较辨析，进一步引导学生思考轴对称图形完全重合的特点，并学会如何找对称轴。

为了帮助学生理解数学概念，教师要运用数形结合的思想，使抽象概念形象化，因为有些概念结合图形来叙述或用图形来表示更易于理解。

（二）概念辨析，强化理解

要想加深学生对概念的理解，教师还必须精心设计习题，在练习辨析中揭示概念的本质。每给出一个新定义，都要配备一些与定义联系比较密切的习题，这样学生才能通过具体的练习，逐步理解、建构概念。

在上述案例的每个环节中，教师通过精彩纷呈的题目，一次次突破学生的认知起点，持续推动学生对数学的思考。由于题目涉及生活中的方方面面，学生拓宽了对轴对称图形的理解。教师还精选"电子表中的时间"这一极具迷惑性的例子，让学生在对比中理解轴对称图形的数学本质，即轴对称图形对折后能完全重合。紧接着，一朵六瓣花在教师的操作下演绎出不同的轴对称图形，不仅活跃了课堂气氛，还强化了学生对新知的理解。在这个教学片段中，我们不得不佩服教师对教材的精准把握。课堂上，学生轻松愉快地学习轴对称知识，数学思维也越来越深入。

（三）概念对比，正反理解

在理解一个概念时，学生要将其与相关概念进行比较，从中找出区别与联系。一个新概念的产生往往建立在已有概念的基础上，因此学生在理解一个新概念时，必须追溯它是由哪个已学概念延伸而来的，这样才能对数学知识形成系统、完整的认识。

在上述案例中，教师以电子表中的数字 2 和 5 为学习素材，引导学生思考 12:12 是否是轴对称图形，以及什么时间是轴对称图形。教师先让学生想象，再用学具验证，非常符合低年段学生的学习特点，有助于提高他们的想象力。随后，教师又通过 13:31 和 10:01，引导学生采用变通的思维，发现对称轴可以是多角度的。由此可见，当概念理解贴近学生的生活应用时，学生就会充分感受到学习数学的乐趣。

三、主题阅读与数学理解

阅读与理解是数学学习中有效建构知识的方法。在人教版课程标准实验教材中，就安排了"阅读与理解""分析与反思""回顾与总结"三个学习环节。如何将主题阅读和数学理解从课内延伸到课外，也是值得数学教师研究的课题之一。

小学生学习数学是从认数开始的。"数与代数"贯穿小学数学学习的始终，每一个学段每一个学期的学习都涉及这方面的内容。

下面以"认识负数"主题阅读为例，说明主题阅读对数学理解的促进作用。

案例 4

在数学阅读中感受数学文化和应用

一、提出问题，设计问卷

学生真的理解负数的意义了吗？学生真的感受到负数产生的必要性了吗？学生真的体会到负数与生活的联系了吗？

为了回答上述问题，在单元学习结束后，教师设计学生问卷如下：

（1）你知道负数产生的原因是什么吗？（起源）

（2）负数刚出现时，它的表示方法和现在相同吗？（古今对比）

（3）你能想到几种表示负数的方法？请试着用不同的方法表示"－2"。（表示方法）

（4）从古至今，你知道哪些数学家为负数的发展作出过贡献？（发展）

（5）你认为负数是一种什么样的数？（内涵）

二、问卷调查，确定计划

（一）分析

教师对一个班（共 43 名学生）进行问卷调查，学生表现出来的结果可分为三类：(1)不了解；(2)描述片面；(3)描述具体。

具体如下：

	起源	古今对比	表示方法	发展	内涵
不了解	58.14%	51.16%	16.28%	51.16%	37.21%
描述片面	39.63%	46.51%	39.53%	48.84%	62.79%
描述具体	2.23%	2.33%	44.19%	0	0

（二）计划

针对上述问题，教师决定开展数学主题阅读教学——走进"负数大观园"。

1. 确定阅读活动目标

（1）通过阅读主题资源，了解负数产生的背景及发展历程。

（2）通过阅读与实践，亲历真实的负数情境，体验负数在生活中的应用，感受数学与生活的联系。

（3）体验数学阅读的魅力，培养自我获取知识的意识，提高整理信息、分析问题、表达观点的能力。

2. 遴选主题阅读内容

本次主题阅读内容主要选取自阅读资料。

《负数的起源》主要讲述了负数的产生及其发展。《小正与小负》和《比功劳》以童话故事的形式展现了正、负数的意义与作用。《国王生日会之小小风波》以学生喜闻乐见的形式，拓展了负数的排序及比大小的方法，简单易懂，富有趣味性。《合格体重》是一次数学实践活动设计，旨在引导学生用正、负数表示自己的体重与标准值的差距。

（三）指导

为了避免学生"走马观花"地阅读或过分关注资料中的叙事性语言，实现真正有效的数学阅读，教师在主题阅读教学开始之前，对学生进行了以下阅读指导。

1. 问题导读

师：同学们，对于负数，你还想研究什么问题？

学生针对自己想探究的问题发表意见，在充分交流的基础上，确定本次主题阅读教学活动的探究问题如下：

（1）我们已经学习了很多自然数，为什么还要引入负数？

（2）从古至今，负数经历了怎样的变化？

（3）负数是什么样的数？

2. 方法指导

为了让学生的阅读更有效，教师与学生一起交流阅读的方法，在充分交流、互相补充的基础上，概括出有效阅读的方法如下：

（1）请尽量有条理、清楚地整理并记录自己的收获。

（2）可以从不同方面去研究，也可以与小组成员一起深入研究自己喜欢的内容。

3. 整理笔记

三、成果展示，交流分享

一周之后，"走进'负数大观园'"数学主题阅读教学活动迎来成果展示环节。各小组根据重点研究的内容进行汇报展示，展示时可以借助课件、图片、实物投影等。

1. "负数的发展历程"主题

全班九个小组都对这个主题进行了研究，大家采用各具特色的方式，对负数从产生到发展至当代的历程进行了整理。

2. "负数的作用"主题

在这个主题中，较有特色的是学生设计的游戏——"剪刀石头布"：从男、女生中各选一名代表进行"剪刀石头布"比赛，比赛实行五局三胜制，每胜一局记作"＋10"，每输一局记作"－10"。在游戏中，学生直观地感受到正、负数可以用来表示具有相反意义的量，如输和赢。

3．"生活中的应用"主题

学生对负数在生活中的应用非常感兴趣，课后纷纷搜集、拍照，充分感知到负数确实在生活中发挥着不可或缺的作用。

4．"综合实践活动"主题

学生测量并记录自己的体重和身高，先求出自己的体重指数，然后与五年级小学生体重标准值进行比较，并用正、负数表示自己的体重差，由此判断自己的体重是否合格。

5．"活动收获"主题

所有学生都写下自己在这次数学主题阅读活动中的感想、体会和收获。因为有了真切的体验，所以学生有话可说，有感而发。有的学生还根据自己对负数的整体理解，撰写了数学小论文，并在班里展读。

上述案例中，教师根据学生的学习情况分三个步骤开展数学主题阅读教学活动。

（一）问卷——显露问题

"认识负数"是沪教版五年级第二学期第二单元的内容。本单元由气温冷热、海拔高度等生活现象直观引入正、负数——表示日常生活中具有相反意义的量，内容不多，难度不大，学生应该已经掌握了。教师之所以开展问卷调查，主要是想知道学生对负数有哪些新的认识。

果然问卷调查显示，学生对负数的认识并不像教师之前预计的那样，恰恰相反，学生对负数的认识是片面的、零散的、肤浅的。那么，问题出在哪里呢？我们认为，仅凭教材中这点有限的学习资源，学生无法对负数产生更丰富、更真切的感知和体验。

（二）阅读——拓宽视野

学生应如何整理自己的读书收获，使之变得更有条理、更清楚呢？

（1）指导学生分四个专题整理读书笔记：负数的发展历程、负数的作用、负数在生活中的应用、活动收获。

（2）对整理读书笔记的方法进行指导。比如：在"负数的发展历程"主题中，倡导学生用自己认为最合理、最清楚的方式整理负数产生、发展的历程；在"负数的作用"主题中，学生可以整理文字，设计游戏或编排故事，一起玩一玩、演一演，从而加深理解；在"生活中的应用"主题中，学生可以到生活中寻找负数，把它拍下来、画下来或带到课堂上；在"活动收获"主题中，学生可以写一写自己对负数的新认识、参与阅读活动的感想和体会、有关负数的数学小论文等。

（3）每个小组可以在自主阅读的基础上，选取自己最感兴趣的主题深入研究。

上述案例中，教师通过问题导读、方法指导、整理笔记等方法，帮助学生在主题阅读中不仅掌握了阅读与整理的方法，同时开阔了视野，对主题概念有了深入的理解。

（三）拓展——形成新见解

通过上述案例中的数学主题阅读活动，学生经历了具体的探究过程，体验了负数的产生和发展历程，获得了丰富的数学活动经验，促进了情感、思维的发展。这样的数学阅读课程设计，不仅丰富了数学教学，还拓展了师生学习与研究的视野。

第二节　深度学习，表述明理

数学学习的本质是思维的发展，学生在课堂上要由具体的知识与技能的掌握深入思维的层面。教学中，教师应当用思维分析带动具体知识和技能的学习，从而让学生真正学懂、学活、学深。

一、暴露思维与辨析交流

很多教师感到苦恼：为什么学生课上没有学习的动力和积极性呢？如何才能吸引学生投入学习，保证他们在学习活动中的主体地位呢？这正是数学教学为什么应当突出"问题引领"的主要原因。课堂上，教师必须用"真问题"引领教学，即重视问题的自然性，然后在交流中暴露学生的思维，使学生掌握具体的数学知识,领会内在的思想方法,从而真正理解相关的内容,而不是囫囵吞枣、死记硬背。

以下是某位教师执教沪教版五年级第二学期"列方程解决问题(三)"第二课时的在线互动课片段。

案例5

问题导引,主动思维

一、问题引入,回忆方法

师:刚才我们听了"空中课堂"的课,大家有什么问题吗?

没有学生申请连麦回答。

师:那我们一起回忆一下,列方程解应用题的步骤是什么?

生:列方程解应用题的步骤是:读题、设句、找等量关系、列方程、解方程、写答句。

师:还有什么?

生:还要检验。

师:说得真好,我们一起来读一读列方程解应用题的步骤。(PPT出示)

生齐读。

师PPT出示学生练习册的作业照片。

师:这是昨天××同学的作业,请大家看一下,你有什么想说的?

生:我觉得她的作业非常规范,符合列方程解应用题的步骤……

师:嗯,她的作业步骤清晰,答题正确,格式标准,书写规范,值得大家学习。

二、暴露思维,交流辨析

师:那今天的列方程解应用题与昨天的相比有何区别?同学们一起想一想。

师出示题目和完整的解题过程。

生1:今天的设句要设两句,昨天的只设一句。

生2:昨天的等量关系根据图形公式得到。

师:××同学说得真好,昨天的方程根据图形的面积和周长公式得到等量关系,今天的则是根据题目中的关键句得到等量关系。那有几句关键句呢? 分别有什么作用呢? 请同学们找一找、想一想。

生 1:我觉得题目中有两句关键句,第一句是"小胖和小巧一共有 232 张邮票",第二句是"小胖的邮票张数是小巧的 3 倍"。

生 2:第一种解法是将第二句关键句作为设 x 的依据,将小的那个量也就是小巧的邮票张数设为 x,那么 x 的 3 倍也就是 3x 就是小胖的邮票张数。

生 3:我同意她的说法,第一种解法是把第二句关键句作为设句,那第一句关键句就作为等量关系的依据了,等量关系就是小胖的邮票张数＋小巧的邮票张数＝两个人共有的邮票张数。

师:同学们说得真好! 不仅会做,而且会分析做的思路。 第一种解法是把第二句表示两者倍数关系的关键句作为设句(PPT 上圈出关键句并出示"倍"字),把小的那个量设为 x,表示几倍的那个量就为几 x。第一句表示两者之和的关键句就作为等量关系的依据了(PPT 上圈出关键句并出示"和"字),这样等量关系就是小胖的邮票张数＋小巧的邮票张数＝两个人共有的邮票张数。

师:大家明白关键句的作用了吗? 谁能来说一说?

生:两句关键句都起着非常大的作用,一句是设句的依据,另一句是等量关系的依据。

师:那再来看一下第二种方程的做法,你能根据自己对关键句的认识来说一说吗?

……

三、寻找思路,提炼应用

师:同学们都很认真,下面我们用学过的方法来进行练习。请大家想一想、说一说。

师 PPT 出示题目:工程队修一条 400 米的公路,未修的长度是已修长度的 3 倍,那么已修多少米? 未修多少米?

生自主尝试,集体交流。

生 1:我用刚才找关键句的方法,找到了表示倍数关系的句子,将小的那个量也就是已修长度设为 x,那么未修长度为 3x。再根据另一句关键句找到等量关系,也就是已修长度＋未修长度＝总长度,列方程为 $x+3x=400$。

生2:我也是用找关键句的方法解决这个问题。但我的方程与他的不同,我把表示和的关键句作为设句的依据,把表示倍的关键句作为等量关系的依据,得到……

师:两位同学回答得真好,请大家一起来看看解读过程,是否和PPT的一样? 有不一样的马上订正哦。

师:再看一道题,你有什么想说的?

师PPT出示题目:爷爷的年龄是小丁丁年龄的7倍,今年爷爷的年龄和小丁丁的年龄一共64岁,爷爷和小丁丁今年的年龄分别是几岁?

生:我觉得这题跟上面那题差不多,都有两句关键句,一句表示和的关系,一句表示倍的关系,只是题目中两个条件的先后顺序换了一下,而且也是要求两个量的列方程解应用题。

师:××同学观察得真仔细,你们都看出来了吗? 怎么找设句和等量关系呢? 自己试一试、说一说。

生独立尝试,集体交流。

师:同学们真会动脑筋,变化的题目一点也难不倒你们。现在我有一道高难度的题目,想不想挑战一下呢?

学生纷纷申请连麦,想要挑战难题。

师PPT出示题目:小胖和小巧都喜欢集邮,小胖的邮票张数是小巧的3倍,小胖、小巧各有多少张邮票?

师:这道题是否很眼熟? 你们能做吗?

生:这道题就是刚才"空中课堂"的例题,只是缺了一个条件,不能列方程求解。

师:那谁有办法使它能够列方程求解呢?

生:可以加个条件,像例题那样。

师:可以加上和例题不一样的条件吗? 请大家想一想、说一说。

生1:我可以加上"小巧比小胖少几张邮票"的条件,如少……

生2:我可以加上"小胖比小巧多几张邮票"的条件,如多……

师:同学们真厉害,想到了那么多条件,那加上条件后,我们就能列方程求解了。你们发现刚才加的条件跟我们今天学的有什么不一样吗? 一起做一做、想一想。

上述案例中,教师通过问题引领,激发学生学习的积极性;通过问题讨论,促进学生思维的生成。

（一）"真问题"激发积极参与

问题引入,能有效衔接"空中课堂"和互动教学。案例中,教师虽然通过云端和学生进行沟通交流,但因为"空中课堂"和互动教学都在 App 内进行,"空中课堂"一结束,互动教学就开始,所以师生之间的交流没有距离感,有效实现了"空中课堂"与"线下课堂"双师教学的无缝衔接。教师先通过问题引入,让学生回顾方法与步骤,然后通过展示学生的优秀作业,让学生评价同学的作业,不仅激发了学生参与学习的积极性,进一步巩固了列方程解应用题的步骤,还拉近了师生之间的距离,同时起到了积极的示范引领作用。

在第一个问题的基础上,教师引出第二个问题"那今天的列方程解应用题与昨天的相比有何区别",勾起学生进一步的思考。因为学生昨天学习的知识已经得到了巩固,所以教师提炼出"今天的则是根据题目中的关键句得到等量关系",并追问:"那有几句关键句呢? 分别有什么作用呢?"这是一个能促进学生深入思考的"真问题"。当学生回答后,教师进行了提炼和引导,让学生先围绕关键句说一说,再进行方法的迁移。这种对核心问题进行准确提炼和再加工的方式,起到了暴露学生思维的作用,使学生的思维在交流辨析中进一步提升。

（二）"深问题"促进思维生成

现实中,很多教师对核心问题的提炼不够准确,常常聚焦于某些枝节问题或次要环节,因此真正的重点与关键无法得到凸显,这样的教学必定是浅层次的。教师在确定了核心问题后,应由单纯的"教什么"转向"怎么教",即应当进一步思考如何通过核心问题的再加工激发学生的好奇心和探究欲望,这才是学生学习数学的根本动力。

要想让学生实现深度学习,教师不仅要围绕"真问题"去进行教学,还要在"真问题"中生出"深问题",通过适当的追问、反问等,引导学生深入地思考。学生只有被教师的问题吸引了,成功地解决问题了,学习的积极性和动力才能激发出来。

(三)"问题化"实现深度学习

数学问题从哪儿来呢?这就涉及如何让学生提出问题。办法是创设情境,其中包括创设情境的基本准则和基本方法。

问题提出以后如何解决?用"从无到有"探究(主要是引导式探究)的原理进行探究性教学,即在教师的引导下,学生主动探究解决问题。

教师如何引导呢?用启发性提示语教学的原理,即教师通过由远及近、由易到难的启发性问题,引导学生主动探究。除了用启发性提示语引导探究性教学,教师还要用反思性教学原理,让学生通过回顾、质疑、反诘、追问的方式进行思考,这些反思方法属于元认知,可以培养学生的元认知能力。

至于解题教学,则以寻找思路为核心。如何寻找思路?可以用"如何着手解题"和"如何理解题意"两套启发性提示语,其中的提示语基本都和元认知有关。学生在运用这些提示语寻找解题思路的过程中也提高了元认知能力。

在"问题引领"的深度学习中,学生逐步积累了思考的方法,通过反复变式,实现了研究一题解决一类的目的,从而真正学会了自主学习。

"问题引领"下的深度学习一般按照"提出问题—建立联系—寻找方法—提炼规律—验证规律—语言表述"的过程,其中包括教学问题化、问题结构化、解题教学化。每节课教师首先提出一个目标问题,然后引出一系列子问题,子问题的解决最终将促成目标问题的解决。

数学思考必须强调"归纳先导,演绎跟进"的原理,因为归纳体现了思考的创造性,演绎体现了思考的严谨性,只有这样才能实现对学生理性思维的培养。

从上述案例中可以看出,教师在教学中还应处理好预设与生成之间的关系,努力提升学生在提问方面的自觉性,使他们逐步养成提问的习惯与能力。同时,"问题引领"不仅应体现于课堂教学的开始部分,也应落实于其他各个环节。具体地说:课始,应聚焦于核心问题的提炼与再加工;课中,除了核心问题的明朗化与再聚焦,还应特别重视通过追问、反问与提出新的问题促进学生深入地思考,包括引导学生从元认知的角度进行新的分析和思考;最后,通过适当的问题引导学生在课后继续思考,体现教学的开放性。另外,我们应高度重视引导学生对已有的教学进行总结与反思。

二、提问发现与归纳提升

提问发现与归纳提升是衡量学生是否深度学习的主要特征之一。如何在教学中挖掘数学内容的核心价值,引导学生经历过程,积累问题解决的活动经验,是值得每一位数学教师深入研究和实践的。

以下是沪教版三年级第一学期"植树问题"的教学片段。

案例 6

经历问题解决过程,积累数学活动经验

一、预设目标、重难点和问题

通过分析,确定了以下教学目标、重难点和预设的问题。

1. 教学目标

(1) 在具体情境中理解不同情况下间隔数与间隔物体个数之间的关系,会计算简单的植树问题。

(2) 在具体情境中经历探索规律的过程,通过观察、比较、质疑、追问,进一步体会一一对应的基本思想,初步构建植树问题模型,发现数学与生活的密切联系。

2. 教学重难点

学习重点:间隔数与间隔物体个数之间的关系。

学习难点:不同情况下间隔数与间隔物体个数之间的关系。

3. 预设的问题

(1) 学生的问题:为什么两端都种,算式要加1?为什么两端都不种,算式要减1?

(2) 学生的问题:为什么只种一端,算式不加也不减? 20÷4 表示什么?

(3) 数学的问题:不同情况下间隔数与间隔物体个数之间是什么关系?

(4) 教师的问题:经过两次种树,你们发现了什么?

(5) 核心问题:如何构建植树问题模型?

二、实施过程

（一）创设情境,理解间隔

同学们,今天我们来研究一个有趣的问题——植树问题:在全长 20 米的小路的一边植树,每隔 5 米种一棵,要准备多少棵树苗?

这道题你看懂了吗? 你看懂了什么?

你们都懂了,但老师有个地方不明白:什么是每隔 5 米种一棵?

（二）引导探究,发现规律

1. 活动一:画图感知三种不同的种法

（1）老师在大家的学习单上画了一条小路,这条小路表示 20 米长,你想怎么种呢? 请在这条小路上画一画。

（2）独立思考,完成学习单。

（3）交流种法,初建模型。

A. 两端都种   B. 只种一端   C. 两端都不种

2. 活动二:算式探索段数与棵数的关系

（1）你们能用算式把刚才三种种法表示出来吗? 请写在学习单上。

（2）独立思考,写出算式。

（3）辨析算式,发现不同情况下段数与棵数的关系。

$$两端都种 \quad 20÷5+1=5(棵)$$

$$只种一端 \quad 20÷5=4(棵)$$

$$两端都不种 \quad 20÷5-1=3(棵)$$

这三个算式你们看懂了吗? 你有什么问题想要请教?

关于第一种情况,其实老师更想问大家,20 是什么,5 又是什么?

$20÷5$ 表示的是什么? （4 棵? 4 段?）

为什么要加 1?

种一棵空一段,末尾多一棵,所以加 1。

第二种情况为什么不加不减? 第三种情况为什么减 1?

只种一端,少了一棵树,所以算式不加也不减。两端都不种,所以再减1。

3.活动三:观察比较,建立模型

通过两次种树,你发现了什么?

两端都种:棵数＝段数＋1

只种一端:棵数＝段数

两端都不种:棵数＝段数－1

（三）模仿练习,巩固规律

如果小路长100米,其余条件不变,需要几棵小树? 请列式解决。

两端都种　　　100÷5＋1＝21（棵）

只种一端　　　100÷5＝20（棵）

两端都不种　　100÷5－1＝19（棵）

你是怎么想的?

（四）应用模型,解决问题

（1）一条彩线长180厘米,每隔20厘米穿一只千纸鹤,一共需要多少只千纸鹤?（只列式不计算）

（2）小巧在120厘米的彩带上每隔10厘米挂一个气球,一共要挂几个气球?（只列式不计算）

（3）小巧在120厘米长的环形彩带上每隔10厘米挂一个气球,一共要挂几个气球?（只列式不计算）

从上述案例中可以发现,提问发现与归纳提升能够促进学生的深度学习。

（一）确定目标,预设问题

上述案例中的“植树问题”是沪教版三年级第一学期“数学广角”中的内容,旨在渗透有关植树问题的思想方法,通过现实生活中一些常见的实际问题,让学生从中发现一些规律,提取出数学模型,再用发现的规律来解决生活中简单的实际问题。在此之前,学生已建立了“一一对应”的数学思想,具备一定的生活经验和计算能力,以及尝试用画草图的方式解决问题的意识,这些都为他们在本课探究植树问题奠定了基础。但由于三年级的学生仍以形象思维为主,在理解上存在一定的困难,因此教师设计了各类操作实践活动,让学生先体验,再通过观察、比较总结出规律。

（二）提出问题，解决问题

理解间隔是探究植树问题的前提。上述案例中，教师首先出示情境，用"这道题你看懂了吗""你看懂了什么"两个问题引导学生读懂题意，关注题目中的关键信息，从而达到帮助学生理解间隔含义的目标，为下一步画图奠定基础。

当学生读懂题意后，就会产生疑问：我该怎么种呢？这里教师并不强调某一种方法，而是让学生打开思路，想怎么种就怎么画，把头脑中的抽象的种法变得形象、具体。部分孩子可能在画图的过程中验证了自己的猜测，萌生了新的种法；也有一部分孩子可能在画图的过程中出现了错误。一旦有了差异，学习就产生了。当台上的学生介绍时，台下的学生边听边想：他是怎么种的？我和他哪里不一样？通过倾听、观察、比较，学生将会发现：同一条小路，虽然都是每隔 5 米种一棵，但由于植树方法不同，种的棵数也不同。就这样，学生初步感知到在植树问题中间隔数和棵数之间存在一定的关系。

从画图到列算式，是学生思维的一个飞跃。学生根据示意图判断不同种法下间隔数与棵数之间的关系，从而列出算式。这一环节是本课的重难点，也是学生认知的障碍点。由于学生认知上的差异，各种各样的问题纷至沓来：为什么两端都种要加 1？为什么只种一端不加不减？为什么两端都不种要减 1？20÷5 表示什么？学生在一系列质疑、追问中逐渐明白：20÷5 表示不管怎么种，每隔 5 米种一棵树，这条小路被分成了 4 段。在此基础上，学生再借助"一一对应"的数学思想理解为什么会出现加 1、减 1 和不加不减。

（三）观察比较，归纳概括

20 米的小路是这样列式的，100 米的小路也是这样吗？学生通过模仿练习发现无论小路有多长，都可以用之前发现的规律来解决，从而构建植树问题模型，使规律得到巩固。

至于练习环节，教师设计了基础、拓展两个层次的练习。前两道题使学生体会到植树问题模型不仅能解决植树的问题，还能解决生活中很多类似的问题。最后一题引发学生思考封闭环形属于哪一种情况，从而感悟到封闭图形其实是三种种法中的"只种一端"。

上述案例中,学生的抽象思维有了初步的发展,能够在教师的引导下主动发现问题、提出问题,遇到不理解的地方或有不同想法时敢于质疑追问,并能互助解决问题。

三、追本溯源与思维拓展

要达到对学习内容的追本溯源与思维拓展,教师必须在教学设计前进行充分的分析和解读,在课堂上通过操作引领学生感知体验,通过总结进行知识与方法的提炼。

以下是人教版三年级第二学期"用面积知识解决问题"的教学片段。

案例 7

提出问题,解决问题,建构联系

一、教学目标

(1) 结合"大图形中包含几个小图形"的问题解决过程,感知此类问题的结构特点,并能根据问题的特点采用摆(画)的方法或利用面积之间关系的方法解决此类问题,提高学生合理选择方法解决问题的能力。

(2) 结合"大图形中包含几个小图形"的问题解决过程,进一步巩固长方形、正方形的面积计算方法,熟练面积单位化聚的技能,提高学生的运算能力。

二、活动过程

(一) 活动一:结合情境提出问题,体会信息之间的关系

情境信息(图略):卡纸的长是 8 厘米,宽是 5 厘米。一张正方形数字卡片的边长是 2 厘米。

师:看了这些信息,你能提出数学问题吗?

学生提出了以下问题:

(1) 这张长方形卡纸的面积是多少?(板书)

(2) 这张长方形卡纸的周长是多少?

(3) 正方形数字卡片的周长和面积是多少?(板书求面积的问题)

(4) 这张卡纸一共可以剪几张数字卡片?(板书)

（二）活动二：经历解题方法的理解过程，体会不同解题思路的意义

请学生围绕问题"这张卡纸一共可以剪几张数字卡片"尝试解答。随后组织交流，重点讨论两种典型方法。

方法一：8×5＝40（平方厘米），2×2＝4（平方厘米），40÷4＝10（张）

方法二：用画图法解决，结果是 8 张。

先交流两种方法的思考过程，再重点讨论哪种方法是对的以及为什么。

方法一的思考过程：先用 8×5 算出长方形卡纸的面积，再算出一张数字卡片的面积。长方形卡纸面积÷数字卡片面积＝可以剪的张数。这种思路是大图形面积÷小图形面积。

方法二的思考过程：沿长剪可以剪 4 张，沿宽剪可以剪 2 张，4×2＝8（张）。这是用"行的张数×列的张数"算出总共剪的张数。

（三）活动三：再次经历问题解决过程，进一步丰富感性经验

情境材料：小北用的长方形卡纸长 12 厘米，宽 9 厘米，要剪的正方形数字卡片的边长是 3 厘米，一共可以剪几张？

学生自主解决后反馈分享。重点比较以下两种方法的异同。

方法一：12÷3＝4（张），9÷3＝3（张），4×3＝12（张）

方法二：12×9＝108（平方厘米），3×3＝9（平方厘米），108÷9＝12（张）

学生发现这一问题无论是用"行的张数×列的张数"的方法，还是用"大图形面积÷小图形面积"的方法，结果都是一样的。

组织讨论，解析原因：沿长剪边长是 3 厘米的正方形，正好；沿宽剪，也正好。随后，教师借助媒体展示剪的过程，并引导学生小结：在解决这类大图形面积里有几个小图形面积的问题时，我们可以用行的数量与列的数量相乘的方法解决，特殊情况下还可以用大图形面积除以小图形面积的方法解决。

"用面积知识解决问题"是学生在解决应用问题时容易犯错的内容。学生通过提出问题、分析思路、尝试画图，经历问题解决的过程，并逐步归纳发现解决该类问题的一般模型。

（一）分析设计，追本溯源

要使学生的思维在学习中得到真正的拓展，教师必须分析教材编排的意

图,分析学生原有的基础和实际的能力,然后确定教学思路。

1.综合分析,确定思路

上述案例中的"用面积知识解决问题"是人教版三年级第二学期第五单元的内容。在学习这个内容前,学生已经理解了面积的含义,知道了一些常用的面积单位,掌握了长方形、正方形的面积计算方法及面积单位间的进率。那么,我们不禁要问:作为本单元的最后一节内容,这仅仅是前面所学知识技能的练习巩固与简单应用吗?

从教材内容编排看,例题为:一片长 6 米、宽 3 米的客厅地面,用边长 3 分米的正方形地砖铺,需要多少块?

由于例题中提供的两个图形的长度单位不同,因此在解决此问题的过程中,学生除了要用到长方形、正方形的面积计算知识,还要用到单位化聚的知识。由此可见,学习意图很明显,即结合"大图形中包含几个小图形"的问题解决过程,巩固长方形、正方形面积计算及面积单位化聚的知识。在教材"分析与解答"及"回顾与反思"环节中,我们同样可以看到这种意图。

2.联系后续,追本溯源

从"大图形中包含几个小图形"问题的学习价值看,这类讨论图形面积之间关系的问题,是一种比较典型的与面积相关的问题,将会在后续知识的学习中多次出现。那么,如何将其与后续的学习内容联系起来,形成一个系列? 如何以本例题为模型,解决后续的类似习题? 这些都是教师必须面对和思考的问题。

因此,仅仅把本节内容的教学目标定位于运用所学知识(如面积计算方法和长度单位、面积单位的化聚等)解决问题,显然是不够的。教师只有引导学生追溯面积意义的本源,结合自身的理解,拉长探索解决问题策略的过程,积累相应的问题解决的活动经验,才能更好地实现本例题的学习价值。

3.找寻方法,解决一类

虽然计算大图形中包含几个小图形的确涉及面积知识,但解决这类问题的思路不止"分别计算出大图形面积和小图形面积,再用大图形面积除以小图形面积求得块数"这一种。况且,因为这种思路只能解决上述案例中"大图形中包含整数个小图形"的特殊情况,无法直接解决"商是非整数"的情况,所以并不具有普适性。

事实上,解决这类问题还有一种方法,即结合面积探究中的动手操作——"摆(画)小方块"的活动经验,直观地找到相应的块数。这种思路适用于这类问题中的任意情况,且对后续的剪三角铁、果树棵数、客厅地砖边长等应用问题的解决都有借鉴作用。

(二) 操作引领,体验过程

经过解读可以发现,因为教材提供的例题解决的是一个特殊问题(即大图形中正好包含整数个小图形),所以学生很容易就能理解"大图形面积÷小图形面积=包含的块数"这一方法,对"沿着长铺的块数×沿着宽铺的块数=总块数"的方法则较难接受。久而久之,学生会形成一种思维定式:求大图形里包含几个小图形的问题,只要用大图形面积除以小图形面积就可以了。这不利于学生对一般方法的理解与掌握。因此,上述案例中的教师重新设计了整节课的学习路径,从一般情况切入,有意识地拉长了引导学生经历问题解决的全过程,为学生获得更为丰富的解决此类问题的活动经验提供帮助。本案例主要通过三个层次的活动展开教学。

(1)活动一:请学生说一说是根据哪些信息提出数学问题的。目的是引导学生关注信息之间的关系,深度解读信息,既经历发现问题和提出问题的过程,又经历阅读与理解的过程,一举两得。(2)活动二:请学生围绕问题"这张卡纸一共可以剪几张数字卡片"尝试解答,随后组织交流,重点讨论两种典型方法。(3)活动三:引导学生呈现不同的解题思路,经历思维从不完善走向完善的过程。主要策略是数形结合,展示思维过程,让更多的学生体会到,对于这样的问题,可以通过画图较清楚地表达思考过程,从而准确地找到问题解决的关键点。在操作中,学生经历了从"一般"到"特殊"的过程,明白了只有特殊情况下才可以用"大图形面积÷小图形面积"的方法。

(三) 反思过程,提炼价值

"用面积知识解决问题"是一节典型的问题解决课。本节课从问题解决的教学价值入手,设计了从"一般"到"特殊"的学习路径,结合"问题提出""信息分析""典型问题解答"与"变式拓展练习"等环节,通过拉长探索过程,引导学生形成经验。通过上述案例,我们在问题解决内容的教学处理上可形成以下认识:让学生多层次经历问题解决的全过程,充分感知信息解读、问题解答、回顾反思等要点。

问题解决的核心价值在于引导学生经历过程,积累问题解决的活动经验,特别是对"表征问题"和"表征分析"要有充分的感知和体验。活动中,重点落实互动交流,使学生的思维在碰撞中得到发展。学生经历了从"一般"方法到"特殊"方法的发现过程,体会到不同结构的问题在解决方法上的差异。

深度学习下的问题解决,其最大的价值不在于解决某个具体的问题,而是经历问题解决的全过程,形成"表征问题"和"表征分析"的基本活动经验,提升数学思维能力。

第三节　思维拓展,突破难点

一、借助技术,化解难点

小学数学"图形与几何"的很多知识,需要教师借助操作活动进行教学。在推导各图形(尤其是三角形和梯形)面积计算公式时,教师通常会先设计一些操作活动,然后放手让学生自主探究,寻找解决问题的策略,但是课堂上呈现的实际情况往往与教师心中期待的百花齐放大相径庭。如何有效地检测学生的学习成效?教师当然首先要精心预设,必要时还要借助教具、学具,甚至是动态的信息媒体。

以下是人教版四年级第二学期"认识平面图形的高"的教学片段。

案例 8

操作探究,在比较中建构

一、回顾辨析

(一)判断图中的线段是不是平行四边形或梯形的高,并找出对应的底

1. 平行四边形的高的辨析

引导:平行四边形的高必须从哪里找点?找到点之后向哪里作垂直线段?

小结:平行四边形的高就是平行四边形边上任意一点到对边的距离。

2.梯形的高的辨析

引导:梯形的高从哪里找点?梯形的高和平行四边形的高有何相同和不同之处?

(二)师生共同小结对梯形的高的认识及其和平行四边形的高的异同

梯形的高就是夹在两底之间的垂直线段,即平行边上的一点到对边的距离。简单地说,是上底与下底之间的垂直线段。相同之处是都是从平行边上的一点到对边的距离,不同之处是梯形的两腰之间所作的垂直线段不是梯形的高。

(三)尝试总结平行四边形的高和梯形的高的定义

二、探究新知

(一)尝试与理解

1.猜

请你猜一猜,你觉得三角形的高是什么样子的?

2.画

根据你的理解,请尝试动手画一个三角形,并画出它的一条高。

3.辨

反馈学生所画的高。

学生画后交流讨论,说出特征。然后教师引导归纳,形成结论。

引导:如果三角形的位置不移动,如何判断三角形的高?三角形的位置不停转动,还是三角形的高吗?

小结:不管三角形怎么摆放,三角形的高就是从顶点到对边的垂直线段。

4.思

三角形有几条高?你是如何找到的?

(二)沟通与联系

1.找到相同之处

学生容易发现概念中的关键词都是"点到对边的垂直线段"。这条对边就是我们所说的底,这个距离(垂直线段)就是我们要找的高。

2.找出不同之处

师:三种图形的高为什么数量不同?

经过观察、画图、对比、标记,学生在辨析中发现:三角形的点是三个顶点,因此有三条高;平行四边形和梯形平行边上的任意一点都可以,所以平行四边形有两组高(无数条),梯形有一组高(无数条)。

(三) 应用与归纳

1.自主尝试画高

2.交流反馈学生的作品,加深概念认知

(1) 学生画指定的底上的高。

(2) 学生交流:尝试口述画高的步骤。

(3) 小结。

画高的步骤:先确定底和顶点,再作从顶点到底的垂直线段。

画高的依据:根据高的概念。

板书:画高三步骤　定点　定线　作垂直线段

3.学生修改,调整画法

学生画高,同桌交流画法,全班交流。

三、练习拓展

在方格纸上画一个底为 6 cm 的三角形。(每个小方格的边长表示 1 cm)

在格子图中给出一条长 6 格的线段。你能想象三角形的形状吗?再在线段外面给出一个点。现在你能想象这个三角形的形状吗?

教师动态演示点向上逐渐移动。此时,三角形的形状发生了什么变化? 高的变化是否与点的位置有关?

当底不变,点向右移动时,三角形的形状又发生了什么变化?

上述案例体现了教师从学生的问题出发,找准学生对三角形、平行四边形和梯形的高的模糊认知,通过层层递进的活动,借助信息技术化难为易,帮助学生在活动中完成新知的建构。

（一）分析学情，发现难点

小学生在"图形与几何"的学习上一直有很多困惑，有时教师花了大量的时间，效果也不太理想。主要原因在于学生对很多概念的理解有偏差，导致相关内容的学习只停留在表面上。"认识平面图形的高"安排在人教版四年级第二学期"平行四边形和梯形"之后。学生之前虽然已经学习了梯形、平行四边形和三角形的特征，初步认识了平行四边形和梯形的高，但几何图形的高毕竟是较为抽象的知识，小学生理解起来还是比较困难。

通过访谈可以发现，部分学生虽然理解了高的概念，但只抓住了高的具象特征即垂直线段，并不明白高是从一处出发到另一处的垂直线段。还有一些学生虽然学习了高的知识，但仍然将生活中的高和数学中的高混淆起来，认为高就是垂直于地平面的线段。由此可见，大部分学生虽然已经学习了高的定义，也掌握了简单的作图技能，但对其认识仍停留在直观、模糊的层面。

小学阶段的不少数学概念没有给出严格的定义或只给出了模糊的定义，几何图形的高也如此。对于数学概念的教学，教师切忌"只可意会，不可言传"，忽略数学本身最重要的"对客观世界的定性把握和定量刻画"的意义。在实际教学中，教师应当准确把握"高"的概念本质，寻找合理的教学方法，使学生对概念的理解从"适当模糊"走向"趋向本质"。

（二）巧设活动，突破难点

教学中要想突破难点，必须设计基于学生原有知识基础和生活经验的操作活动，同时注重活动之间的层层递进。上述案例中，学生尽管学过平行四边形和梯形的高，但受到生活中的高是竖着且垂直于地面的经验的影响，对高的认识始终停留在表面。因此有必要在此设置辨析，帮助学生真正理解两种图形的高的定义。

通过类比平行四边形和梯形的高的认识经验，学生先猜想三角形的高，然后经历猜想、画图、辨析、思考四个数学活动，体会三角形的高的定义的形成过程，感悟概念的内涵。将所学的平行四边形、梯形和三角形的高联系起来，通过对比,可以发现高的本质其实就是点到线的垂直线段,这样就将关于高的抽象的认知转化为过去所学的"点到线的垂直线段"这一旧知。随后,教师带领学生进一步明确:不同图形中的高之所以不同是因为点的位置不同,三角形的高必须从顶点作高,因此只有三条高,平行四边形和梯形的高是从平行边上任意一点作高,所以有无数条高。

学生在已有的画平行四边形和梯形的高的作图技能的基础上,先自主尝试画高,再归纳画高的要点,然后沟通画高的步骤与高的概念之间的联系,最后巩固提升。一方面,学生通过画高的操作深化了对概念的理解;另一方面,学生通过深入理解高的概念,促进了对画高技能原理的理解和方法的掌握。

（三）技术支撑,化解难点

信息技术具有直观性的特点,能促进学生对学习难点的理解、突破和巩固。上述案例中,通过三角形高的位置的变化,学生初步感受到三角形的形状会随着高度的变化而变化,不会随着位置的移动而变化。

在概念教学中处理好表象和定义的关系,将使概念教学变得更有效。上述案例中,教师教学时先通过类比旧知形成概念,接着对三种几何图形的高的画法进行对比辨析,帮助学生深化对概念的理解,然后结合三角形的高的概念,给定一条线段作为未知三角形的底,再给出一个动点作为三角形的一个顶点。移动这个点,将形成不同形状的三角形,三角形的高也随之变化。通过这样的演示,学生会明白:不管三角形如何转动,凡是从顶点到对边的垂直线段,就是三角形的高。

二、作业巩固,强化难点

数学作业是教师教学活动的有机部分,也是学生学习、掌握知识的有效途径。科学合理地布置作业是每一位教师的必备技能,若运用得当,会起到事半功倍的作用;若运用得不好,则既浪费学生的时间和精力,又影响学生的学习积极性。按照时间的先后顺序,小学数学作业可以分为三种:课前作业、课堂作业和课后作业。在三种作业的完成过程中,学生不仅可以强化巩固新知,还能培养自主学习能力。

（一）课前预习，自主学习

在小学高年级，教师可以根据教学内容和学生的实际情况，布置一定的课前作业，也称为预习作业。学生通过对教材和参考资料的自主学习，不仅能够对要学习的新知识有一个整体的了解，还能依据自己现有的学习基础，找出深入学习的困难所在。

课前作业也是一种行之有效的学习方法，它显著提高了学生学习的效率，激发了学生自觉学习的主观能动性，使他们获得课堂学习的主动权，从而达到优化课堂整体结构甚至优化课堂细节的目的。正如叶圣陶先生所说："学生通过课前预习，自己阅读课文，得到理解，当讨论的时候，见到自己的理解与讨论的结果相吻合，就有了成功的快感；或者看到自己的理解与讨论的结果不相吻合，就作比量长短的思索；并且做课前作业时不会没有困惑，困惑而无法解决，到讨论的时候就集中了追求理解的注意力。这种快感、思索与注意力，足以激发学生的学习兴趣，增进学习效果，有很高价值。"对教师来说，要注意课前作业设计的科学性，并加强课前作业的方法指导。

以下是沪教版五年级第二学期"小数的四则混合运算(2)"在线互动教学的课前预习单。

案例9

"小数的四则混合运算(2)"课前预习单

班级：五(3)班　学号：　　姓名：

学科	数学
课题	小数的四则混合运算(2)
预习时间	10分钟

同学们，昨天我们复习了小数的四则混合运算(1)，复习了小数乘除法的计算方法、积商的凑整、循环小数比较大小、小数混合运算的计算顺序，大家都学得比较认真。今天我们继续复习小数的四则混合运算(2)。在计算时，遇到能巧算的，我们都喜欢巧算，因为这样既简便又容易算对，那么我们巧算的依据是什么呢？运算定律和运算性质。

1. 上课前请认真做好准备工作。

2. 明天上课的你要像往常那样认真听讲。

（续表）

预习内容：
1.（读一读）运算定律和运算性质 加法交换律 a＋b＝b＋a　　　　加法结合律 a＋b＋c＝a＋(b＋c) 乘法交换律 ab＝ba　　　　　乘法结合律 abc＝a(bc)　　　乘法分配律(a＋b)c＝ac＋bc 减法运算性质 a－b－c＝a－(b＋c) 除法运算性质 a÷b÷c＝a÷bc(b≠0,c≠0)　商不变性质 a÷b＝ac÷bc 　　　　　　　　　　　　　　　　　　a÷b＝(a÷c)÷(b÷c) 　　　　　　　　　　　　　　　　　　(b≠0,c≠0) 2.（说一说）小数乘除法在生活中的应用 在实际生活中，哪些情况下要用到小数乘除法呢？比如水电煤的计算、超市购物等。自己举一个例子，然后编一道应用题自己解答。 3.完成书本 P3
通过预习,我还有不懂的地方：

　　上述案例是教师为响应疫情期间"停课不停学""停课不停教"的号召,要求学生在"空中课堂"和"在线互动教学"的双师教学前花 10 分钟完成预习单,以便尽快跟上"空中课堂"的教学节奏。

　　（二）课中变式,迁移学习

　　课堂作业是指教师在授课过程中为了达到启发、联想、类比、迁移、巩固等目的而设置的作业。课堂作业不但能加深学生对新知的理解,而且能培养学生的归纳推理、类比联想等思想方法。

　　课堂作业的目的有二:一是检测和巩固学生本节课所学的知识和技能,二是引导学生通过练习把知识转化为实际问题的解决能力。作业的形式有两种:第一种由学生独立完成,第二种是小组讨论。对于前者,教师不提供任何形式的指导,学生之间也不许进行讨论,这对巩固学生所学的知识、发展学生的思维能力、培养学生的独立意识和良好的学习习惯有促进作用。对于后者,教师可以将学生分成几个学习小组,引导他们就所研究的问题展开讨论,然后展示研究结果,这对激发学生的兴趣、培养学生的合作意识和表达交流能力有着现实意义。教师可以从学生的作业反馈中了解到哪些学生已经达到了教学目标、哪些学生课后还需要进行单独辅导,并针对学生作业中出现的问题作出相应的处理。

教师布置的课堂作业要典型、适度和适量,做到数量与质量的统一,同时设计作业时要做到低起点、多层次,比如可以分为必做题、选做题和思考题等多种形式,从而照顾到不同层次学生的需要。课堂作业按层次可分为三类:一是基础题,即例题的跟进练习,要求 90％的学生全对;二是提高题,通过对例题的变式或不同情境下的不同表述,使学生达到对本节课学习内容的理解和掌握,一般 70％的学生都能解决;三是拓展题,旨在使学生达到对本节课学习内容的综合理解和应用。

对于课堂作业中学生出现的问题,教师可以给予个别辅导,使每一个学生都得到指导的机会。同时,教师应尽量做到当堂批改作业、当堂订正作业、当堂解决问题。在课堂练习过程中,教师布置完作业后可以在教室内巡视,重点为那些学习有困难的学生批改,对做对的题目及时给予肯定与鼓励,若发现他们有不明白的地方便及时讲解,这样这部分学生的困难就会当堂解决,做课后作业时会轻松很多,学习信心也得到了增强。另外,当堂巡视批改使学生受到了教师的关注,他们因此会积极完成练习,不再磨蹭拖沓。当大部分学生完成作业后,教师应立即当堂校对批改作业,对普遍性的错误进行必要的补充讲解,这种课堂上的及时反馈比课外辅导的效果要好得多。当然,教师也可以采取让学生之间互相批改作业的方式,在这一过程中,学生会发现彼此的错误,及时改正,共同进步,进一步理解所学的知识。

以下是沪教版五年级第二学期"列方程解决问题(三)"在线互动教学的课堂作业。

案例 10

由浅入深,递进练习

一、基础练习

五(1)班的学生人数比五(2)班少 8 人,是五(2)班人数的 0.8 倍。五(1)班和五(2)班分别有多少学生?设五(2)班有学生 x 人,那么五(1)班有学生 $0.8x$ 人。错误的方程是( )

A. $x-0.8x=8$ B. $x+8=0.8x$

C. $x-8=0.8x$ 　　　　　D. $0.8x+8=x$

（1）学生独立思考。

（2）交流。

（3）小结：有时列出的方程不唯一，根据不同的等量关系，得到的方程也不同，但最终的结果是相同的。

二、巩固练习

1. 根据题意画线段图，口答等量关系式和方程。

蝴蝶、蜻蜓和蜜蜂共有 180 只，其中蝴蝶的数量是蜻蜓数量的 2 倍，蜜蜂的数量是蜻蜓数量的 3 倍。三种昆虫各有多少只？

（1）学生动手画简图。

（2）交流。

2. 口答等量关系、设句并列方程。

丰收水果店运来苹果的重量是梨的 1.5 倍，如果苹果卖出 60 千克后，就与梨的重量相等，运来的苹果和梨各重多少千克？

（1）学生独立思考。

（2）交流：这是一道什么类型的应用题？

3. 口答等量关系、设句并列方程。

求下图中 BD 的长。

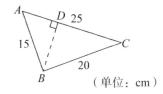

（单位：cm）

（1）思考：等量关系是什么？

（2）独立练习。

（3）交流：隐含着怎样的条件？

（4）小结：找等量关系，特别要注意题目中隐含的条件。

三、拓展练习

今年兄弟两人年龄加起来一共 20 岁，弟弟比哥哥小 4 岁，再过 3 年，兄弟两人的年龄各是多少岁?

（1）思考:先算什么?

（2）交流:说等量关系并设句。

（3）列方程。

教师通过设计三类课堂作业,检测学生的学习水平,满足他们不同的学习需要。上述案例中的基础练习,旨在检测学生能否列方程,体悟方程的不唯一性(等量关系不同,方程就不同,但答案一样)。巩固练习的设计目的是期望学生利用数形结合的思想,通过线段图加深对题意的分析,进而找到等量关系。拓展练习的设计目的是期望学生能解决稍有变化的一般复合应用题,并运用问题解决的策略和模型,灵活地解决实际问题。

以上三个层次的课堂作业,能培养学生认真审题的好习惯,使他们学会结合问题与条件综合分析,用两个相关联的信息解决问题,进一步体验并丰富知识的内涵。

（三）课后强化,巩固知识

课后作业主要起对所学的知识进行复习和巩固的作用,旨在让学生在学习上达到运用和迁移的层次,能够运用所学的知识及原理解决问题。

一方面,课后作业可以帮助学生巩固已学的知识,弥补知识的缺漏,为他们顺利地接受新知识奠定基础。另一方面,课后作业有助于学生形成技能技巧、培养良好的思维品质,是发展学生智力的重要途径,也是课堂教学过程中不可或缺的一环。

对教师而言,如何设计高质量的课后作业,以及如何指导学生做课后作业是一个值得思考的问题。完成课后作业是学生经过独立思考,自觉地、有目的地分析问题和解决问题,将学得的知识运用于实际的智力活动过程。学生做课后作业时应该遵循先复习后写作业的原则,即在认真复习、充分理解的基础上完成作业。同时,教师应要求学生养成良好的作业习惯,作答时要认真表述,思路清晰,表述确切,书写规范,答案准确,干净利落。做完作业后,学生要细心检查,即根据作业要求,逐字逐句地检查验证,发现错误及时纠正,并对教师的批改、批语认真思考,不断总结经验,吸取教训。

以下是沪教版五年级第二学期"正数和负数的初步认识"的课后练习和作业属性表。

案例 11

对应目标，强化练习

1. 在数轴上分别用 A、B、C、D、E 表示下面各个数，并按从大到小的顺序排列。

$$-2 \quad -3.2 \quad +2.5 \quad -1 \quad 4$$

2. 判断。

(1) 从数轴上看，左边的数总比右边的数小，右边的数总比左边的数大（　　）

(2) 在数轴上 0 表示起点（　　）

(3) 在数轴的原点两旁，离原点距离相等的两个点所表示的数一样大（　　）

(4) 正数大于一切负数，负数都小于 0（　　）

(5) -12 比 -10 小（　　）

(6) $-66.4 > 6.64$（　　）

3. 把 -9.6、1、0、9.6、-6.9、-3.6 按从小到大的顺序排列。

4. 拓展与提高。

(1) 把 -4、$+2.5$、0、-1、$+7$ 分别填入适当的圈内。

大于 $+3$ 的数　　　小于 -3 的数

(2) 兴趣小组考查，成绩 80 分及 80 分以上的得优良．老师以 80 分为标准，将这一小组的 5 名同学的成绩简记为：$+12$，-3，0，$+6$，-11。这 5 名同学的实际成绩应为多少？

表 1　"正数和负数的初步认识"单元作业属性表

作业四			数轴					课时			第二课时
	题目序号	对应目标编号	题型（打"√"）						难度（打"√"）		预估完成时间（分）
			选择	判断	填空	作图	解答	其他	低	中	高	
属性分析	1	4			√				√			2
	2	4,5	√						√			2
	3	5					√		√			2
	4	4						√		√		4

上述案例中的作业属性表,是教师对照作业目标科学设计作业的一个重要依据。课前作业、课堂作业及课后作业这三类作业的设计是教师每天必须完成的工作,三者的关系相辅相成,任何一个环节出现问题都会影响学习效果。三类题目各有侧重:一是检查与巩固,实现基本知识和基本技能的练习和应用,重在对课本上的知识与技能进行巩固;二是深化与提高,实现过程和方法的体验和形成,旨在促进知识的形成和能力的发展;三是体验和发展,实现知识、能力和情感、态度、价值观的总体整合,重在操作和实践;四是反馈和校正,实现教学信息的收集和教学设计的改进。

三、评价检测,巩固难点

由小学数学检测评价的实践研究可知,教师对评价的认识更全面了,考试也不再是唯一的评价标准。评价的目的是全面考查学生本学期数学学习的状况,激发学生的学习热情,促进学生全面发展。评价检测是为了更好地培养学生的数学核心素养,提高课改品质。

（一）在活动评价中巩固知识

课程标准明确指出:"评价的主要目的是全面了解学生的数学学习历程,激励学生的学习,改进教师的教学。对数学学习的评价不仅要关注学生学习的结果,也要关注他们学习的过程;要关注学生数学学习的水平,更要关注他们在数学活动中所表现出来的情感与态度;帮助学生认识自我,建立信心。要建立评价目标多元化、评价方法多样化的评价体系……"可见,准确、合理、多元的评价对学生数学成绩的提高、学习兴趣的培养是多么重要。

以下是学习"人民币认识"后的"绿娃便利店"的活动评价方案和实施片段。

案例 12

活动作业,评价相伴

一、评价目标

(1) 能清晰地识别全套人民币,以识别过程为载体,提高自主探究、合作交流的能力。

(2) 知道元与角、角与分之间的进率,归纳出 1 元＝10 角、1 角＝10 分,培养归纳、推理的思维能力。

(3) 培养在实际生活中的购物能力,初步认识商品价格,学会简单购物,从而提高观察能力、动手能力和主体参与意识,提高社会交往和社会实践能力。

(4) 通过购物活动,初步体会人民币在社会生活、商品交换中的功能和作用,并知道爱护人民币,养成花钱节约的习惯。

二、明确活动步骤

(1) 学生组内分工合作,分别扮演售货员和顾客。

(2) 每位学生都有合计 100 元的人民币代币,可选购自己喜欢的三件物品。

(3) 说明活动要求:顾客要检查售货员有没有找错钱,售货员要看清顾客付款对不对,顾客需填写购物清单(包括物品名称、价格、应找回、还剩下等)。

三、交流活动实施

(1) 你在活动中碰到了哪些问题? 你是怎么解决的?

(2) 顾客汇报交流:买了哪几件物品? 一共用去多少钱? 还剩下多少钱? 剩下的钱加上用去的钱,是否等于 100 元?

(3) 售货员汇报交流:柜台上卖掉几件商品? 一共收了多少钱?

四、填写活动评价表

表1 "绿娃便利店"活动总评价表

姓名		班级		组	
评价内容	评价标准	个人评价	小组评价	教师评价	
在活动准备中的表现	1. 积极准备	☆☆☆☆☆	☆☆☆☆☆	☆☆☆☆☆	
	2. 态度认真	☆☆☆☆☆	☆☆☆☆☆	☆☆☆☆☆	
	3. 团结合作	☆☆☆☆☆	☆☆☆☆☆	☆☆☆☆☆	
在活动实践中的表现	1. 能准确快速地将物品分类，并放到柜台上	☆☆☆☆☆	☆☆☆☆☆	☆☆☆☆☆	
	2. 在购物时能熟练计算价格及找回的钱	☆☆☆☆☆	☆☆☆☆☆	☆☆☆☆☆	
在活动总结中的表现	1. 表达流利	☆☆☆☆☆	☆☆☆☆☆	☆☆☆☆☆	
	2. 声音响亮	☆☆☆☆☆	☆☆☆☆☆	☆☆☆☆☆	
获得称号		我的感言			
评出"购物达人""明星售货员""明星理货员""明星小组"					

上述案例注重评定学生应用知识的能力、学科之间内容整合的能力，以及决策、交流、合作等能力。评价方式采用学生自评、学生互评、家长评价及教师评价等。尤为注重对学生进行形成性评价，以发展的眼光看待学生学习数学的过程，肯定、赞赏学生的点滴进步，让他们感受到成功的快乐，唤起他们心中的自豪感和自尊感。在终期评价时，教师还设置各种奖项，如"购物达人""明星售货员""明星理货员""明星小组"等，使学生在鼓励与反思中成长，不断提升实践探究能力。

（二）在课堂学习中检测难点

在数学课堂中，评价是一个重要体系。教师在课堂上通过任务布置、实施与归纳，对学生的课堂活动进行评价。基于标准的课堂评价不再只是对教学效果进行评价，而要对学生学习过程中的习惯培养、思维变化、语言能力、合作能力等各方面进行持续关注。这样的评价不仅能让学生知道自己的学习成效,还能反映学生学习过程中存在的问题,从而让教师发现教学中的可优化点,改进自己的教学活动,提升整体的教学效果。

以下是沪教版五年级第一学期"平行四边形的面积"课内活动评价的片段。

案例 13

动手操作,检测过程

本节课主要通过"故事情境引入""操作探讨""梳理推导""拓展提炼"四个环节,引导学生进行主动探究,在割补、操作、观察等实践活动中,归纳出平行四边形的面积求导公式。

一、评价目标

(1) 自主探索,动手实践,推导出平行四边形面积公式,能正确计算平行四边形的面积。

(2) 利用数方格、剪拼等方法,经历平行四边形面积公式的推导过程,通过操作、观察、比较,发展空间观念,渗透转化的思想方法。

(3) 培养分析、综合、抽象、概括和解决实际问题的能力。

(4) 感受数学与生活的联系,培养数学应用意识,体验数学的价值。

二、评价内容

以"操作探讨"环节为例。在活动中,学生通过同桌互帮,边思考边讨论边操作,运用数学思维中的转化和比较等方法,主动学习能力得到了提升。

(1) 怎样剪拼才能将平行四边形转化成学过的图形? 转化成什么图形比较合适?

(2) 拼出的长方形和原来的平行四边形相比,面积变了吗?

(3) 拼出的长方形的长和宽与原来的平行四边形的底和高有什么关系?
(可以观察对比手中剪拼过的平行四边形和另一个未剪拼的平行四边形)

(4) 完成下列评价表。

活动	表现			操作说明
剪拼前的讨论	☆☆☆	☆☆	☆	☆☆☆能快速地想出如何剪拼,并能说出理由。 ☆☆能和同桌一起讨论出剪拼的方法,并能知道理由。 ☆能在全班探讨的时候明白剪拼的方法和理由。
剪拼	☆☆☆	☆☆	☆	☆☆☆独立完成剪拼,快速、有序且成功。 ☆☆能在同桌的帮助下完成剪拼,有序且成功。 ☆能在全班交流后纠正错误的剪拼方法,完成剪拼任务。
剪拼后的思考	☆☆☆	☆☆	☆	☆☆☆能清晰地独立判断出剪拼后的图形和原图形之间的关系。 ☆☆能在提示下明白剪拼后的图形和原图形之间的关系。 ☆能在全班交流后明白剪拼后的图形和原图形之间的关系。

评价可以是课堂中教师口头的表扬和欣赏的眼神,缺点是不够全面。纸张化的评价表弥补了这一不足,在教师无暇对所有学生进行评价鼓励时,自评和互评充当了自我激励的先头军。等级化的星级涵盖了所有学生的学习状态,可以量化学生的整体学习状况,对他们后续学习的帮助不言而喻。"评价最重要的意图不是为了证明,而是为了改进。"在不断改进的过程中,学生的学习能力和学习状态将逐步提升,综合素养也将真正提高。

（三） 在纸笔测试中评价重难点

单元期末的纸笔评价是检测学生学业成果的一种有效方式。课程标准中提到,立体图形的初步认识及计算是小学生发展空间观念的重要学习内容。根据课程标准的要求,"图形与几何"模块的评价主要关注高年级学生是否认识常见的计量单位并初步掌握它们的进率,是否了解常见几何形体的周长、面积、体积的含义,能否掌握它们的计算方法并懂得正确运用。

以下是沪教版五年级第二学期"长方体和正方体的认识和计算"学习水平纸笔测试的评价方案。

案例 14

纸笔测试,方案先行

一、评价目标

学生能计算长方体、正方体的周长与体积,并运用所学知识解决实际问题;能利用单位之间的进率进行长度单位、面积单位、体积单位换算;能运用分割、拼补等适当的方法搞清几何体关系,并寻找必要的条件进行计算;能计算出常见物体单位体积的重量。

表1　"图形与几何"模块双向细目表

内容	题号	能力描述	题量	识记	理解	运用	综合
填空	1	1. 知道常用的体积(容积)单位及其进率,并能进行体积与容积的单位转化。 2. 在了解长方形、正方形图形的基础上,能掌握长方体、正方体的特征。 3. 能区分长方体、正方体的各部分名称,会用表面积、体积公式进行计算。 4. 能正确找到几何体变化表面积对应的面,具备一定的空间想象能力。	4				√
选择	2	1. 有一定量感,能思辨并找出具体情境适合的单位。 2. 能用自己理解的方式把几何体展开图还原至空间几何体。	2				√
操作	3	1. 能准确找到重要边的数据。 2. 能结合数据运用表面积与体积公式准确计算结果。	1			√	
应用	4	1. 能结合生活经验,理解已知条件。 2. 能串联已知条件,根据问题列出算式。 3. 能准确计算两步以上综合算式。 4. 能完整表述答句。	3				√

二、评价内容

1. 填空

(1) 6.4 毫升＝(　　　)立方分米　　5.9 dm³＝(　　　)L＝(　　　)ml

（2）至少需要（   ）个小正方形才能搭成一个大正方形。至少需要（   ）个小正方体才能搭成一个大正方体。

（3）一个长方体的长、宽、高分别为 4 cm、2 cm、1 cm。如果它的长、宽、高分别增加到 2 倍,则它的棱长总和增加到（   ）倍,表面积增加到（   ）倍,体积增加到（   ）倍。

（4）一种正方体的棱长是 5 厘米,用 4 个这样的正方体拼成一个大长方体,大长方体的表面积可能是（   ）平方厘米,也可能是（   ）平方厘米。

2. 选择

（1）下列有关你所在教室的说法错误的是（   ）。

A. 教室的占地面积约 80 平方米

B. 教室所能容纳的体积约 150 立方米

C. 粉刷教室墙面所用涂料约 3 立方分米

D. 教室的棱长之和约 60 米

（2）右图是一个正方体纸盒的平面展开图,六个面上分别写有"空袋难以直立",则写有"难"字的对面是（   ）字。

A. 立　　B. 空　　C. 直　　D. 以

3. 操作

计算下面组合体的表面积与体积。（单位:dm）

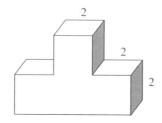

4. 应用

（1）一块长方体形状的木块长 9 cm,宽 6 cm,高 5 cm,在这块木块上切去一个最大的正方体,求切掉正方体的表面积。

（2）一个长方体水箱从里面量得长 30 厘米,宽 15 厘米,高 16 厘米,将一块石头放入水箱,然后将水箱注满水。把水箱里的石头取出后,水面下降 4 厘米。求这块石头的体积。

（3）一个长方体高截去 2 厘米，表面积就减少了 48 平方厘米，剩下部分成为一个正方体，求原来长方体的体积。

三、评价方式

学生书面完成课堂练习题。教师在学生完成练习的过程中可从多种不同维度进行观察、考量、评价。（详见表2）

表 2　纸笔测试评价指标参考表

评价项目	观察点	评价标准	评价者
学业质量	1. 计算正确 2. 过程清晰	优：正确率90％及以上 良：正确率在80％～89％之间 合格：正确率在60％～79％之间 需努力：正确率不到60％	阅卷教师
完成态度	1. 专注程度 2. 认真书写 3. 自觉检查 4. 在规定时间内完成	优：无须提醒 良：提醒后能做到 合格：需2次以上提醒 需努力：3次以上提醒仍不能做到	监考教师
学习习惯	1. 打草稿 2. 用尺画线 3. 自检验算 4. 卷面整洁		

教师根据评价结果制定个性化帮扶措施，引导学生端正完成态度，养成良好的学习习惯，提高解决几何问题的能力。

教师设计纸笔测试内容时，应考虑到试题是否由浅入深、有无坡度、知识点覆盖面等。上述案例的测试题虽然做到了一定的层次性，但在不同类型题目的检测要求上还应进一步细分。只有当目标和题目相匹配了，才能突出对教学重难点的检测。

参考文献

1. 上海市教育委员会.上海市中小学数学课程标准(试行稿)[M].上海:上海教育出版社,2004.

2. 中华人民共和国教育部.义务教育数学课程标准(2011年版)[M].北京:北京师范大学出版社,2011.

3. 上海市教育委员会教学研究室.上海市小学数学学科教学基本要求(试验本)[M].北京:人民教育出版社,2017.

4. 上海市教育委员会教学研究室.小学数学单元教学设计指南[M].北京:人民教育出版社,2018.

5. 钟启泉,崔允漷.核心素养研究[M].上海:华东师范大学出版社,2018.

6. 马云鹏.数学课程标准(2011年版)专题解读:小学数学教师研修指南[M].长春:东北师范大学出版社,2013.

7. 刘娟娟.小学数学教学技能[M].上海:华东师范大学出版社,2011.

8. 罗鸣亮.做一个讲道理的数学教师[M].上海:华东师范大学出版社,2016.

9. 曹培英.跨越断层,走出误区:"数学课程标准"核心词的解读与实践研究[M].上海:上海教育出版社,2017.

10. 刘加霞.小学数学课堂的有效教学[M].北京:北京师范大学出版社,2008.

11. 金香.小学数学导学设计[M].哈尔滨:黑龙江教育出版社,2018.

12. 段志贵.教学生学会思考是数学教学的根本[J].中学数学教学参考,2019(1-2).

13. 费岭峰,朱国荣.拉长过程,突显问题解决的经验形成——人教版"用面积知识解决问题"教学实践与思考[J].教学月刊小学版(数学),2017(1-2).

14. 高圣俊."教会"?"会教"?[N].江苏科技报·教育周刊,2017-4-11.

15. 邓芳.特级教师吴正宪《商不变的性质》片段赏析[J].广西教育,2019(5).

16. 赵国防.融通与深究:单元复习课的魅力与使命——以"数据处理"单元为例[J].小学数学教师,2018(5).

17. 俞正强.如何把握小学数学课堂教学的教学目标[J].人民教育,2017(10).

18. 苏桂芹,马晓磊.数学主题阅读教学的探索与实践——以"负数大观园"为例[J].小学数学教师,2018(11).

19. 教育大辞典编纂委员会.教育大辞典(第1卷)[M].上海:上海教育出版社,1990:87.

20. 覃可霖.单元教学漫谈[J].广西师院学报(哲学社会科学版),1995(1):81-85.

21. 钟启泉.学会"单元设计"[N].中国教育报,2015-6-12.

22. 马兰.整体化有序设计单元教学探讨[J].课程·教材·教法,2012(2):23-31.

23. 吕世虎,杨婷,吴振英.数学单元教学设计的内涵、特征以及基本操作步骤[J].当代教育与文化,2016(4).

24. 叶澜.让课堂焕发出生命活力——论中小学教学改革的深化[J].教育研究,1997(9).

25. 上海市教育委员会教学研究室.思维 能力 素养:中小学数学学科育人价值研究[M].上海:上海教育音像出版社,2013.

26. 全灵芝.用三种眼光看教材[J].湖南教育(数学教师),2007(6):14-15.

27. 费岭峰.课堂的魅力——小学数学活动设计与教学[M].上海:华东师范大学出版社,2017.

28. 王喆.活动理论视阈下小学数学活动设计研究[D].上海:上海师范大学,2015.

29. 王光明,范文贵.新版课程标准解析与教学指导(小学数学)[M].北京:北京师范大学出版社,2012.

30. 彬彬.教师开发利用课程资源研究[D].长春:东北师范大学,2015.

附　录

小学一至五年级知识结构

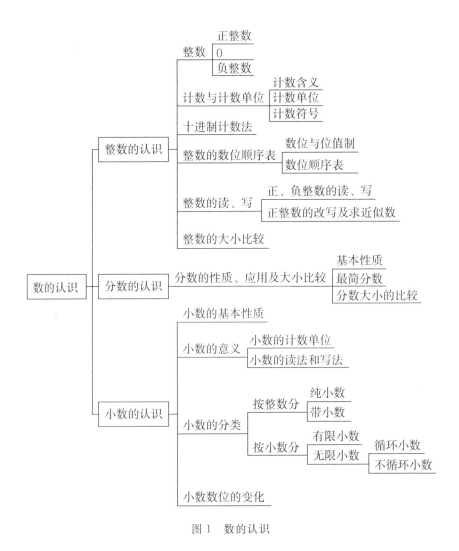

图1　数的认识

意义　求两个或两个以上的和的运算

加法　计算方法　多位数加法通常用竖式计算

加数与和的变化规律

意义　已知两个加数的和与其中的一个加数，求另一个加数的运算

减法　计算方法　多位数减法通常用竖式计算

被减数、减数与差的变化规律

意义

一个数乘正整数，是求几个相同加数和的简便运算

一个数乘正小数，是求这个数的十分之几、百分之几……是多少

乘法

计算方法

表内乘法："乘法九九表"

多位数乘一位数

多位数乘两、三位数

因数与积的变化规律

意义　已知两个因数的积和其中的一个因数，求另一个因数的运算

除法

计算方法

表内除法

除数是一位数的除法

除数是两位数的除法

被除数、除数与商的变化规律

四则运算

四则混合运算　运算顺序

在没有括号的算式里，如果只有加减法或只有乘除法，要从左往右依次计算

如果既有加减法又有乘除法，先乘除后加减；在含有括号的算式里，一般先算括号里的，再算括号外的

数的运算

运算定律

加法交换律：a+b=b+a

加法结合律：(a+b)+c=a+(b+c)

乘法交换律：a×b=b×a

乘法结合律：a×b×c=(a×b)×c=a×(b×c)

乘法分配律：(a+b)×c=a×c+b×c

运算定律与性质

运算性质

减法运算性质　a-b-c=a-(b+c)

除法运算性质

a÷b÷c=a÷(b×c)（b≠0，c≠0）

商不变性质

a÷b=(a×c)÷(b×c)（b≠0，c≠0）

a÷b=(a÷c)÷(b÷c)（b≠0，c≠0）

口算

也称心算，是不借助其他计算工具，不用竖式，仅凭记忆直接通过思维算出结果的一种方法

计算方法

估算

依据实际问题的需要，按照近似数的截取方法与近似数的加、减、乘、除计算法则，粗略地口算出结果的一种方法

笔算　按照计算的法则和竖式的书写格式，用笔计算出结果的一种方法

图 2　数的运算

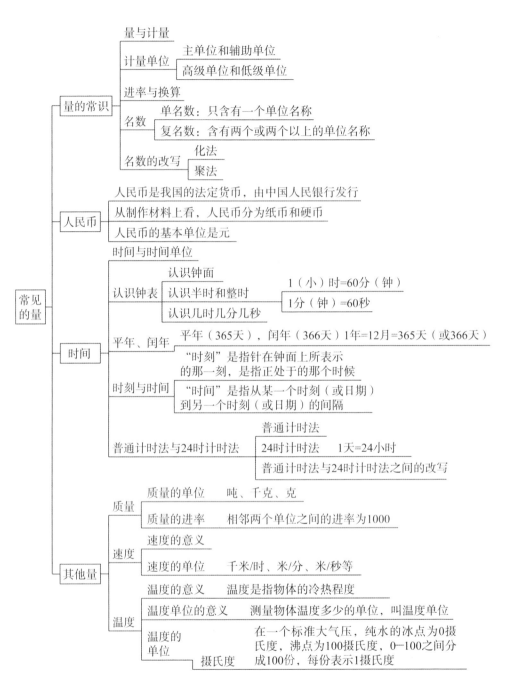

图 3　常见的量

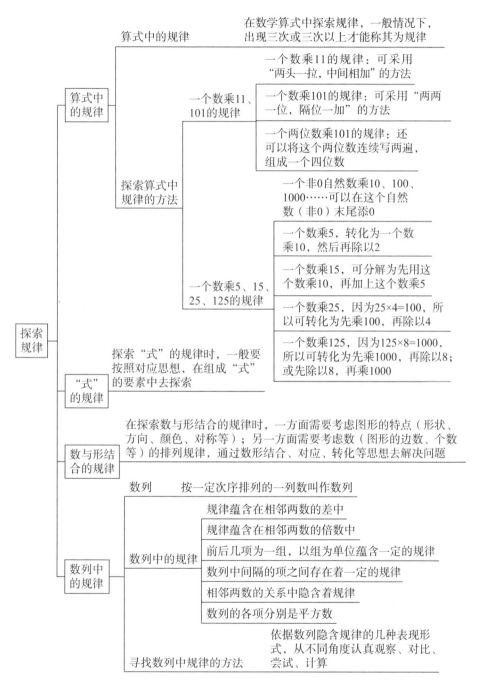

图 4　探索规律

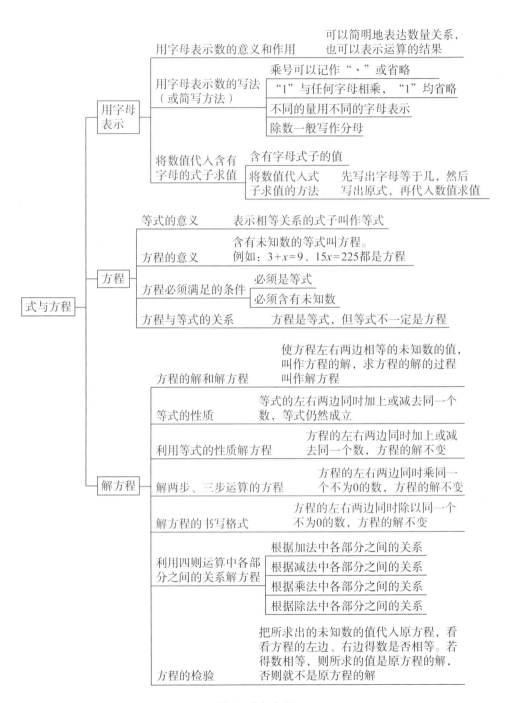

图 5　式与方程

解决问题
├─ 解决问题
│   ├─ 解决问题的特征
│   │   ├─ 重视过程，不仅仅依附一个知识点
│   │   └─ 具体问题具体分析，问题的开放性和多元性
│   ├─ 解决问题的策略
│   │   ├─ 画图的策略，列表的策略，尝试的策略
│   │   ├─ 模拟操作的策略，逆推的策略，简化的策略
│   │   └─ 推理的策略
│   └─ 解决问题的基本过程　　把握问题，设计求解计划，对所得结果作检验和回顾
│
├─ 应用题的有关知识
│   ├─ 分类
│   │   ├─ 简单应用题（或一步计算应用题）
│   │   └─ 复合应用题
│   │   ├─ 一般复合应用题
│   │   └─ 典型应用题
│   ├─ 数量关系
│   │   ├─ 基本的数量关系
│   │   │   ├─ 部分量与总量，大数、小数与相差数
│   │   │   └─ 每份数、份数与总数，倍数
│   │   └─ 常见的数量关系
│   │   ├─ 单价、数量与总价
│   │   ├─ 工作效率、工作时间与工作总量
│   │   └─ 速度、时间与路程
│   ├─ 应用题中常见的一些术语
│   │   ├─ 同样多，多、少，增加、增加了、增加到
│   │   ├─ 减少、减少了、减少到，扩大、扩大了、扩大到
│   │   └─ 缩小、缩小了、缩小到
│   └─ 应用题的解题思路和方法
│   ├─ 简单应用题的解题思路
│   ├─ 复合应用题的一般解题思路
│   └─ 解答应用题的一般方法　　弄清题意，分清已知条件和问题；分析题中的数量关系，把应用题反映的实际问题抽象为数学问题；列出算式或方程，进行计算或解方程，检验并写答
│
├─ 简单应用题
│   ├─ 加法简单应用题
│   │   ├─ 求总数
│   │   ├─ 求比一个数多几的数是多少
│   │   └─ 已知一个数比另一个数少几，求另一个数是多少
│   ├─ 减法简单应用题
│   │   ├─ 求剩余
│   │   ├─ 求两数相差数
│   │   ├─ 求比一个数少几的数是多少
│   │   └─ 已知一个数比另一个数多几，求另一个数是多少
│   ├─ 乘法简单应用题
│   │   ├─ 求几个相同数的和是多少
│   │   └─ 求一个数的几倍是多少
│   └─ 除法简单应用题
│   ├─ 求每份数问题，求一个数里有几个另一个数
│   └─ 求一个数是另一个数的几倍，求一倍数是多少
│
├─ 整数、小数的复合应用题
│   ├─ 一般应用题　　一般应用题的意义，一般复合应用题的解题步骤
│   └─ 典型应用题
│   ├─ 求平均数，"归一"与"归总"，和倍、差倍与和差问题
│   ├─ 行程应用题、盈亏问题、年龄问题等
│   └─ 植树问题、周期问题、抽屉问题
│
├─ 分数应用题
│   ├─ 基本的分数加减应用题
│   ├─ 单位1的分数应用题
│   └─ 求一个数是另一个数的几分之几
│
└─ 列方程解应用题
    ├─ 列方程解应用题的意义
    ├─ 列方程解应用题与算术方法的比较
    ├─ 列方程解应用题的步骤　　读题，设未知数，列方程，解方程，检验
    └─ 列方程解应用题　　和倍差倍与和差问题、行程应用题、盈亏问题、年龄问题等

图 6　解决问题

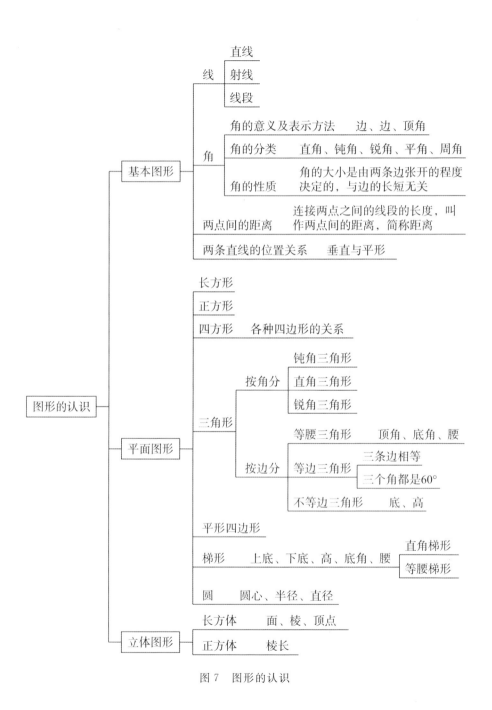

图7 图形的认识

长度和长度单位

将刻度尺的0刻度对准要测量的物体的一端，另一端所对应的刻度线就是被测物体的长度

累积法：把数个相同的微小量放在一起测量，再将测量结果除以被测量的个数，就得到一个微小量的长度

化曲为直法：将线与曲线完全重合，做好两端的记号，然后轻轻地将线拉直，用刻度尺量出长度，就是曲线的长度

滚轮法：可用轮子沿曲线或直线滚动，记下轮子滚动的圈数，测出轮子的周长，用轮子周长乘周数，就得到被测曲线或直线的长度

线的测量 —— 长度测量方法

角的度量单位

角的测量 —— 量角器

角的度量方法：角的画法

基本图形

周长　封闭图形一周的长度，是它的周长

长方形、正方形和平行四边形的周长及面积

面积　长方形的面积=长×宽

正方形的面积=边长×边长

平行四边形的面积=底×高

三角形的周长和面积　三角形的周长　三角形三条边的长度和

三角形的面积　三角形的面积=底×高/2

梯形的面积　梯形的面积=（上底+下底）×高/2

长度单位　千米，1千米=1000米

米、分米、厘米、毫米，相邻两个单位之间的进率为10

面积单位　平方千米，1平方千米=1000000平方米

平方米、平方分米、平方厘米、平方毫米，相邻两个单位之间的进率为100

平面图形

体积　物体所占空间的大小

容积　所能容纳物体的体积叫容积

体积单位　立方米、立方分米、立方厘米，相邻两个单位之间的进率为1000

容积单位　升、毫升，相邻两个单位之间的进率为1000

关系　1升=1立方分米，1毫升=1立方厘米

体积和容积 —— 单位

图形的计量

长方体的表面积　长方体的表面积=（长×宽+长×高+宽×高）×2

长方体的体积　长方体的体积=长×宽×高

长方体的棱长之和　长方体的棱长之和=（长+宽+高）×4

正方体的表面积　正方体的表面积=棱长×棱长×6

正方体的体积　正方体的体积=棱长×棱长×棱长

正方体的棱长之和　正方体的棱长之和=棱长×12

长方体和正方体体积的公式　长方体（或正方体）体积=底面积×高

长方体、正方体

立体图形

图8　图形的计量

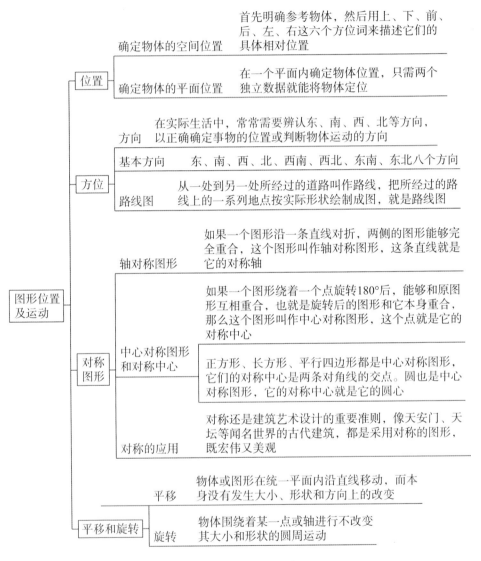

图 9　图形位置及运动

分类　将事物或物体按照人们统一的标准进行分门别类的整理、划分

原始数据和数据整理

原始数据　进行各种统计、计算、科学研究或技术设计等所依据的数值，叫作数据。其中最初的或第一手的、没有经过加工或整理的数据和资料称为原始数据

数据整理　把收集到的原始资料和数据按一定的顺序和范围进行归类、分组、整理的过程，叫作数据的整理

数据的收集　全面调查，抽样调查（部分调查）

数据分组整理的方法　找出原始数据的范围，确定组数，统计各组中的原始数据的数量（可以采用画"正"字的方法）

统计　在对与某一现象有关的一组数据进行收集、整理、计算和分析等过程中，可以观察、比较和发现这一现象的特征或规律，这个过程称为统计

统计表　把统计数据按照一定的标准整理，并按一定的顺序进行排列制成表格，用来反映情况、说明问题，这种表格叫作统计表

统计表的结构　统计表一般分为表格外的和表格内的两部分内容

统计表的分类　单式统计表

统计表的制作步骤　收集数据，整理数据，设计表格，正式制表

统计图　用点、线、面来表示互相关联的数据关系的图形

条形统计图及制作方法　条形统计图的认识，条形统计图的制作方法

统计图的类型、意义、特点及作用

折线统计图及制作方法　折线统计图的认识，折线统计图的制作方法

平均数的意义及计算方法

平均数的意义　平均数是表示数据集中程度的一个统计特征量

求平均数的方法　平均数=总数/总份数

中位数的意义及计算方法

中位数的意义　将一组数据按从大到小的顺序依次排列，处在最中间位置的一个数据（或最中间两个数据的平均数），叫作这组数据的中位数

求中位数的方法　将一组数据按从大到小的顺序排列，当数据个数是奇数时，取正中间的两个，计算出这两个数据的平均数作为中位数

众数　在一组数据中，出现次数最多的那个数值叫作众数

根据统计表、条形统计图、折线统计图、平均数，联系实际，进行简单分析、解释

统计
　数据的收集和整理
　统计图
　统计量
　统计表
　数据分析

图10　统计

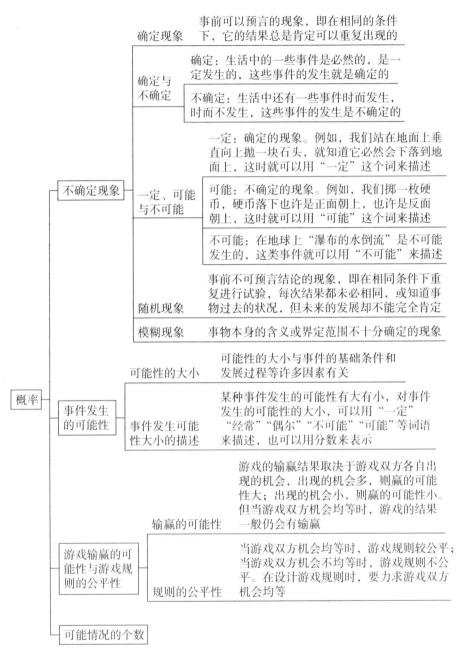

图 11　概率

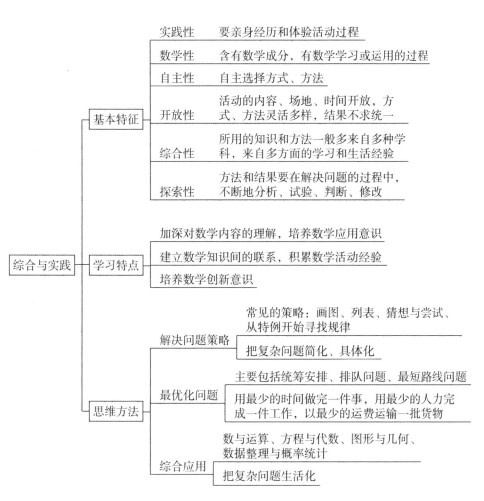

图 12　综合与实践

后　记

经历了二十多年一线教学的实践,执教了已记不清节数的公开课,走过了12年教研和师训岗位的历程,我从一名一线教师转变为培养一线教师的师者、研究者和实践者,在教学上有了一定的研究、实践和积累。

自课改实施以来,我发现课堂上泛起了一些改革的涟漪,但教师家常课中"不知其所以然"的现象依然盛行。在一些小学数学的课堂上,教知识仍然是很多教师的第一要务,会解题依然是学生学习的重点。由于部分教师传统理念根深蒂固,对课程标准和教材解读不足,对学生的基础和学习特点理解不够,因此小学数学课堂教学低效、无效的问题依然存在。

要想改变这一现状,就要让"会教、懂学"成为小学数学教师的必修课。只有教师改变了,数学课堂才能充满生命的活力。学生的需要是教师存在的理由,学生的发展是教师价值的体现。

本书紧紧围绕《义务教育数学课程标准》(2011年版)的理念、目标、内容和方法,立足于当前小学数学教学实际,结合一线教师的需求和问题,按专题分为不同的章节,每一个专题相对独立,同时通过大量的案例,对有关的做法和认识进行了具体的解释、分析或提炼。上篇站在教师如何教的角度,对"拥有会教数学的基础,学会分析教学的内容,研究教学设计的方法,修炼有效教学的能力"等四项修炼内容进行了探索。下篇站在学生如何学的角度,对"懂得学生学习的奥秘,探寻学生喜欢的课堂,研究学生学习的难点,探索突破难点的策略"等四项修炼内容进行了解析。

本书关注阅读对象的心理需求,力求用第一人称拉近和读者的距离,激起读者的共鸣,并将教学理论和教学实践相结合,通过每章呈现数学教师教学工作中的诸多问题,为教师指明学会教、教会学的方法和行动路径。书中案例鲜活且可读性强,有助于激发读者的学习动机,也便于读者进行反思。

在本书出版之际，我有太多感谢的话要献给为此付出时间和精力、经验和智慧的人们。对于吴国平教授、陈霞主任、宁彦锋主任、周琛溢编辑、许伶萍主任、黄得昊老师等各级领导、专家的指导和建议，以及家人对我的支持和帮助，在此表示衷心的感谢。

最后，希望本书的出版能够起到抛砖引玉的作用，为一线教师、教研员和师训员带来一些启发，促使他们在课程实施和教师培养的过程中进行更深入的研究，取得更大的成绩。

金香

2021 年 3 月 31 日

图书在版编目（CIP）数据

会教·懂学：小学数学教师的八项修炼 / 金香著.
— 上海：上海教育出版社，2021.6
ISBN 978-7-5720-0875-7

Ⅰ.①会… Ⅱ.①金… Ⅲ.①小学数学课 – 小学教
师 – 师资培养 – 研究 Ⅳ.①G625.1

中国版本图书馆CIP数据核字(2021)第100758号

总 策 划　刘　芳　宁彦锋
责任编辑　周琛溢
封面设计　王　捷

会教·懂学：小学数学教师的八项修炼
金　香　著

出版发行　上海教育出版社有限公司
官　　网　www.seph.com.cn
地　　址　上海市永福路123号
邮　　编　200031
印　　刷　昆山市亭林印刷有限责任公司
开　　本　700×1000　1/16　印张 19
字　　数　300 千字
版　　次　2021年6月第1版
印　　次　2021年6月第1次印刷
书　　号　ISBN 978-7-5720-0875-7/G·0691
定　　价　68.00 元

如发现质量问题，读者可向本社调换　　电话：021-64377165